幕末・維新期の米良菊池氏

史料にみる米良山の動き

西米良村教育委員会

発刊にあたって

西米良村　村長　黒木　定藏

人口減少と高齢化により、地域の活力が衰え、多くの自治体が消滅の危機を迎えるという報道がなされてから、三年が過ぎた。国が地方創生を叫び、人口ビジョンと総合戦略の策定を義務付け、地方創生事業がスタートした。

西米良村でも、二〇二〇年に人口一〇〇〇人を維持するという目標が設定され、まち・ひと・しごと創生総合戦略が策定された。その計画の過程では、村の産業の現状や村民の暮らしから課題を抽出、整理して、政府の総合戦略や「西米良村人口ビジョン」を踏まえ、人口減少対策村の活性化に向けた方向性と施策を示すことができた。その施策は、将来に向かって持続的で魅力あふれる村を築くために、①生活分野、②産業分野、③観光・交流分野それぞれに目標を掲げ、施策を実行していくこととした。

生活分野では、菊池の精神息づく住民参加の優しさあふれる暮らしづくり、産業分野では、生涯現役で自ら夢を描く人材づくりと稼ぐために産業振興、観光・交流分野では平成の桃源郷を舞台にした魅力づくりによる観光交流の促進を目標とし、本年度から具体的に取り組みが始まっているところである。

ところで、平成二十七年度は、菊池武夫公の没後六十周年であり、菊池公追悼剣道大会も記念大会として範士七段、三名をお招きし二日間にわたって開催された。公の西米良村を思う気持ちや遺徳を後世までつなぎ、村の精神的基盤として活性化に活かしていこうという機運は脈々として受け継がれてきている。

教育委員会では、平成二十六年度から、次世代に継承していくことを考え、村内の古文書の調査に着手した。これまで手つかずだった菊池記念館の資料を調査すると、これまで、幕藩体制時の資料は、小川の御館が嘉永元年（一八四八）十二月十三日の火災により焼失して存在しないといわれてきたが、老中奉書の写し等貴重な資料が残っていることが判明した。また、佐幕派の相良藩から尊王攘夷派の薩摩藩へ傾いていく資料や明治維新の激動期の資料が数多く保管されていることが分かった。

その資料を見ると、維新期に変革の波が次々に寄せてくる中で、当時の当主の思いや動き、家臣の奔走ぶりがダイナミックに伝わってくる。また、時代の急激な変化の波に揉まれながらも、自治意識高く、したたかに、しなやかに次代を見据え、生き抜いてきた村民の姿が垣間見える。

今年は、村創生元年であるが、この時代を生き抜いてきた「須《すべか》らく浩然《こうぜん》の気を養い　須《すべか》らく天下の魁《さきがけ》と為るべし」という菊池の精神は、祖先から受け継ぎ、未来へ向かって継承していく西米良村の精神文化であることを村民全体で確かめるために発刊するものである。

平成二十九年二月

目次

2　旧旗本層の禄制改革と米良菊池氏

3　菊池氏の鹿児島移住

4 家臣の処遇

Ⅳ　米良山の新体制への移行

1　鹿児島藩への領分支配替願と人吉藩への地所取締民部省達

2　「藩」から「県」へ

①人吉県管轄

②八代県から美々津県へ

附編

収録史料について

・「目録№」とあるのは西米良村所蔵史料（番号は目録登録番号）
・「相良文書」熊本県立図書館所蔵史料（宮崎県文書センター所蔵マイクロフィルム）
・「相良文書」（家わけ）昭和五四年復刻版・東京大学史料編纂所「大日本古文書 家わけ五」
・「探源記」人吉市立図書館所蔵史料（宮崎県文書センター所蔵マイクロフィルム）
・「歴代嗣誠独集覧」平成七年　相良村発行
・「旧記雑録追録八」昭和五三年　鹿児島県維新史料編さん所
・「甲斐　直家文書」西米良村児原稲荷神社甲斐直氏所蔵
・「上米良地区区有文書」西米良村上米良地区所蔵（宮崎県文書センター所蔵マイクロフィルム）
・「士族家禄調」「支庁掛合案（二）」「支庁来翰（2）」「東京支庁掛合案」「県地引合留」「諸県到来同案文（2）」「万留」「本庁其の他往復留」「大蔵省願伺届」「御指令綴」　宮崎県文書センター所蔵史料
・「公文録」「太政類典」国立公文書館デジタルアーカイブ史料
・「太政官日誌」国立国会図書館近代デジタルライブラリー史料

史料の表記について

○史料表題は、西米良村所蔵史料については目録件名によったが、編者が作成したものもある。
○史料には、それぞれ解読文と読み下し文を併記した。また、史料によっては、註記や大意・解説を加えた。

解読文

（1）漢字の字体は原文を尊重し、旧字体や左記のような語は、そのまま使用した。
直段（ねだん）・屋鋪（やしき）・扣（ひかえ）など
（2）変体仮名は、原則としてひらがなに改めたが、助詞に使われているニ（に）・而（て）・江（へ）・茂（も）・者（は）は、そのまま小活字で示した。
（3）繰り返し記号は、漢字は「々」、カタカナは「ヽ」、二字以上のくりかえしは「〱」で示した。また、同じ事を示す記号「〃」や、合字のゟ・〆はそのまま用いた。
（4）文書の虫損・破損等で判読が困難な場合は、字数を推定して□□で示し、字数が推定できない場合は［　　］のように示した。
（5）本文には適宜読点「、」をいれた。敬意を表す平出・欠字、また改行については考慮しなかった。
（6）表紙・包紙・付紙は「　」で囲み、それぞれ〔表紙〕〔包紙〕〔付紙〕と註記した。
（7）端裏書・朱書・抹消部分等は、その部分を「　」で囲み、それぞれ〔端裏書〕〔朱書〕〔抹消〕等と註記した。
（8）史料の一部を省略した場合は、該当箇所に註記した。

読み下し文

（1）漢字は原則として常用漢字を用い、数字を示す壱・弐・参・拾は、すべて一・二・三・十とした。
（2）本文には適宜、読点「、」、句点「。」、並列点「・」を入れた。
（3）難解な用語にはルビを入れた。また干支については適宜脇に年号を入れた。
（4）文意を補うための書き加えには（ ）を付けた。また、日付部分のカッコ付の年は推定である。
（5）一連の史料に文書が複数ある場合には、棒線で区切った。

※「菊池氏」について「菊池」と「菊地」が混在しているが、史料としてそのままとし、読み下し文字で「菊池」に統一している。

概観

はじめに

この史料集は、西米良村の菊池記念館及び菊池家に伝わる幕末・明治維新期の史料を中心に、前後の関係する史料とともに紹介するものである。

江戸時代における米良氏とその知行地米良は、他に例を見ない歴史をもっている。徳川氏により早い時期に鷹巣山とされたその地は、肥後国人吉藩相良氏支配下の米良氏所領（知行地）とみなされ、米良氏は、無高の交代寄合格として、五年に一度の参府と御礼（将軍へのあいさつ）が許された。参勤交代の奉公はなく、江戸滞在は四、五十日ほどで、江戸に屋敷はない。

その米良氏・米良山は、江戸幕府の衰退、崩壊、尊王論の台頭、明治維新政府の成立、東京遷都などの波に翻弄される。その中で米良氏は、人吉藩相良氏支配から脱して、主人に忠実な家臣の懸命な奔走を助けとして、そのありようを探る。しかし、新政府の方針は朝令暮改、わずかに由緒ある菊池改姓のみがかない、新たな身分とされた中大夫も廃され、鹿児島藩士族籍の処遇となる。さらに、その地位はさまざまに立場が論議され、明治十六年八月十三日、特旨を以て菊池家は華族に列せられた。

所領地米良山は「県」の管轄するところとなり、人吉県から八代県、そして日向国美々津県、宮崎県と短期間に転変する。領民もまた領主支配から切り離され、新たな地方行政組織のもとに組み込まれていく。住民は新しい国家の税制のもと、生活の基盤となる土地私有が認められることになる。とくに生活に直結した山林の私有は、米良山の人々に大きな影響を与えた。

ここにみえるのは、明治維新という新しい国家形成の変革時代そのもので、翻弄される人びとの生の姿である。米良菊池氏も住民も例外ではない。あらためて変革の時代の歴史を学ぶ史料としたい。

なお、「米良山」を現在の町村域で示せば、児湯郡西米良村と西都市の旧東米良村域および旧三財村寒川、そして児湯郡木城町中之又を包括した地域にあたる。そのため、「米良山」というときには、西米良村のみを指すものではないことを、あらかじめお断りしておく。

戦国時代の米良氏

米良氏といっても米良山ばかりではなく、時代によりさまざまなところで確認される。とくに戦国時代の米良氏はその活動範囲が広く、多くの独立した米良氏がみえ、実状を把握するのが難しい。まず日向国内では、伊東氏との関係でその活動を知ることができる。伊東氏の家譜である「日向記」で、伊東義祐《よしすけ》の時代であげてみると、まず、「伊東方与力《よりき》衆」として、「菱刈《ひしかり》殿」「求麻《くま》相良殿」とならび「嶽《たけ》ノ米良《めら》殿」がある。

そして、伊東方の分国中四十八城の城主のなかには、次のような名がみえる。

「紙屋城主　　米良主税助
野久尾城主　米良筑後守
須木城主　　米良長門守　」
「門河城主　　米良四郎右衛門

山陰城主　　米良喜内
坪屋城主　　米良休助　　」
「雄八重領主　　米良分左衛門
平野領主　　米良民部少輔　」

つまり、四十八城中の八か所の城主・領主を米良姓で占め、伊東氏領内の東部と南西部の出入口を固める役割を担っている。これらは、山陰城主の米良氏の例にみられるように（『東郷町史』）伊東氏の代官として一族一統を率いて配置されている。そして、「天氏」を名のる米良氏もいる。

そればかりではない。「諸侍《しょさむらい》衆惣領《そうりょう》一人《ひとり》撰事《えらぶこと》」にみられるように、伊東氏に仕える諸侍の惣領（一族を率いる代表者）には、米良、中俣、銀鏡、土河、平八重、木八重、尾八重など、特に米良山の東部集落に縁の深い氏姓の者がみられ、その出自を「山衆《やましゅう》」としている。このように米良氏は、日向中央に一大勢力を誇った伊東氏を支える大きな勢力でもあった。

さらに、相良氏の戦国時代を語る「八代記《やつしろき》」「歴代参考」では、天文二年（一五三三）「米良より久米（多良木町）ニよする」、また、天文十四年（一五四五）「米良より湯前ニ動候」とみえ、米良氏が、球磨川流域に進出していることを伝えている。「歴代参考」では、弘治二年（一五五六）の合戦の功者に「米良兵部」の名が、また永禄二年（一五五九）獺野原《うそのばる》の戦で「米良美濃」、同十二年大口《おおくち》砥上《とかみ》合戦で「米良甚右衛門」の討死者の名がみえている。

このように戦国時代末期には、恐らくは米良山を本貫《ほんかん》とする米良姓の各衆が、すでに戦国大名などに召し抱えられていることが理解できる。

なかでも、天文二年、同十四年の「米良」は「嶽ノ米良」をさしているとみられ、恐らくは現在の西米良村を中心に勢を張った米良氏であろう。このように、中世以来、同じ米良姓でも米良山各地に拠点をもっていた米良氏がいて、これが必ずしも一つにまとまったものではなく、近世になると様々な活動をしたものと思われる。

近世の米良山と米良氏

近世初期の米良山

「米良勝兵衛覚書」【史料1】は、寛文四年（一六六四）に、米良重僚が先祖より語り伝えられた事がらを箇条書きに記したものである。重僚は、米良石見守《いわみのかみ》の舎弟弾正（勝兵衛）から数えて四代目にあたる。米良氏庶流として、弾正以降、代々尾八重を預かってきた家筋である。内容的には米良氏の地位確保における弾正の働きに触れたものが多い。書かれた時期には、すでに米良山は肥後国球磨郡に付けられ、江戸幕府—相良氏—米良氏の線で、支配体制ができあがっている。

ここに記述されている時代は、島津氏が九州支配をめざした天正期から、慶長十八年（一六一三）の延岡高橋氏の改易《かいえき》、元和元年（一六一五）の大坂夏の陣による豊臣家の滅亡までのことであるが、その事項は、年代の前後不順があり、必ずしも正確な内容記憶によるものではないものも含まれているようである。

しかし、近世初頭の米良山の帰趨《きすう》と米良氏の地位確保について、さまざまな動きがみてとれる。天下統一をはたした豊臣氏へは、刀工田中国広《たなかくにひろ》の人脈を頼り上洛御目見をはたし、鷹巣山の御朱印を受けたという。その御朱印をめぐる高橋氏との争論一件では、大坂での評定に高橋氏方が不参、米良氏の勝公事《かちくじ》となったいきさつなどが記される。

戦国の世から人吉の相良氏とは入魂《じっこん》で、球磨と奈須山（椎葉山）との戦では相良氏に加勢、また、渡川の米良甚左衛門との争い一件では、その跡式を巡り高橋氏と争論に及んだなど、随所に米良氏と相良氏・高橋氏との関係についての記載がみられる。

相良氏の米良山預かり

米良山も椎葉山も九州山地の中央にあり、天正十五年（一五八七）の豊臣秀吉の国割《くにわり》では、どこの国に属するのかも、どの大名領に属するのかも示されていなかった。江戸幕府が開かれた慶長八年（一六〇三）、渡川の米良甚左衛門とのもめごと一件を契機に評定がなされ、米良山は肥後の国に属するとして相良氏が、椎葉山は日向国に属するとして高橋氏が幕府から預かることになった【史料2】。さらに、明暦二年（一六五六）には、椎葉山中の騒動鎮圧を契機に、椎葉山も人吉藩預かりとなる。

ちなみに、人吉藩内では、元禄国絵図作成の時まで米良山も椎葉山も「肥後国無郡」と伝えられていた（「歴代嗣誠独集覧」）。元禄十一年（一六九八）、国絵図作成にあたり、前の正保二年（一六四五）の公儀改め絵図を見たところ、椎葉山は「日州臼杵郡の内」にあり、米良山は肥後国「球麻郡の内」とされているのが確認され、以後そのように記されるようになる。

このように、幕府より支配所とされた相良氏にとっても、江戸中期ごろまでは、両山ともに掌握しきれないところがあった。

米良山が人吉藩預けになったのちも、米良氏は幕府より一山の領主として認められ、相良氏の附《ふ》庸《よう》として米良山を治めていくことになる。しかしながら、貞享元年（一六八四）の銀鏡《しろみ》での家老毒殺事件、また寛文・元禄・宝暦・明和・安政と、たびたび起こった領民の逃散事件などからみても、その支配が米良山一円《いちえん》に及ぶのは、容易なことではなかったことが推察される（附1・附2墓誌銘参照）。

幕府と相良氏・米良氏

米良氏は無高でありながら交代寄合格《こうたいよりあい》として遇され、出府御目見《おめみえ》を許されていた。「交代寄合」とは、「参勤交代」をする「寄合」の意で、「寄合」とは三千石以上の無役の旗本をいう。旧家の子孫や大名分知による取り立てなどで、幕末には三十三家があった。米良氏は、他の交代寄合とは異なる特別な位置付けにあったといえる。

米良氏と徳川幕府との関係の初見は、慶長六年（一六〇一）の徳川家康黒印状である【史料3】。これは、米良山を鷹巣山とすることが人吉藩相良氏を通じて申し付けられたもので、米良一山の領主として米良小右衛門尉重隆へ幕府御墨付《おすみつき》を与え、さらにその米良山・米良氏の支配者として相良氏を位置付けたものといえる。米良山が鷹巣山として御用山となり、権現《ごんげん》家康公の御墨付を得たことが、米良氏が代々の出府御目見を許され【史料12】、交代寄合として遇されてきた所以ではなかろうか。

寛政期に幕府が編さんし、大名や旗本の系図や事蹟をまとめた「寛政重修諸家譜《かんせいちょうしゅうしょかふ》」では、米良氏の独立項目はないものの、相良氏（長毎《ながつね》）の項で、米良山を鷹巣山とする黒印状にふれて、「米良山の事は往昔肥後国の菊池の後石見重次はじめて此山に来り」とし「世々の将軍家にまみえたてまつる」と米良氏に関する数行の割書きがみられる。また、寛政二年（一七九〇）には、交代寄合中への廻状《かいじょう》によって、米良主膳へ触れがまわされているのをみると、この頃には交代寄合として明確な位置付けがなされていたことがわかる。さらに無高であるので郷村帳は差し出さずとも良いとされている【史料19】。時代が下って「天保武鑑《てんぽうぶかん》」（諸大名や旗本の大要を列記した刊行物）の交代寄合の項にも、その名がみえる。

「鷹巣山御奉書《たかのすやまごほうしょ》」は、米良氏にとっては、諸大名に渡される所領安堵《しょりょうあんど》の朱印状と同等の重みをもつものであったといえる。将軍代替わりには「朱印状改《しゅいんじょうあらため》」が行なわれるが、人吉藩では朱印状とともに「鷹巣山御奉書」も江戸に届けて改めを受ける。そのうえで新たな所領安堵の朱印状と鷹巣山御奉書の両方を頂戴した【史料4・5】。この老中連署の奉書《ほうしょ》が国許人吉へ運ばれ、米良氏へはその写しが渡された【史料6】。また、相良氏は、家督相続のたびに米良山・椎葉山の支配について、老中に念を押して確認している【史料7】。それは、交代寄合に位置付けられた米良氏が領する米良山を、さらに相良氏が支配するという特殊な状況にあるためでもあろう。

米良氏の参府の伺い【史料13】や跡目相続願【史料8・9・10・11】、あるいは郷村高帳などの差し出し【史料17・18・19・20】にいたるまで、幕府とのやりとりはすべて相良氏を介して行われた。米良氏が直接に幕府への文書の差し出しや受け取りをするようなことはなく、江戸に屋敷を持たない米良氏の、江戸での寄留先もまた人吉藩の屋敷である。

このような相良氏との関係から、米良氏は、なにかにつけ人吉に伺候《しこう》している。相続御礼の登城【史料15】はもちろんのこと、相良氏が参勤の任を終え国元に帰ってくるたびに、挨拶のため人吉に出向き、相良氏からあてがわれた「岩下御仮屋《いわしたおかりや》」に滞在した。

幕末の安政四年（一八五七）に、人吉藩主相良頼基《よりもと》の御帰城御祝儀のため、米良主膳則忠《のりただ》（後改名忠）と嫡子の亀之助（嘉永三年十月生、後改名武臣）が人吉へ出向いた折の「越山日記」【史料16】には、人吉の藩主家や重臣に連なる家との盛んな行き来がみられる。これは、ひとつには婚姻による親戚関係が濃密であるためで、則忠の正室が人吉藩主相良頼基の姉於保（亀之助生母）であるのをはじめ、米良家では、先代の栄叙《よしのぶ》、先々代の則順《のりとし》と三代にわたり正室を人吉藩主一門から迎えている。於保とは後に離縁となり、後室として迎えられたのは人吉藩家臣黒木十兵衛の女《むすめ》であるが、これは人吉在住であったらしく、「越山日記」では次男寛一郎《かんいちろう》と共に則忠らを出迎えている。大名家の妻子が人質として江戸住まいだったのと類するとも考えられ、相良氏と米良氏の関係を示す封建社会の厳しい構造の姿でもある。

郷村高帳にみる米良山

天保郷帳《てんぽうごうちょう》によると、米良氏支配の米良山には、小川谷村・別府谷村・寒川谷村というように「谷」の字の付く川筋に点在する二十八の村がある。川筋ごとにまとめられた五つの区域に「物主《ものぬし》」が置かれたが、尾八重は、江戸時代はじめに米良勝兵衛（米良重治三男）に下し置かれて後、代々が地頭として預かり支配する特別な位置付けとなっている。

米良山の人口は、享保六年（一七二一）二、九五八人、延享三年（一七四六）三、二〇五八人、安永二年（一七七三）二、五九六人、寛政二年（一七九〇）二、八二九人と、江戸時代は三、〇〇〇人内外で推移している。宮崎県となった明治六年（一八七三）に報告された数字では四、一四八人で、大幅な増加となっているが、調査手法の違いなども考慮に入れる必要があろう。現在の西米良村の人口は一、二〇八人（平成二十八年十二月末）、旧東米良村の人口を加えても、江戸時代の居住者数の方がはるかに多く、豊富な山産物がこれだけの住人の生活を支えていた。

幕府により米の収量ゼロで表高《おもてだか》「無高」とされた米良山では、何が生活の糧となっていたのか。その産物を、延享三年（一七四六）改めの郷帳《ごうちょう》【史料18】にみると、次のようなものがある。

焼畑は二、八八〇箇所もあり、一戸当たり三、四箇所を持っていた勘定である。野畠といわれる原野を開いた場所は二七七箇所で、これらの場所には、麦・粟・稗・大豆・蕎麦などの雑穀が播種され、あわせて六〇六石ほどの収量があった。これには「野稲米」すなわち陸稲も含まれている。そのほか菜種・椎茸・茶・たばこ・楮といった山間地でも栽培可能な作物や、鹿皮・羚羊《かもしか》皮・熊といった狩猟産物があげられている。熊泥障《くまのあおり》（鞍につける泥除け）が将軍への献上物となるなど、山の幸が珍重された。余剰の品は山外へ売りに出し、また寒川村の木材加工場では、器物を作って生業とした。また、村《むら》や集落の共有林の他に家臣宛行の山林があり、そこで産する木材などの商取引もあったのではないかと推測される。

米良氏がこの年、領主として徴収した水田石高（米）は十二石で、先年は二十九石余あったのが、洪水で荒地となり半分以下となっていた。ほかに漆・茶・綿の小物成《こものなり》（現物納）と、焼畑や椎茸・紙への運上《うんじょう》（現物納の営業税）、および山関係の運上金が貢租としてあげられている。大きかったのは杣山《そまやま》運上（材木とする木の切り出しにかける税）など山からあがる運上金で、この年は銀で七貫六百七十匁、金一両銀六十匁替えとすると、百二十七両余りである。

天保五年（一八三四）の郷帳は、幕府が全国の大名に命じて村ごとの石高調査を行なった際に作られたものである。これは実高《じつだか》での報告を求めたもので、このときには同時に国絵図も作られた。

米良山二十八箇村の石高は、小物成高二百十八石余を含めた四百二十一石六斗二合である。家格の基準とされた表高が、江戸時代を通して変わらなかったのに対し、実高の方は、新田開発や生産力の向上により多くの藩で増加していたが、米良山の場合は、川沿いのわずかな平地で作られる作物の収量は、洪水などの被害をもろに受けて増減が激しかった。【史料20】は、この天保郷帳作成に係わるもので、米良山の惣高が、元禄の差し出しより二十三石余り少なくなっていることを幕府勘定方から指摘され、手直しのうえ提出した経緯が記されている。山崩れで収量が減ってのことであったが、この言い分は認められず、差し除いた分を再度加えた高での提出となった。このような指摘があったのは、実高が増せば幕府御用が繁多になるのが危ぶまれ、諸藩で少なく提出される傾向があったためであろう。しかしながら、米良氏にとっては、この手直しが、明治になって所領召上げの代わりに支給される稟米《りんまい》高算出に幸いするのである。

災害と鉄砲改め

米良山では、狩猟が生活と切り離せない。延享三年（一七四六）改めの郷帳《ごうちょう》【史料18】には、鉄砲数六百六十四挺とある。これは狩猟のための鉄砲で、家数七百四十七軒の所有数としては特段の数である。

江戸時代の米良山における災害の具体的な記録は少ないが、元禄時代におこった洪水被害が、鉄砲改めに関係して残されている。

幕府は、貞享四年（一六八七）に「諸国鉄砲改《しょこくてっぽうあらため》」を発布し、村方で所持できるのは、生業の手段として必要な猟師鉄砲と威《おど》し鉄砲だけで、武器としての鉄砲は所持を禁止した。人吉藩では、二年後の元禄二年（一六八九）四月に、支配所米良山・椎葉山両山について鉄砲改を行なっている。さらに、元禄十六年（一七〇三）五月に、元禄二年と変わりない旨の報告を幕府に提出したその矢先、米良山中の大洪水被害の知らせが入った。民家が三十三軒、神社も七宇《う》流失し、銀鏡村では流失家屋とともに猟師鉄砲二挺が埋もれて行方がわからなくなってしまったのである。【史料21】は、その紛失鉄砲について、幕府に報告したもので、米良山の自然災害の数少ない記録ともなっている。

明治五年（一八七二）には「鉄砲取締規則」が発布されて、猟銃は免許制にして登録することが義務づけられた。これを受けて同年九月に米良山から美々津県に提出された「猟銃調帳」では、総戸数に匹敵する八〇〇挺の猟銃所持が報告されている。わずかな平地や切り開かれた田畑の作物を荒らす猪などに対処するにも、また山の幸としての獣類を得るためにも、鉄炮は山村の生活に欠くことのできない道具であった。

幕府の衰退と米良山の動向

人吉藩からの離反と鹿児島藩への依存

幕末の世情の急変は、米良氏にも大きな変化をもたらした。幕府の力が弱まり尊王論が高まるなかで、京都の公家衆や朝廷への接近を試みていく。米良主膳則重墓誌銘（高山院殿墓誌銘　附1）に確かめられるように、早くから菊池の末裔と自負しながら米良山中に生きてきた米良氏にとっては、幕末は「尊王」の名のもとに京へ馳せ参じ、その存在を示す絶好の機会ととらえられた。

米良氏と人吉藩相良氏とのあいだが疎遠になったのは、幕末の文久三年（一八六三）に起こった人吉藩による甲斐豊前ら米良家家臣の捕縛と、領主則忠の人吉への留め置き一件が、その契機といえる。相良氏は、則忠が家臣を上京させ、自らも伺いを立てることなく上京し、勅書まで得て勤王に傾いていったことを、よしとしなかった。これまで人吉藩の附庸《ふよう》として、米良氏の面倒をみ、家督相続や出府の願いをはじめとして、幕府への伺・届などは、すべて人吉藩を経由して行なうのを常としてきた。その慣例が破られたのである。相良氏としては、この無断上京は許し難く、ひいては米良山を幕府から預かっている身としては、責任を問われかねないという恐れもあった。

この留め置き一件は、鹿児島藩の仲介で同年暮れに則忠の帰山がかない、また捕縛された家臣も翌元治元年（一八六四）十月に放免となり【史料22】落着した（甲斐豊前・甲斐大蔵は獄中死）。その間、嫡子の亀之助は、文武修行のためとして鹿児島にあった【史料23】。則忠の上京に際して、万一の備えであったという（目録No.追録1「男爵菊池武臣履歴書」）。

米良氏は、「御隣家様」として江戸出府の折には鹿児島藩島津氏への挨拶回りを欠かさず（西米良村史所収「参府旅中記録」）、五年に一度の出府の経費も、領内の木材売却代金に加え、鹿児島藩に漆を年々送り置き、銀六〇〇貫内外を借用して賄ったという（前出「男爵菊池武臣履歴書」）。また、中世に広がりを見せていた「米良氏」は、近世の諸藩の内にもみえ、鹿児島藩の米良助右衛門は、米良主膳家の庶流という（前出「男爵菊池武臣履歴書」）。幕末から明治初めにかけて、助右衛門は米良山の領主則忠へ書状を頻繁に書き送っている【史料25・26・27】。その内容には、京都の景況、政治向きの変革などがこと細かく記され、貴重な情報源となっている。

一方、幕末の人吉藩は、文久二年（一八六二）に城下で大火事が起こり、大きな痛手を受けていた。武器庫の消失を機に洋式の軍備が進められたが、従来の山鹿流に固持する者との間で対立が生じ、これに佐幕《さばく》か勤王《きんのう》かという政治上の対立もからんで、慶応元年（一八六五）には「丑歳騒動《うしのとし》」といわれる家中士を二分する事件が起こった。藩内が一枚岩とは言い難いこのような内情も、勤王に傾いた則忠が人吉藩から距離を置くようになった背景と考えられる。

則忠は慶応元年に、次男の歓一郎《かんいちろう》（貫一郎）も兄亀之助と同様に鹿児島に遊学させ、自身も鹿児島へ伺候するなど（前出「男爵菊池武臣履歴書」）、鹿児島藩との関係をいよいよ深めていく。これに対して、鹿児島藩でも、遊学中の亀之助と歓一郎に宿所を提供し、慶応三年（一八六七）には月々一石宛の米を支給し援助している【史料24】。

さらに亀之助は鹿児島藩島津伊織の女《むすめ》との縁組がなり（一女をもうけた後離縁）、次男の歓一郎は鹿児島藩の旧家阿多《あた》氏へ養子入りした。

明治維新と米良山支配の解体

出京と本領安堵

慶応三年（一八六七）十二月、王政復古の大号令が発せられ上京の命が下ると、米良氏が頼みとしたのは、やはり鹿児島藩島津氏である【史料28】。鹿児島では、米良助右衛門が、則忠と嫡子亀之助の上京の手筈から、御用金の算段まで種々手を尽し【史料29・30・31・32】、慶応四年（一八六八）四月、蒸気船三邦丸に便乗して上京をはたした。いちはやく朝廷への帰順を示し【史料33】、五月には、太政官より米良山の所領を認めるという「本領安堵《ほんりょうあんど》」の沙汰を受けた【史料35・36】。

おなじく交代寄合の遠江国の近藤兵庫介が本領安堵を受けたのが十月（目録No.149）、美濃国の高木達三郎が十一月（目録№150）であるのをみても、これはかなり早い動きで、鹿児島藩の助けによるところが大きい。

中大夫拝命と東京定府指令

上京帰順《きじゅん》の旧交代寄合席の面々は、本領安堵のうえ「中大夫《ちゅうだゆう》」と身分が改められ、維新政府の新たな枠組みに組み込まれた。米良氏は、中世からの由緒を拠り所とし、本領安堵から間もない慶応四年七月には「菊池」への改姓を願い出て許されている【史料40・41】。米良主膳則忠の名で明治初めに作成された由緒書扣《ひかえ》（目録№74）では、冒頭に承久の合戦（一二二一）において菊池弥次郎能隆が後鳥羽院の院宣《いんぜん》に従い戦ったと記し、勤王の立場が意識されたものになっている。

新政府より提出を求められた所領の石高については、慶応四年六月提出は三五八石余【史料37】、明治と改元された同年十一月提出は一〇二石余【史料66】と混乱がみられる。ちなみに、十一月届けに書き上げられた村数は十四で、江戸時代の郷帳にみられた二十八の村々は、明治初頭には統合されている。

政府の新体制を固める手立ては次々と講じられ、明治元年十一月には、京都住居以外の中・下大夫に東京定府を命じる通達が出された。江戸住みの旗本たちは別として、領国に本拠を置く旧交代寄合の面々にとっては、迷惑な話し以外の何ものでもなかった。菊池氏は、東京に屋敷もなく経済的負担が大きいことを理由に東京定府御免《ごめん》を願い、旧幕時代と同様に在邑《ざいゆう》のうえ五年に一度、三、四十日の「出京奉公」に替えさせてほしいと願い出ている【史料44】。明治となり時代は変わろうとしていたが、まだ、本領安堵という「御恩」に対して「奉公」をなすという関係が、江戸時代そのままに残っている。

これに対して、京都移住の指令が出され、菊池氏はそのまま京都へ留まることとなった。滞京は一年近くに及び、資金繰りはいよいよ厳しく、翌明治二年三月には帰邑《きゆう》を願い出たうえ、改めて五年に一度の出京奉公を歎願した【史料46】。許されてひとまず米良にもどった菊池氏は、鹿児島藩を通じて、ともかく京都定住を免れるよう奔走する【史料48・49】。

禄制改革と京都府貫属仰付

明治二年（一八六九）六月、維新政府は旧大名層に対して版《はん》（土地）と籍《せき》（人民）を返上させ、大名を「知藩事《ちはんじ》」に任命した。これは、領主と領地の関係を切り離し、大名を「藩」（府県）という国の地方行政区画を治める一地方官として位置付けたものである。

同年十二月には、旧旗本層の禄制《ろくせい》改革にも着手し、中大夫以下の称を廃して「士族」および「卒」の身分とし、所領を上地《あげち》して地方貫属《かんぞく》としたうえで、石高に応じた廩米《りんまい》を支給するという布達を出した。菊池氏は中大夫を廃され、米良山の領主という立場も失い、士族としてどこかに居住地を定めねばならなかった。

この知らせは、京都詰めの家臣小河小藤太からもたらされ、菊池氏は対応を迫られることになる。というのも明けて三年正月には、京都府から、京都居住と定められた士族は京都府貫属となり、家族取り調べ書を差し出すよう指令が出され、続いて二月には戸籍編修に差し支えるので、京都以外に住居を構えたいものは願書を添えて出すようにと、矢継ぎ早の指令が来たからである【史料50】。

小藤太は取り急ぎ御届猶予の願書を提出し、国元や鹿児島藩の東京詰公用人《こうようにん》とのやり取りを重ねている。この一件は、詳細に書状に認められ、いったん鹿児島藩の菊池氏ゆかりの役人に送られ、そこから米良の役人に差し回してもらうよう手立てが講じられた。

京都詰家臣　小河小藤太（重任）

明治二年三月、明治天皇の二度目の東京への行幸を機に、太政官（政府）は東京に移され、京都には留守官が置かれた。政府から出された布告類は、弁事御役所《べんじおやくしょ》から触頭《ふれがしら》（身分ごとに編成されたグループの長）へ渡され、さらにその配下の触下《ふれした》（グループの構成員）に廻達《かいたつ》される。願いや伺いをあげるときには、逆に取り次いでもらうことになる。東京定府を免ぜられ京都住居となっていた菊池氏は、京都における触頭畠山侍従配下となった。

公用方として京都に詰める小河小藤太は、こうした布告類を不在の菊池氏に代わって受け取り、処理する役目を担っていた。現在「御布令并《ならび》廻章扣《ひかえ》」といった名称で残されている史料は、廻されてきた布告類を写しとり、それをまとめて米良に送ったものである。小藤太は天保十一年（一八四〇）二月生れで、このとき三十歳である。

明治二年三月に、ひとまず帰邑がかなった菊池氏は、なんとか米良を離れなくても済むように手を尽していた。その矢先の禄制改革による所領召上げと京都貫属仰付である。

このような維新期の急激な変動を、家臣はどのように受け止めていたのか、小河小藤太が米良の重臣に宛てた書状に見て取れる【史料52】。「一昨年来今日まで、甲《こう》と仰せ出され候も乙《おつ》になり、子《ね》と御布令《ごふれい》も丑《うし》に御取り消しにあい成り候御模様替《ごもようがわ》りの御事《おんこと》、毎々御座《ござ》候《そうろう》間」と、維新政府の混乱ぶりを指摘し「今日領地御離れ候ては、御内情も鹿児島藩へ御借財、ならびに人吉藩へ御借用の社倉元米等、そのほか何を以て御返弁の途あい立つべきや」と現状を見据えている。また、菊池氏に対しては、「貫轄の県なしに、別紙の通り旧土旧民《きゅうどきゅうみん》取締り委任《いにん》仰せ付けられ候知藩事《ちはんじ》の例に御願い候ては如何《いかが》。【史料59】」とか、「いついつまでも府県等の士族にて、人の下に在りなされ候ようには、これありまじく候えども【史料58】」、あるいは「当正月の御書に富高県知事にても御望みの段【史料60】」と見えるように、身分制度が崩れた維新を機に、諸侯《しょこう》（大名）並みの処遇の可能性を探っている。

政府から米良山の土地・人民取締り委任を受けるには「知藩事」となることが必要不可欠だった。旧交代寄合席の菊池氏が付けられた「中大夫」身分では、禄制改革により米良山を政府に返上して、自身は地方貫属となり、身分も「士族」となる以外になかったのである。しかしながら、やがて「知藩事」となった旧大名たちも、明治四年の廃藩置県により職を解かれ、旧所領をはなれ東京住みが求められていくことになる。時代は、そういう急激な転換期にあった。

京都住免除と鹿児島移住

菊池氏の京都住み免除のために提出を命じられた系図や由緒書は【史料49】、米良の重臣浜砂兵衛が鹿児島に出向いて調整のうえ【史料54】、明治三年四月に鹿児島藩公用人の手で弁官御役所へ届けられた【史料57】。

京都府から尋ね向きの居住地については、明治三年八月に、鹿児島藩への貫属替え願いが提出された【史料63】。『太政類典』【史料66】には、それより前、明治三年四月二十四日付で「菊池次郎が鹿児島藩への貫属を願い出ているので聞き届け、そちらに引き渡しても差し支えないだろうか」という京都府から鹿児島藩への問い合わせがみられる。このように両府県のあいだで何度か折衝がなされ、八月の正式の願書提出となったものと思われる。

同年九月、京都府貫属を差し除き鹿児島藩へ引き渡す旨の通知が京都府より出され【史料64】、鹿児島へ移ることが正式に認められた。この史料に記載された所領石高、百二石三斗三升八合は、明治元年に会計官に提出された額である【史料66】。ところが、天保五年に旧幕府へ差し出された額は四百二十一石余で、それと大きく異なるため、家禄算出にあたり後に詮議の種となる【史料72・73・74】。

鹿児島藩貫属許可の付紙《つけがみ》（決定事項が書かれた付箋のこと）は、さっそく小藤太の手で国元へ向かう家臣に託され届けられた【史料65】。鹿児島藩から、早々に引き移るようにとの通知を受け【史料67】、嫡男亀之助が遊学中より宿所としていた天神馬場の屋敷を仮屋敷に願い【史料68】、鹿児島居住が許されたことへの御礼のために、さっそく藩庁へ出向いている。そのときの式次第が【史料69】である。

上地と廩米の支給

領地召上げに替えて支給される廩米《りんまい》の石高が決定したのは、廃藩置県後の明治四年八月のことである。民部省とのやり取りの末、旧幕時代に提出していた天保五年の大きい方の石高が正式に採用され、禄制に引当て現米四十五石の支給が決定した【史料76】。これは、明治三年分から渡されるはずであったが、その年の米良山の租税上納が免除となり納められていなかったため、明治四年分からの支給となった。

米良山の土地・人民は、明治四年七月、正式に人吉県の管轄となった【史料85】。これより先、明治初頭に菊池氏は米良山の支配を鹿児島藩に付け替えてほしい旨の歎願書を提出している【史料83】。旧旗本層は、慶応四年五月の身分改めにより中大夫となり、所領の方は「旧幕府領」として最寄りの「府県」支配とし、地方民政に係ることは府県へ申し出る定めとなっていた。しかし、肥後国の米良山には最寄りの府県がないということで、旧幕以来の経緯から人吉藩支配となっていたのである。

菊池氏のこの希望はかなわず、米良山はそのまま人吉県管轄となり、菊池氏の方は、米良山を離れ鹿児島藩への所属が決定し、士族となって鹿児島藩城下士に準じて方限入り《ほうぎり》した【史料71】。

菊池氏が、幕末に人吉藩から離れ、急速に鹿児島藩に近づいて関係を深めていったのは、すでに見たとおりである。関係の薄れた人吉県配下の士族となるよりも、尊王討幕に中心的役割をはたし、時代の変革の中で維新政府の中枢に人材があつい鹿児島藩へついたのは自然の成り行きであろう。鹿児島へ移った菊池氏への謝恩の使者を差し立てるために、米良の人々からは、鹿児島藩領須木山中の通行許可の願いが出されている【史料70】。

家臣の処遇

明治二年十二月ならびに三年五月に出された布達によって、明治政府により家臣らの処遇が示された。旧大名家に仕えた家臣たちは「士族」に編入される一方、旧交代寄合の家臣らは、扶助金が下賜され「民籍」へ編入された。これは、元主家である旧大名が華族身分となったのに対し、旧交代寄合は士族身分とされたという、身分再編の違いゆえである。

米良山の場合は、所領の管轄がめまぐるしく変わったために、その手続きに遅滞を生じた。明治六年二月付で、旧美々津県から大蔵省へ米良世襲卒について伺いが出されていたが【史料77】、布達に照らし合せて取り調べ直すようにとの指令を受け【史料78】、再度、調書がつくられた。ようやく政府に書類が提出されたのは、同年十一月のことである【史料79】。翌十二月に、大蔵省からの通知で、それまで士籍にあった三十四人は民籍となることが決定し、金百円ずつが下賜されることになった【史料80】。もっとも、下賜される金額は、処理が遅れた期間に渡し済みの扶持米高を差し引いた残金渡しとされている。

こうして家臣としての武士身分は解体され、鹿児島県へ移った旧領主の菊池氏も、明治六年四月には宮内省雑掌《ざっしょう》、六月には式部寮大舎人《おおとねり》の職を得て上京した。そして米良山では、住民の手による新たな行政制度の下での村づくりがはじまる。

米良山の新体制への移行

「藩」から「県」へ

明治四年七月十四日、廃藩置県により、従来の「藩」の名称は廃され、旧大名が任命されていた「知藩事」の任も解かれ、華族として東京に住むことが命じられた。このとき旧藩の領域で設置された「県」は、全国で三〇二県におよび、飛地などでその領域はモザイク状となり、行政上不都合が多かった。そのため四ヶ月後の十一月には、さらに七十二県に再編され、政府により新たに任命された「県令」が、地方長官として派遣された。明治政府による行政改革、人事の刷新である。

人吉藩管轄であった米良山は、明治四年七月に人吉県となり、さらに十一月の府県統合により人吉県が八代県に組み入れられたため、米良山もまた八代県管轄となった。村高帳や戸籍帳などの引き渡しは、八代県となった十二月に完了している【史料86】。

ここで一つ問題が生じたのは、会計関係の処理のことである。明治二年十二月の旧旗本層の禄制改革により、米良山は「上地《あげち》」となり、菊池氏の手をはなれ、翌三年六月の民部省からの通達により人吉藩へ「取締り」が命じられていた【史料84】。しかしながら、当時、依然として家臣には禄が支給される形が残り、菊池氏自身も貫属問題の渦中にあった。菊池氏の鹿児島藩への貫属が決定したのは同三年九月のことで、上地に伴う廩米の支給にいたっては、翌明治四年八月にようやく決定するという状況であった。米良山の管轄替えにあたり、明治三年分からの物成（税収）を人吉県（八代県）に引き継ぐようにという指示ではあったが、この間の米良山での諸役給料や諸支払はすでに完了し、残金皆無となり、菊池氏は租税上納免除を願い出ている【史料88】。通達事項が具体的に実行されるまでには時間を要したこともあり、この時期には多くの混乱が生じた。

八代県から美々津県へ

明治四年十一月の大規模な府県再編により、米良山は八代県管轄となったが、これに対して村内から反対の声があがった。翌五年三月、日向国美々津県への管轄替えを希望し、絵図を添えた嘆願書が美々津県庁に提出されている【史料89・90】。その理由としてあげられているのは、①米良邑《むら》は、絵図のとおり周囲は二十八里余で、内二十三里余は日向国に接し、西の方わずかに五里ほどが肥後国に接しているのみである。また分水嶺も日向国内に属している。②昔から日向国児湯郡の内であったのが、旧幕以来、人吉藩の最寄りということで球磨郡に編入されてきた。③県庁のある八代へは二十九里ほどの距離があるが、美々津へは十五里に過ぎず運輸の便もよい、などである。

願いは、同年六月付で八代県へも提出された。絵図のほうは、美々津県から八代県へ廻され、さらに両県から大蔵省へ管轄替えについての伺いがあげられた【史料91・93】。美々津県の東京詰め平田大属《たいぞく》が八代県との折衝にあたり【史料92】、願いは聞き届けられて、同年九月二十三日、米良山十四箇村は肥後国球磨郡から日向国児湯郡への組替えがなり、美々津県となった【史料95】。

府県統合に伴う同様の歎願は全国各地からあがっている。近くでは、明治五年に鹿児島県、都城県、美々津県の三県より配下の各郡について管轄替え願いが出されており、都城県のうち大隅国始良郡、菱刈郡、桑原郡内の一部が鹿児島県へ、美々津県のうち須木、野尻、小林の一部が都城県へ管轄替えとなった。河川などによる画一的な区割りへの反動である。また、関東では、当時神奈川県の管轄であった多摩郡中野、和泉、高円寺村など三十一箇村が東京府への管轄替えを願い出てそれが認められたケースなどがある。いずれも、交通の便や地縁を理由とした出願で、このあと明治二十年頃まで、明治政府による府県の統合・分県の試行錯誤がつづく。

戸長副戸長の任命と村治・邑学校

米良山十四箇村が組入れられた美々津県は、明治のはじめに一年二ヶ月間というごく短い期間存在した県である。大淀川以北の旧延岡藩領・高鍋藩領・佐土原藩領と幕府領を県域とし、大淀川以南の都城県とともに明治四年十一月十四日に設置された。

当初、美々津県庁は、旧高鍋藩の美々津御仮屋《おかりや》があてられたが手狭となり、明治五年には富高

（現日向市）へ移された。あらたな官制のもとに、新時代の行政組織が整えられようとしていた。

美々津県管轄となったその年の十一月には、米良山を八代県から引き継ぐための様々な書類の引き渡しが完了し【史料97】、県庁では米良山の戸長一名と副戸長二名が任命されて【史料100】、行政区分も定められた。明治初期の行政区分は、郡・町・村が廃されて大区小区制となり、番号が振り分けられている。美々津県は、全域が一つの大区とみなされて、米良山の十四箇村は、そのうちの第四十五区となった【史料98】。

戸長・副戸長はいずれも米良氏に仕えた家臣で、京都詰めの小河小藤太の国許への書状の宛先にもみえるように、米良山の重臣であった人たちである。戸長の浜砂重倫、そして副戸長のひとり佐藤正元は、美々津県への管轄替え願いに添えられた絵図にも名がみえる（絵図では佐藤元正となっているが、同一人物であろう）【史料90】。管轄替えに際して、米良山の意見を取りまとめる大きな役割をはたしたものと思われる。任命の二日後には村治に関する伺書を県庁に提出し、小川の陣屋《じんや》（領主館《やかた》）を、邑《むら》学校と戸長詰所に定め、具体的な事務に支障のないよう務めている【史料102】。

特に教育には力がそそがれた。新時代の人材育成は、明治政府にとっても急務であった。明治五年には学制が公布され、身分・性別に関係なく国民皆学の理想が掲げられた。

米良山では、菊池氏在住中にすでに邑《むら》学校が創設され、学校運営のための「邑校商社」が設けられていた。その運営には、社倉《しゃそう》（穀物を備蓄し必要に応じて貸し付ける制度）の利米や木材の売り払い代、入山して商売する者へかける運上金（営業税）があてられた。しかしながら、この頃にはすでに売り払う木材も尽き果て、学校存続の危機に陥っていた。そのため村内で検討されたのが、皆で木を植えて資金を作ることである。各々が植林して、成長した木の売り払い代金の四割から七割を木材の種類に応じて拠出し、邑校商社に納めて運営資金を作る計画で、この件は、県へ伺いを立て許可されている【史料103】。さっそく、各地区に通達が廻されたとみえ、現在、上米良地区に残されている書類の中にも、諸木増殖を進める文書がみられる【史料104】。

明治六年一月十五日、美々津県と都城県が統合されて宮崎県が設置されたが、その発足時の正職員四十五名のなかに、米良山副戸長のひとり那須《なす》宗懿《むねよし》（旧名民三、弘化三年十一月生）の名がみえる。米良山出身の最初の宮崎県庁職員である。年齢は二十六歳、「等外二等出仕、租税課」勤務で、さらにこの年の九月には「十五等出仕」となっている。発足したばかりの宮崎県では、県内各地から新たな人材を登用した。とくに租税を扱う課では、藩債処分や地租改正を推し進めるうえで、地域の実状が良くわかる人物が欠かせなかった。

米良山の負債とその処理

幕末維新期の数度の上京には、莫大な費用がかかった。その費用の捻出のために、則忠は「産物会所」を設けている。他領商人により独占されていた米良山の産物売買を禁止し、山中に通用する銀札（米良札）を発行して、物品を直接扱うことで資金を得る方策であった。しかしながら、その試みは順調にはいかなかった（『宮崎県史通史編近世下』）。上京にあたり、不足する資金を補うために蓄えの古銀三〇〇両相当を仕送り【史料32】、さらに鹿児島藩へも援助を願い、ようやくその費用を賄った【史料47・52】。

この借用金返済のために、鹿児島へ送っていたものが「漆」である。生漆の値段はこの時期高騰し、重要な換金作物であった。漆の増殖について「山中一統、毎春植え付け数を帳面に記し、手入れも行き届くようにすれば収量もあがり、それだけ早く借金の返済もできる」という鹿児島の米良助右衛門の提言もみられる（目録№.追録19）。

この上京の折の借財については、なんとか始末がつけられたものの、廃藩置県後になお米良山に残されていた負債は、かなりの額に及んだ。そのため戸長浜砂重倫らは、明治六年一月、参事《さんじ》福山健偉宛に米良山の負債を公債として引き継いでほしい旨の歎願書を差し出している【史料105】。維新政府は、明治四年七月の廃藩置県と同時に藩債の処分に着手し、旧藩へ負債額の報告を求めた。同年十一月には申告期限を三十日以内と定める布達を出したが、これはなかなか徹底せず再三延期されていた。

米良からの歎願は、六年二月十八日付で宮崎県から大蔵大輔（大蔵省次官）井上馨宛てに上申された。米良山は山深い地にあり御布告も一々届き兼ね、管轄替えに伴う手続きの遅滞もあるが、公債として採用してほしい旨が記され、負債の詳細も添えられている。それによると、高鍋藩へは椎茸を元手に借用した三百両の残金が利子共で三百八十九両余り、人吉藩へは慶応三年に領内不作で御救い米六百俵（百八十石）を、「御支配頭《ごしはいがしら》の訳を以て」願い出て年賦借用、その金千三百九十五両、また、佐土原藩の町人茶屋瀧蔵への借財が七十三両余りとなっている。

公債とするには、藩主（領主）個人の借財ではないことなど要件がある。この申告がどうなったか、その後を示す公文書は見あたらない。提出からまもなくの明治六年三月には、太政官より藩債の処分方法を定める布達が出された。その処分方法は、天保十四年以前の負債は棄却、慶応三年までのものは無利息五十年賦、明治五年までのものは四分利付三箇年据置き二十五年賦で償還するというものである。維新政府の行政刷新が、大きな争乱もなく断行できたのは、旧支配者層への新たな身分の確保と禄の支給が伴ったことに加え、おおかたの藩が抱えていた莫大な借金を、政府が肩代わりしてくれることになったことも大きい。

明治六年宮崎県管轄下の米良山租税の方法

慶応四年（一八六八）八月、明治政府は太政官布達第六百十二号により、諸国の税法は旧慣によるとし、当面は江戸時代のままの様々な税制が各地に残った。

【史料108】は、宮崎県が成立したばかりの明治六年のもので、原文の傷みにより欠字も多いが、幕末から明治初期にかけての米良山における租税方法と納入高の概要を知ることができる。田畑から収穫される米・小豆・稗は「無年季定免《じょうめん》」で豊凶に関係なく定められた税率で徴収された。小物成として現品で納めるものには、大豆・真綿・紙・漆・椎茸・大麦・菜種・茶があり、それぞれ一戸あたりの納め高が定められていた。納入期限はその年十一月下旬まで、ただし椎茸以下四種は翌年三月と五月納めである。ほかに藁代・渋代・莚代・火縄代・柑子《きぶし》代があり、こちらは金納で一戸当たりの割り当て量が納められた。また、垣普請、川役銭の雑役分もあるが、詳細は不明としている。

県が米良山からの収税方法で困ったのは、現品納めの収納物の扱いである。明治五年の現品納め分は、米良山から里方へ運送するにも割高の運賃がかかるため買い手がつかず、やむを得ず入札による村内での買い受けとし、歳入にあてられた【史料106・107】。金銭融通の少ない土地柄で金納への振り替えも難しく、以後の分も入札による収税の許可を国に求めている【史料108・109】。

全国各地で課税の方法や基準がまちまちでは不都合も多く、国の屋台骨を支えるための税制整備は、明治政府にとって急務であった。そのため、まず石高課税の方式を改める地租改正から着手され、明治六年七月に地租改正法を制定、翌年より施行された。明治八年には太政官第百四十号により国税と地方税の区分も定められ、さらに明治十一年の「地方税規則」により府県が徴収することのできる税金種目が体系化された。

地租改正にしても全国各地で反対一揆がおこるなど、明治期の新たな取り組みが軌道に乗るまでには、さまざまな難問を乗り越えていかねばならなかった。

史料編

I　近世の米良山と米良氏

1　近世初期の米良山

【史料1】米良勝兵衛覚書

西米良村所蔵史料目録No.追録3

日向八千町之分者薩摩方江着ニ致ス、其時節を以、薩摩江御入魂有之

一、薩摩手に御付、御陣立被遊、豊後陣ニハ石見公父子、小右衛門公、弾正（石見舎弟也）共ニ出陣有之

（読み下し・註記）

日向八千町の分は薩摩方へ着《つき》にいたす。その時節をもって、薩摩へ御入魂《ごじっこん》（親しくする）これあり。

①日向八千町　「日向国図田帳」に示す日向全域のこと。

②薩摩方　島津氏領となる。天正五年（一五七七）～十五年（一五八七）のことか。

一、薩摩手に御つき、御陣立《ごじんたて》（戦に加わること）あそばされ、豊後の陣には、石見公父子、小右衛門公、弾正（石見舎弟也）と

一、肥前陣ニ者足軽計之御助成有之
一、三番高橋殿より別而入魂ニ被仰談、其上きじの御門両前ヲ預被置、弾正方江者水志《みづし》（カ）谷一河内被預置候事
一、其後、当山高橋方領分之仰有之ニ仍テ、弾正方挨拶疎意に有之候處ヲ以、右預ケ置知行、高橋方従押領ス
一、雖然と石見公預り之知行之所、益深ク弥高橋方作法を御守入魂有之
一、右之時節、石見公江弾正方従御異見仕、就夫、右之知行所高橋方江差戻す、以来不和と為成こと

もに出陣これあり。

①豊後の陣　天正十四年（一五八六）、大友攻め。
②石見公　米良石見守重良か。
③小右衛門　米良重隆か。
④弾正　添書に「石見舎弟」とあり。

一、肥前陣には、足軽《あしがる》ばかりの御助成《ごじょせい》これあり。

①肥前の陣　天正十九年（一五九一）の名護屋城普請か

一、三番高橋殿より別《べっ》して入魂《じっこん》に仰せ談ぜられ、その上きじの御門《みかど》両前を預け置かれ、弾正方へは水志谷《みずしだに》一河内を預け置かれ候こと。

①三番高橋殿　慶長二年（一五九七）再度出勢の高麗陣三番手のことか。高橋は県《あがた》城主。
②きじの御門　預け地。鬼神野《きじの》と神門《みかど》（ともに美郷町南郷）。伊東氏時代には、水志谷、御門に「領主」が置かれる。
③両前　米良・椎葉の出入口のことか。
④水志谷一河内　預け地。水清谷《みずしだに》川筋一帯。

一、その後、当山（米良山）は高橋方の領分の仰せ、これあるによって、弾正方は挨拶が疎意にこれあり候ところをもって、右預け置く知行を高橋方より押領す。

①押領　おさえとる。この場合「取り上げる」こと。

一、其後、左所方之一理、御公儀江
被達上聞事
一、其以後、高橋殿ハ遠嶋、國本江
御座候子息高橋甚蔵殿、薩摩之様
ニ欠落有之
一、当山従茂右高橋頽之時節者御立
有、雖然と古之仕合故、中途従帰
舘有
一、慶長元年丙申之年、弾正儀者、
当山よりの御名代として令上洛事
一、右以前、弾正事者、日州之内平
野と云在所江牢人いたし令休息候
處ニ、其砌鍛冶国弘江別而遂入魂
候、其時節者、薩州之内あやと申
在所に、右かち者居住候時節迠者、

一、しかりといえども、石見公は預りの知行の所（鬼神《きじ》野《の》と神門《みかど》）を、ますます深く、いよいよ高橋方の作法（仕方）を御守り、入魂《じっこん》これあり。
一、右の時節《とき》、石見公へ弾正方より御異見（御意見）つかまつり、それにつき、右の知行所を高橋方へ差し戻す。以来《いらい》不和となること。
一、その後、左《さ》の所方《ところがた》の一理《ことわり》、御公儀（家康）へ上聞《じょうぶん》に達せらるること。
一、それ以後、高橋殿は遠島《えんとう》、国元《くにもと》へ御座《ござ》候子息《しそく》高橋甚蔵殿は、薩摩の様《よう》に欠落《かけお》ちこれあり。
一、当山よりも右高橋頽《くずれ》の時節は御立《おたち》あり。しかりといえども、古《いにしえ》の仕合《しあい》（付き合い）ゆえ、中途より帰館あり（米良山に帰った）。

①遠島　陸奥棚倉へ改易のこと。（「宮崎県史史料編近世1」69ページ参照）
②高橋甚蔵　高橋家次男長吉のこと。鹿児島高橋家となる。（同88ページ「高橋種周《たねちか》自記」参照）
①高橋頽《くずれ》　高橋元種　慶長十八（一六一三）年十月改易、領地は没収。

ふる屋を名乗被申候、其砌より名
誉之刀被作たるげニ候
一、其後致上京、官位ニ着仕、國弘
とは被為成候
一、於大坂ニ無其密、上様之御鍛冶
ニ而御賞翫者不浅時節之事
一、弾正事、為御名代と参勤、右国
弘別而出頭、右彼人江取入、彼之
人之曳進を以、石田治部少輔殿江
当山之意趣念比ニ致言上候之處ニ、
石田殿御取成を以、御目見仕、当
山ハ御鷹巣山直之御朱印頂戴、首
尾宜令帰国候事
一、右之御朱印者、石見公江進献仕、
其後小右衛門公参勤相始ル

一、慶長元年丙申の年、弾正儀は、当山（米良山）よりの御名代として上洛せしむること。

①慶長元年（一五九六）　この年、秀吉は大坂城に移る。

一、右以前、弾正ことは、日州の内、平野という在所へ牢人《ろうにん》いたし、休息せしめ候ところに、その砌《みぎり》、鍛冶国《くに》弘《ひろ》（国広）へ別《べつ》して入魂《じっこん》をとげ候。その時節《とき》は、薩州の内あや（綾）と申す在所に、右のかち（鍛冶）は居住候時節までは、ふる屋（古屋）を名乗り申され候。その砌より、名誉の刀を作られたるげに候。

①平野　西都市平野。伊東氏時代には米良山寒川の入口で領主（米良民部少輔）が配置されていた。

③田中国広　刀工。祖先は肥後国球磨の人。東諸県郡綾町南俣の古屋に居住した。石田三成の嘱を受けて江州佐和山にて数口を鍛え、天正正宗の名を得たという。

一、その後、上京いたし、官位につき（信濃守拝領）仕え、国弘（国広）とはなりなされ候。

一、大坂において、その密《かくれ》なく、上様《うえさま》（秀吉）の御鍛冶にて御賞翫《しょうがん》は浅からず時節のこと。

一、弾正こと、御名代として参勤、右の国弘は別して

一、関白公江御目見候、其已後秀頼公迠御目見有之

一、國弘之舎弟田中甚之丞殿、当山鷹巣元改見として下着有之、山中所々之巣元見届られ、御帳面ニ被為書のせ、上京有之

一、右弾正事参勤、國弘取成を以、御朱印頂戴仕、此等之首尾不御違候儀ニ有之候、依テ甚之丞殿為御上使と、当山江入御為被成事

一、右以後、当山御朱印之儀付、高橋方口論有之

一、其後左右方之一理、遂上聞候事

一、大坂江罷出者共

米良杢之丞

出頭《しゅっとう》す。右、彼《か》の人へ取り入り、彼の人の曳進《ひいき》をもって、石田治部少輔《じぶのしょう》殿へ当山の意趣《いしゅ》を念比《ねんごろ》に言上いたし候のところに、石田殿の御取りなしをもって御目見《おめみえ》つかまつり、当山は御鷹巣山直《じき》の御朱印《ごしゅいん》を頂戴、首尾《しゅび》よく帰国せしめ候こと。

①参勤　参勤交代のことではなく、伺候《しこう》（御機嫌伺いに参上）すること。
②出頭　とくに出世する。
③石田治部少輔　石田三成。慶長五年（一六〇〇）関ヶ原の合戦で家康に敗れ没。
④直の御朱印　米良山は鷹巣山として秀吉から御朱印を頂戴したというもの。

一、右の御朱印は、石見公へ進献《しんけん》つかまつり、その後小右衛門公の参勤があい始る。

①この朱印状は残っていないが、慶長六年（一六〇一）の黒印状に「米良山之儀如前々鷹巣山」とみえる。
②小右衛門が秀吉に伺候したかは不明

一、関白公（秀吉）へ御目見候、その以後、秀頼《ひでより》公まで御目見これあり。

①秀頼　豊臣秀頼。慶長三年（一五九八）の秀吉死去により

当山従　　米良弾正
縣表従　鹿野太郎右衛門
右左右論聴手御人衆
本田美濃守殿
阿蘇紀伊守殿
福嶋太夫殿
右福嶋殿住所播州也、右已後何之
御如在とは不知、遠嶋有之
一、当山方一身有之
黒田盡(如カ)水入道殿
然處ニ右之人数於大坂ニ遂登城、
朝之四ツより晩之六ツ迠罷在とい
へとも、右之太郎衛門登城不仕、
爰を以、当山方勝公事と蒙御上意

家督を継ぐが、元和元年（一六一五）大坂の陣で敗戦、母淀君とともに自害。豊臣氏滅亡

一、国弘（国広）の舎弟《しゃてい》、田中甚之丞殿、当山鷹巣元《たかのすもと》改《あら》見《ため》として下着《げちゃく》これあり、山中所々の巣元を見届られ、御帳面に書きのせなされ、上京これあり。

①田中甚之丞　朱印状の改役として米良山に来た者。

一、右、弾正こと参勤し、国弘の取り成しをもって御朱印を頂戴つかまつり、これらの首尾は御違《たが》わず候儀にこれあり候。よって甚之丞殿を御上使《じょうし》として、当山へ入御《にゅうぎょ》なしなされること。

①朱印状の確認として米良山に来た田中甚之丞は、御上使として来たというもの。

一、右以後、当山の御朱印の儀につき、高橋方と口論これあり。

①米良氏がうけたという御朱印について高橋方との争い。

一、その後、左右方《さうほう》の一理《ことわり》、ついに上聞《じょうぶん》をとげ候こと。

①どちらに理があるか、判断を受けること。

一、大坂へ罷り出《いで》る者ども
米良杢之丞

ヲ、何も罷下り候事
一、右以後大坂一難落城有之
一、右御陣場江当山ゟ御立無是候、乍去例之為御参勤之小右衛門公御上洛之處ニ一敵相おこり候、大坂にて御陣支度被成、陣場江御出之事
一、新納之御陣、是以当山中より御立無是、併御上使本田美濃守殿江為使者と、弾正参上申たる計ニ候
一、其時節、米良山於向後ニ、別条之有間敷、御朱印被為仰付、頂戴仕帰山有之候事
一、右以後御朱印者相良清兵衛殿従御覧之旨申来ルニ付、彼之方江差

当山より　米良弾正
縣表《あがたおもて》より　鹿(狩)野太郎右衛門
右、左右《かれこれ》の論、聴手の御人衆
本田美濃守殿
阿蘇紀伊守殿
福嶋太夫殿
右の福島殿の住所は播州なり。右の已後《いご》、何の御如在《じょさい》とは知らず遠島《えんとう》これあり。

①狩野太郎左衛門　高橋家家臣　八〇〇石取。（「宮崎県史料編近世1」94ページ「県高帳《あがたたかちょう》」参昭）
②本田美濃守　本多《ほんだ》忠政《ただまさ》　天正三年（一五七五）～寛永八年（一六三一）。平八郎・美濃守・侍従・従四位下
③阿蘇紀伊守　不詳
④福島太夫　福島正則《まさのり》　永禄四年（一五六一）～寛永元年（一六二四）。左衛門太夫　播磨居仕については不明

一、当山方一身《いっしん》これあり
黒田盡(如カ)水入道殿
しかるところに、右の人数、大坂においてついに登城す。朝の四《よ》ツより晩の六《む》ツまで、罷《まか》りあるといえども、右の太郎衛門は登城つかまつらず、ここをもって、当

越申候、雖然と其後終ニ御返し不
預候事

一、右弾正、新納之御陣場江罷出候前ニ、御進物ノ御肴狩申付候處ニ、黒隈(熊)三丸打捕、此等持参候處、殊之外、預御褒美ニ、別而御賞翫有之事

一、石見守公、御公儀方無御勤も遠慮ニ有之、元来者高橋方御入魂知行等聊ニ付、深々敷起請文之書物有之由候者、令上聞、御誤ごとく成仕合、面白も無之、就夫、何方茂弾正為御名代と令参府候、是亦当末世に及といゑとも、秘事と云々

山方を勝公事《かちくじ》（勝訴）と御上意をこうむり、何《いずれ》も罷《まか》り下り候こと。

①一身これあり　味方すること。

②黒田如水　黒田官兵衛入道如水　慶長九年（一六〇四）没

一、右、以後、大坂の一難、落城これあり。

①大坂の陣のことで、以後、豊臣家が没落したこと。

一、右の御陣場へ当山より御立ちこれなく候。さりながら、例の御参勤のため小右衛門公御上洛の処に、一《ひと》敵《いくさ》あいおこり候。大坂にて御陣の支度《したく》なされ、陣場へ御出のこと。

一、新納《にいろ》の御陣、これをもって当山中より御立これなく、しかしながら、御上使《じょうし》本田美濃守殿へ使者として、弾正が参上申したるばかりに候。

①新納の御陣　高城合戦か。

一、その時節《とき》、米良山は向後《こうご》（これから以後）において、別条のあるまじく、御朱印仰せ付けなされ、頂戴つかまつり、帰山これあり候こと。

一、右以後、御朱印は相良清兵衛殿より御覧の旨、申し

一、米良弾正始而令上洛候節者、人吉江罷越御引合遂御相談ヲ、令参府候、就夫、小右衛門公初之御参勤之節、相良尊公江御引合、彼方ゟ御曳進を以、御参府有之

一、伊東殿、元来別而御入魂之旨趣有之ニ付、右小右衛門公御上京之折節者、御船者伊東殿より御馳走ニ依テ、あかへと申みなとより御出船有之

一、右御参府手寄のもの者米良又右衛門、後に者入道仕ニ仍テ寿銘と申候、米良弾正供奉之筈ニ相定といゑとも、此中両度ニおゐて上洛申し候、餘り休足間無之ニ仍テ、

来たるにつき、かの方へ差し越し申し候。しかりといえども、その後、ついに御返しに預からず候こと。

①相良清兵衛　相良家家老

一、右弾正、新納の御陣場へ罷り出《い》で候前に、御進物の御肴《おさかな》を狩り申し付け候ところに、黒隈（熊）三丸《さんがん》（三頭）を打ち捕え、これらを持参候ところ、ことのほか御褒美に預かり、別《べっ》して御賞翫《ごしょうがん》これあること。

一、石見守公は、御公儀方の御勤もなく、遠慮にこれあり、元来は高橋方に御入魂《じっこん》、知行等聊《いささか》につき、深々しき起請文の書物これある由《よし》候わば、上聞せしめ、御誤のごとく仕合《しあい》になり、面白くもこれなし。それにつき、何方も弾正が御名代として参府せしめ候、これまた当末世に及ぶといえども、秘事と云々。

一、米良弾正がはじめて上洛せしめ候節は、人吉へ罷《まか》り越し御引き合わせ、御相談をとげ、参府せしめ候。それにつき、小右衛門公の初めの御参勤の節は、相良尊公へ御引き合わせ、彼方より御曳進《ひいき》をもって、御参府《さんぷ》これあり。

一、伊東殿（とは）、元来、別《べっ》して御入魂の旨趣《しゅし》これある

此等ヲ君も大儀ニ被思召、御免有
之

一、石見守公御名代仕候弾正「重種」（添書）儀、前ニ大坂江参府御目見えニ及中時節、石田治部少輔殿従被仰出候ハ、弾正者餘り供名如何敷被仰出ニ付、勝兵衛ニ罷成致御目見え、以来者名者少兵衛ニて候
（添書）「石見守公御親父也」

一、米良釈迦如来御佛體以前、相良義秀公御入魂有之中ニ、御加勢として当山中之人数を相催召連、湯野前江御出陣有之

一、球磨と奈須山一敵あひおこり、湯前ニ而合戦有之、然處ニ奈須山

につき、右小右衛門公の御上京の折りふしは、御船は伊東殿より御馳走《ごちそう》によって、あかへ（赤江）と申すみなとより御出船これあり。

①御馳走　御馳走船のこと。乗船を提供された船のこと。
②あかえのみなと　飫肥領赤江港

一、右御参府の手寄《てより》のものは、米良又右衛門、後には入道つかまつるによって寿銘と申し候。米良弾正が供奉《くぶ》（お供する）の筈にあい定むるといえども、このうち両度において上洛《じょうらく》申し候。あまり足を休める間もこれなくによって、これらを君も大儀におぼしめされ、御《ご》免《めん》これあり。

①手寄のもの　案内するもの。依頼や交渉の頼りになる人。

一、石見守公の御名代《みょうだい》つかまつり候弾正「重種」（添書）儀《ぎ》は、前に大坂へ参府し、御目見《おめみ》えに及び申す時節《とき》、石田治《じ》部少輔《ぶのしょう》殿より仰せ出《いだ》され候は、弾正はあまり供名《ともな》いかがわしく仰せ出《いだ》されるにつき、勝兵衛《しょうべえ》に罷り成り、御目見えいたし、以来は名は少兵衛《しょうべえ》にて候。

①「弾正」は、家来の名としてごついということ。

（添書）石見守公御親父なり

方勝気おひに罷成候砌、義秀公従
御進物には、上村重代之太刀腰之
物一被為持、御頼被成事
一、其砌、無難御請合、湯前陣立之
事、然處ニ奈須山之人数難なく討
捕、ひるひなき御手柄御高名無其
密ら御帰山、以来、義秀公別而御
入魂、当御代に至迄無御別条御入
魂有之事
一、渡河方江一敵おこり有之候と御
沙汰、元来之儀者米良甚左右衛門
当山之様ニ走参申候折から、甚左
衛門姉使にて、米良宇右衛門と申
人、甚左衛門同心を以、当山江走
参申筈之處ニ、当山江悪心之由候

一、米良釈迦如来御佛體以前（のこと）。相良義秀公、御《ご》入魂《じっこん》これあるなかに、御加勢として当山中の人数を相《あい》催《もよお》し召しつれ、湯野前《ゆのまえ》（球磨郡湯前）へ御出陣これあり。

①相良義秀　相良長毎《ながつね》のことか。

一、球磨と奈須山《なすやま》（椎葉山）に一敵《ひといくさ》あいおこり、湯前にて合戦これあり。しかるところに奈須山がた勝気をおびるに罷《まか》りなり候みぎり、義秀公よりの御進物には、上村重代《うえむらじゅうだい》の太刀腰のもの一つ持たせられ、御頼みなされること。

①この戦は慶長八年の米良と椎葉の境界争いのことか。
②上村重代　上村の相良家に代々伝わる太刀

一、そのみぎり、難なく御請合《うけあい》、湯前に陣立のこと。しかるところに、奈須山の人数を難なく討ち捕え、ひるいなき御手柄にて御高名はその密《かくれ》なきにより、御帰山、以来、義秀公別《べつ》して御入魂、当御代にいたるまで御別《べつ》条《じょう》なく御入魂これあること。

一、渡河《どがわ》（渡川）方へ一敵《ひといくさ》おこりこれあり候と御沙汰《ごさた》、元来《がんらい》の儀は、米良甚左右（ママ）衛門は当山の様《よう》に走り参り申し候折《おり》から、甚左衛門姉《あね》使にて、米良宇右衛門と申す

工有之旨と之風聞に依テ、弥甚左衛門甚左衛門跡にひかへ罷居申に付、風聞全実正、当山従討手として米良帯刀、渡川江差越候処ニ、宇衛門者当山ニ罷越候を中途にて難なく討捕、無事ニ罷成為申以前之事

一、右甚左衛門跡敷、尤知行田畑ニ至迄、此方江種納者可申旨縣方江被仰越、縣従者又右之分迄相論有之、以之外六ヶ敷罷成、高橋方より使者、当地江相詰罷有、尤此方従縣表江使者、彼之地江相詰、互之口論苦敷折からに、此旨秋月殿被聞召付、中入を以、右之論地ハ

人、甚左衛門同心《どうしん》をもって、当山へ走り参り申す筈のところに、当山へ悪心《おしん》の由候の工《(たくらみ)》これある旨との風聞によって、いよいよ甚左衛門、甚左衛門は跡《(後)》にひかへ罷《まか》り居り申すにつき、風聞は全《まった》く実正《じっしょう》、当山より討手として米良帯刀を渡川へ差《さ》し越《こ》し候ところに、宇衛門は当山に罷り越し候を、中途にて難なく討ち捕え、無事に罷りなり申したる以前のこと。

① 米良甚左衛門　渡川の領主

一、右甚左衛門の跡敷《あとしき》、もっとも知行の田畑にいたるまで、この方へ種納は申すべき旨、縣《あがた》方へ仰せ越さる。縣よりは、また右の分まで相論これあり、もってのほか六ヶ敷《むつかしく》罷り成り、高橋方よりの使者は、当地へあい詰《つ》め罷りあり、もっとも、この方より縣表《おもて》へ使者、彼の地へあい詰め、たがいの口論苦しき折からに、この旨を秋月殿聞こし召されるにつき、中入《なかい》りをもって、右の論地は秋月殿より御もらいこれありとの意趣によって、たがいの遺恨《いこん》の節は和談に成し候こと。

秋月殿ゟ御もらひ有之との意趣ニ
依テ、互之遺恨節者和談に成候事
右旨趣者、米良勝兵衛「重種（添書）」悴、
同氏左右兵衛「重弘（添書）」咄有之ニ
付、右左右兵衛孫子ニて米良十大輔
「重僚（添書）」、是を致承知、為後代一書ニ
印如斯候、披見之旁有之、若不実之
儀共所々有之候ハ、御添書を被成給
へく候、誠以、甚（左右カ）兵衛八十一歳老
躰を以被申出、古言之事共ニ有之候
へ者為念如此御座候

寛文四年
丙辰之　　是書（重僚印）
七月十八日
米良十大輔重僚（重僚印）

右の旨趣《しゅし》は、米良勝兵衛「重種（添書）」悴、同氏左右兵衛「重弘（添書）」の咄《はなし》これあるにつき、右の左右兵衛の孫子にて、米良十大輔「重僚（添書）」がこれを承知いたし、後代のために一書に印《しるし》、かくのごとく候。披見の旁《かたがた》これあり、もし不実の儀ども所々これあり候わば、御添書をなされ給《たま》うべく候、まことにもって、甚（左右カ）兵衛八十一歳の老体をもって申し出られ、古言の事どもにこれあり候えば、念のためかくのごとくに御座《ござ》候

寛文四年
丙辰の七月十八日　　これを書く（重僚印）
米良十大輔重僚（重僚印）

2 相良氏の米良山預かり

【史料2】米良山椎葉山出入一件

「歴代嗣誠独集覧」

（慶長八年）
一、同年、米良山椎葉山出入高橋右近殿扶持人米良甚左衛門糾明之儀ニ付、大坂黒田筑前守殿、片桐市正殿来書写本紙有リ

已上

米良山椎葉山出入ニ付、可有言上由承候、双方間柄ニ候条申曖候、何ニ従公儀御国改可有之候得共、肥後国之内ニ候者、両山共ニ其方可有御進退候、日向之内ニ候者高橋可被申付

（読み下し・註記）

一、同年（慶長八年）、米良山・椎葉山出入《でい》り、高橋右近《うこん》殿の扶持人《ふちにん》米良甚左衛門、糾明の儀につき、大坂黒田筑前守殿、片桐市正《いちのかみ》殿、来書写し。本紙あり。

已上《いじょう》

米良山・椎葉山出入《でい》りにつき、言上《ごんじょう》あるべくの由、承り候。双方の間柄《あいだがら》に候条《じょう》、申し曖《あつか》い候。何《いずれ》に公儀より御国改めこれあるべく候えども、肥後国の内に候わば、両山ともにその方《ほう》ご進退あるべく候。日向の内に候わば、高橋申し付けらるべく候。まずその内は、米良山お取り

候、先其内者米良山御取次、其方御沙汰尤候、椎葉山之儀者、高橋取次可有之由申渡候、併米良甚左衛門儀者、従最前高橋方江奉公申由ニ候間、如元被召仕様ニ申定候、万一御改相延候者得其意可進之候、恐々謹言

慶長八年　　片市正
卯月廿日　　且元判
黒　筑前守
長政判

相良左兵衛殿
御宿所

つぎ、その方《ほう》御沙汰《ごさた》もっともに候。椎葉山の儀《ぎ》は、高橋取りつぎ之《これ》あるべき由、申し渡し候。しかしながら、米良甚左衛門儀は、最前《さいぜん》より高橋がたへ奉公申す由に候あいだ、元のごとく召し仕えらるる様《よう》に申し定め候。万一《まんいち》、お改めあい延び候わば、その意を得《え》、これを進ずべく候。恐々謹言

慶長八年　　片桐市正《いちのかみ》
卯月二十日　　且元《かつもと》判
黒田筑前守
長政《ながまさ》判

相良左兵衛殿
御宿所《ごしゅくしょ》

①高橋右近　日向縣《あがた》城主　五万三千石　高橋元種《もとたね》
②黒田筑前守　筑前福岡城主　五二万石　黒田長政《ながまさ》
③片桐市正　大和国竜田城主　一万四千石　片桐且元《かつもと》
④相良左兵衛　肥後人吉城主　一万二千石　相良長毎《ながつね》

3　幕府と相良氏・米良氏

①鷹巣山御奉書

【史料3】徳川家康黒印状写

「相良文書」（大日本古文書　家わけ五）

米良山之儀、如前々鷹巣山被仰付候、然者、彼巣山へ弓鉄炮一切不可入候、并於巣山之中、山畑焼候事、是又可停止候、以右之旨、米良小右（衛脱カ）門尉堅可被申付候也

慶長六年

九月廿九日御黒印

相良左兵衛尉殿

（読み下し）

米良山の儀《ぎ》、前々《まえまえ》の如《ごと》く、鷹巣山《たかのすやま》おおせつけられ候《そうろう》。しからば、彼《か》の巣山《すやま》へ、弓鉄砲一切《いっさい》入るべからず候。ならびに巣山の中において、山畑《やまばたや》焼き候こと、これまた停止《ちょうじ》すべく候。右《みぎ》の旨《むね》をもって、米良《めら》小右《こう》（衛《え》）門尉《もんのじょう》へ堅《かた》く申《もう》し付けらるべく候なり。

慶長六年

九月二十九日御黒印（徳川家康《とくがわいえやす》）

相良《さがら》左兵衛尉《さひょうえのじょう》殿

（大意）　米良山については、これまで命じているように鷹巣山とするので、弓・鉄砲は一切持込んではならない。また巣山の中での焼畑も禁止する。このことを相良左兵衛長毎《ながつね》殿から米良小右衛門尉重隆《しげたか》へ堅く命じなさい。

（解説）　この史料は米良山支配をめぐって、徳川幕府と相良氏、米良氏の関係についてふれた最初のものである。米良山を鷹巣山にすることを家康が命じたことが確認できる最初のものである。鷹巣山は、将軍が鷹狩に用いる鷹の養育地のことであるが、米良山全部が鷹巣山ではなく、巣山とよばれる三ヶ所だけである。

慶長六年（一六〇一）九月といえば、家康が関ヶ原の戦いで石田三成軍に勝った月であり、いち早く相良氏に米良氏を通じて米良山支配を命じたことを示している。家康の黒印の位置が、宛名の相良氏の名前の位置より高く主従の関係がうかがえる。将軍→相良→米良の主従関係・指揮系統が示されたとみてよい。

【史料4】江戸幕府老中連署奉書

「相良文書」（大日本古文書　家わけ五）

（折封上書）「相良遠江守殿」

米良山之儀、如前々巣鷹山被仰付之上者、弓鉄炮不可入之、并巣鷹山之中、山畑焼

（読み下し）
米良山の儀、まえまえのごとく巣鷹山《すたかやま》仰せ付けらるるの上は、弓・鉄砲これを入るべからず。なら

之事、御停止之段、任慶長六年九月廿九日先御代御黒印旨、弥堅可申付之由、上意候、被存其趣、米良主膳可被申付之者也、仍執達如件

寛文四辰
六月朔日

大和守（花押）
美濃守（花押）
豊後守（花押）
雅楽頭（花押）

相良遠江守殿

びに巣鷹山の中、山畑焼の事、御停止《ごちょうじ》の段《だん》、慶《けい》長《ちょう》六年九月二十九日のさきの御代《おんだい》の御黒印《おんこくいん》の旨《むね》にまかせ、いよいよ堅《かた》く申し付くべきの由《よし》、上意《じょうい》に候。その趣を存ぜられ、米良主膳へ申し付けらるべきものなり。よって執達《しったつ》、くだんのごとし

寛文四辰
六月朔日《ついたち》

大和守《やまとのかみ》（花押）
美濃守《みののかみ》（花押）
豊後守《ぶんごのかみ》（花押）
雅楽頭《うたのかみ》（花押）

相良遠江守《とおとうみのかみ》殿

（大意）米良山中のことは従前からのように巣鷹山とされるので、弓・鉄砲を持ち込むことは禁止する。また、山畑焼についても禁止されることは、慶長六年の家康の黒印状の主旨にもとづいて堅く申しつけることを、将軍（家綱）が命ぜられているので、このことを、米良主膳に命じなさい。

将軍の命を受け、相良遠江守（頼喬《よりたか》）に伝えます。

（解説）

この史料では「鷹巣山」が「巣鷹山」になっているが、意味は同じである。代々の将軍が家康の意を守り伝える。

この奉書は老中の連署になっていて、一段と文書の格が高くなっている。連署のうち最後に書かれ宛人に近い老中が主席老中で、のち寛文六年に大老についた酒井雅楽頭忠清《うたのかみただきよ》である。寛文四年（一六六四）五月、将軍家綱は全国の大名に対していっせいに領知朱印状を交付した（寛文印知《かんぶんいんち》）。米良山に対しても、同様に出されたものと考えられる。人吉藩では、相良遠江守頼喬《よりたか》がこの年（寛文四年）封を継いだ。

連署の老中は次の通り。

久世大和守広之《ひろゆき》　老中（寛文三年八月五日～延宝七年六月二十五日）
　上総国ほか　二万石
稲葉美濃守正則《まさのり》　老中（明暦三年九月二十日～天和元年十二月八日）
　相模国小田原　八万五〇〇〇石
安部豊後守忠秋《ただあき》　老中（寛永十年三月二十六日～寛文十一年五月七日）
　武蔵国ほか　一万五〇〇〇石
酒井雅楽頭忠清《ただきよ》　老中（承応二年六月五日～寛文六年三月）
　大老（寛文六年三月～延宝八年十二月九日）
　上野国前橋　十五万石

【史料5】江戸幕府老中連署奉書

〔折封上書〕「相良遠江守殿」

米良山之儀、如前々鷹巣山被仰付之條、巣山中江弓鉄炮一切不可入之、并山畑焼之事、為御停止之間、慶長六年九月廿九日御黒印、寛文四年六月朔日守奉書之旨、弥堅可申付由、上意候、此旨、米良主膳急度可被申渡者也、仍執達如件

貞享二丑

六月十三日　山城守（花押）

豊後守（花押）

加賀守（花押）

相良遠江守殿

「相良文書」（大日本古文書　家わけ五）

（読み下し）

米良山の儀、まえまえのごとく、鷹巣山仰せつけられるの条《じょう》、巣山中へ弓・鉄砲いっさい、これを入るべからず。ならびに山畑焼のこと、御停止《ごちょうじ》たるの間《あいだ》、慶長六年九月二十九日の御黒印《おんこくいん》、寛文四年六月朔日《ついたち》の奉書の旨を守り、いよいよ堅く申し付くべきの由《よし》、上意に候、この旨、米良主膳へ急《きっ》度《と》申し渡さるべきものなり。よって執達《しったつ》、くだんのごとし

貞享二丑

六月十三日　山城守《やましろのかみ》（花押）

豊後守《ぶんごのかみ》（花押）

加賀守《かがのかみ》（花押）

相良遠江守《とおとうみのかみ》殿

（大意）寛文四年の老中連署奉書と同じ。

（解説）慶長六年（一六〇一）の黒印状に追加して寛文四年（一六六四）の老中連署奉書を重ねて貞享二年（一六八五）にだされたものである。将軍が四代家綱《いえつな》から五代綱吉《つなよし》に代替わりしたため、改めて相良遠江守頼喬《よりたか》に発給されたものである。米良家の家督も、天和二年（一六八二）に主膳則重《のりしげ》が亡くなり、子の主膳則信《のりのぶ》に引き継がれている。

連署の老中は次の通り。

戸田山城守忠昌《ただまさ》　老中（天和元年十一月十五日～元禄十二年九月十日）
畿内　四万一〇〇〇石

阿部豊後守正武《まさたけ》　老中（延宝九年三月二十六日～宝永元年九月十七日）
武蔵国忍《おし》　八万石

大久保加賀守忠朝《ただとも》　老中（延宝五年七月二十八日～元禄十一年二月十五日）
肥前国唐津　八万三〇〇〇石

【史料6】江戸幕府老中連署奉書（写）

西米良村所蔵史料目録No.117

米良山之儀、如前々鷹巣山被仰付之條、巣山中江弓鉄炮一切不可入之、并山畑焼之事、為御停止之間、慶長六年九月廿九

（読み下し）

米良山の儀《ぎ》、前々の如く鷹巣山仰《おお》せ付《つ》けられるの条《じょう》、巣山中へ弓鉄炮いっさいこれを入るべから

日御黒印、寛文四年六月朔日、貞享二年六月十三日、享保三年十二月廿一日、延享三年十二月五日、寶暦十二年二月九日、守奉書之旨、弥堅可申付由上意候、此旨米良主膳急度可被申渡者也、依執達如件

天明八申

七月廿五日

伊豆守　判
丹波守　判
備後守　判
越中守　判

相良壱岐守殿

ず。ならびに山畑焼のこと、御停止《ごちょうじ》たるの間、慶《けい》長《ちょう》六年九月二十九日御黒印、寛文《かんぶん》四年六月朔日《ついたち》、貞享《じょうきょう》二年六月十三日、享保《きょうほう》三年十二月二十一日、延享《えんきょう》三年十二月五日、宝暦《ほうれき》十二年二月九日、奉《ほう》書《しょ》の旨《むね》を守り、いよいよ堅《かた》く申し付くべく由《よし》、上《じょ》意《うい》に候。この旨、米良主膳へ急度《きっと》申し渡さるべくものなり。よって執達《しったつ》、くだんのごとし

天明《てんめい》八申《さる》

七月廿五日

伊豆守《いずのかみ》　判《はん》
丹波守《たんばのかみ》　判
備後守《びんごのかみ》　判
越中守《えっちゅうのかみ》　判

相良壱岐守《いきのかみ》殿

（解説）　おなじく、米良山を鷹巣山とする老中連署である。この史料は、「判」と書かれているのを見てもわかるように「写し」で、相良壱岐守長寛《ながひろ》が受け取った奉書の写しがとられ、米良主膳則敦《のりあつ》に渡されたものである。

慶長六年の徳川初代家康《いえやす》の黒印状以来、寛文四年の四代家綱《いえつな》、貞享二年の五代綱吉《つなよし》、享保

三年の八代吉宗《よしむね》、延享三年の九代家重《いえしげ》、宝暦十二年の十代家治《いえはる》、と代々の将軍から奉書が出されてきたことを述べ、あらたに天明七年に将軍となった十一代家斉《いえなり》からの申し渡しを重ねている。松平越中守は、田沼意次のあとをうけて主席老中となり、幕政の改革を行なった。

連署の老中は次の通り。

松平伊豆守信明《のぶあきら》　老中（天明八年〜享和三年）　三河国吉田　七万石
鳥居丹波守忠意《ただおき》　老中（天明六年〜寛政五年）　下野国壬生《みぶ》　三万石
牧野備後守貞長《さだなが》　老中（天明四年〜寛政二年）　常陸国笠間《かさま》　八万石
松平越中守定信《さだのぶ》　老中（天明七年〜寛政五年）　陸奥国白川　十一万石
【史料7】老中脇坂安董口上覚書
「相良文書」（大日本古文書　家わけ五）
〔包紙上書〕「天保十亥年九月十九日長福
　公江両山御支配之儀被仰出
　候書付、脇坂中務大輔様ゟ
　出ル」
〔折紙上書〕「相良遠江守殿　脇坂中務大輔」

（読み下し）
〔包紙上書〕「天保十亥年九月十九日、長福公へ両
　山御支配の儀仰せ出され候書付、脇
　坂中務大輔様より出る」
〔折紙上書〕「相良遠江守殿　脇坂中務大輔」

口上之覚

被相伺候米良山、椎葉山之儀、各江申談候、先規之通、可有支配候、家督之度々奉書出候筈ニ茂無之付而、不能其儀候、可被存其趣候、以上

九月　脇坂中務大輔

相良遠江守殿

口上《こうじょう》の覚《おぼえ》

相伺《あいうかが》われ候米良山、椎葉山の儀《ぎ》、おのおのへ申《もう》し談《だん》じ候。先規《せんき》の通り、支配あるべく候。家督の度々《たびたび》、奉書《ほうしょ》出し候筈《はず》にもこれなくにつきて、その儀にあたわず候。その趣《おもむき》、存《ぞん》じらるべく候。以上

（天保十年）九月　脇坂中務大輔《わきさかなかつかさだゆう》

相良遠江守《さがらとおとうみのかみ》殿

（大意）　尋ねられた米良山と椎葉山のことについては、いろいろと話し合いましたが、いままで通りに支配されるように。家督相続のたびに、支配を認める奉書を出す訳ではありませんので、奉書は出しませんが、その旨を理解しておくように。

（解説）　この史料は、天保十年（一八三九）七月に家督を継いだ相良遠江守長福《ながとみ》が、新たに十二代将軍となった徳川家慶《いえよし》から所領安堵《しょりょうあんど》の朱印状が発給されたこの年、米良山・椎葉山支配についての奉書が出されなかったので、その支配について念を押して問い合わせたものとみられる。

脇坂中務大輔安董《やすただ》　老中（天保七年二月十六日～天保十二年二月二十四日）

播磨国龍野《たつの》　五万一〇〇〇石

②米良氏の相続

【史料8】酒井忠勝奉書

「相良文書」（大日本古文書　家わけ五）

以上

御状令拝見候、然者、米良主水方世継之子息米良弥太郎方、永々相煩、去五月就死去、弥太郎方子息、八歳罷成候間、主水跡目、此孫ニ被仰付候様有度之由、令得其意候、右之趣、達御耳候處、如前々可申付之旨、被仰出候間、可被得其意候、委細者、安部四郎五方より可被申達候間、不能詳候、恐惶謹言

八月十一日

酒井讃岐守

忠勝（花押）

（読み下し）

以上

御状《おんじょう》拝見《はいけん》せしめ候。しからば、米良主水《めらもんど》方の世《よ》継《つぎ》の子息《しそく》米良弥太郎方、ながなが相煩《あいわずら》い、去《さる》五月、死去につき、弥太郎方の子息、八歳にまかりなり候あいだ、主水の跡目《あとめ》、この孫におおせつけられ候ようありたくの由《よし》、その意《い》を得《え》せしめ候。右の趣《おもむき》、御耳《おみみ》に達《たっ》し候ところ、まえまえの如《ごと》く申し付《つ》くべきの旨《むね》、仰せ出《いだ》され候あいだ、その意《い》を得《え》らるべく候。委細《いさい》は、安倍四郎五方より申《もう》し達《たっ》せられるべく候あいだ、詳《くわ》しくはあたわず候。恐惶謹言《きょうこうきんげん》

八月十一日

酒井讃岐守《さかいさぬきのかみ》

忠勝《ただかつ》（花押《かおう》）

相良壹岐守様
御報

相良《さがら》壹岐守《いきのかみ》様
御報《ごほう》

（大意）あなた（相良壱岐守）の書簡を拝見しました。米良主水（重隆《しげたか》）のところの跡継ぎの米良弥太郎が長煩いで五月に死去したので、その跡を、八歳になる弥太郎の子（主水の孫）に命じてください、との意向はよくわかりました。

右のことを将軍のお耳に入れたところ、従前のしきたり通りにすることを命ぜられましたので、ご承知おきください。詳細は、安倍四郎五郎正之から伝えられることになっているので、ここでは詳しくは述べません。

（解説）この史料では、米良氏の家督が相良氏の意向で左右されることが理解される。この一件は、九州肥後国のことをよく知る正之が、当番老中の先手《さきて》として関係したものと考えられる。

① 奉書《ほうしょ》　将軍の意を受けて出される文書。当番老中だけのものと、老中全員の署名（連署）のものがある。

② 日付　八月十一日は、寛永十三年（一六三九）から十五年（一六三八）のものと思われる。

③ 酒井讃岐守忠勝《さかいさぬきのかみただかつ》　老中・大老　若狭小浜藩　十一万三五〇〇石

④ 相良壹岐守頼寛《さがらいきのかみよりひろ》（頼尚《よりひさ》）

⑤ 安倍《あべ》（阿倍）四郎五郎正之《しろうごろうまさゆき》（一五八四～一六五一）

四郎右衛門正之とも。江戸初期を代表する旗本。幕府の命を受け九州支配にはさまざま腕をふるい、元和元年（一六一五）には加藤忠広の肥後領国を沙汰し、同五年には、椎葉山の一揆を厳しい姿勢で鎮圧する。以後も江戸城の普請や日光東照宮の修復など手がけ、寛永二年（一六二五）には、幕府直臣《じきしん》団の江戸城下屋敷割に腕を振う。慶安四年（一六五一）没。

【史料9】安倍正之書状

「相良文書」（大日本古文書　家わけ五）

急度令啓上候、然者、米良主水殿跡式之儀、去比被仰越候、其砌之御報ニ具ニ如申入候、酒井讃岐守殿御月番之時分故、一ツ書を以、子細を申上候つる、其段被達上聞候處ニ、相良壹岐守次第、如前々可申付旨、御諚ニ候、因茲、讃岐守殿ゟ御奉書被遣候、弥拙者ゟ、様子可申入由ニ付而、如此候、右之趣主水方へ被仰渡、以飛札成共、御礼被申上可然候、就中、貴様ゟも、御奉書之乍御受、以御使

（読み下し）

きっと啓上《けいじょう》せしめ候。しからば米良《めら》主水《もんど》殿の跡《あと》式《しき》の儀《ぎ》、去《さ》るころ仰《おお》せこされ候、その砌《みぎ》りの御報につぶさに申し入れのごとくに候。酒井《さかい》讃岐守《さぬきのかみ》殿、御月番《おつきばん》の時分《じぶん》ゆえ、一《ひと》ツ書《がき》をもって、子細《しさい》を申しあげ候《そうら》いつる。その段《だん》、上聞《じょうぶん》に達せられ候ところに、相良《さがら》壹岐守《いきのかみ》の次第《しだい》、前々《まえまえ》のごとく申し付くべき旨、御諚《おおせ》に候。これにより、讃岐守殿より御《ご》奉書《ほうしょ》つかわされ候。いよいよ拙者《せっしゃ》より様子《ようす》申し入るべき由《よし》について、かくのごとくに候。右の趣《おもむき》、主水方へ仰せ渡され、飛札《ひさつ》をもってなりとも御礼《おれい》申し上げられ、しかるべく候。なかんず

者、御礼被仰上尤ニ奉存候、委細者先書
ニ申進候間、令省略候、恐惶謹言
安倍四郎五郎
八月十三日　正之（花押）
相良壹岐守様
人々御中

く、貴様よりも、御奉書《ごほうしょ》御受けながら、御使者をもって、御礼仰せあげられ、もっともに存じ奉《たてまつ》り候。委細《いさい》は先書に申し進《しん》ぜ候あいだ、省略せしめ候。恐惶謹言《きょうこうきんげん》

安倍四郎五郎《あべしろうごろう》
正之《まさゆき》（花押）
八月十三日
相良壹岐守《さがらいきのかみ》様
人々御中

（大意）　確かに申し上げます。米良主水殿の跡継ぎのことは、すでにあなた（相良壱岐守）が仰せられ、その時のご返事にくわしく申し入れたとおりです。老中の酒井讃岐守様が当番で担当されていた時でしたので、箇条書きにしてくわしく事情を申しあげました。その旨を将軍に伝えられたところ、相良壱岐守のことは、従前のごとく申しつけよとの御諚（上からの命令）仰せられ、それで讃岐守が奉書（将軍の命令をうけた文書）をつかわされたのです。いっそう詳しく、私からその様子を伝えるとのことは、以上のことです。

右のことを、あなたが主水に命ぜられ、書簡ででも御礼を申し上げさせるべきでしょう。特に、あなたも奉書をうけられたのですから、使者を立ててお礼を申しあげるのが当然でしょう。詳しくは前に申しあげたので省略します。

〔追而書〕

尚以、讃岐守殿拙者へ御尋候者、此跡代々次目之御礼被申上候時分、御老中連判之奉書被遣候哉、如何と被仰候、久儀ニ候条、荐者覚不申候、乍去弥次郎相果、弥太郎次目之御礼被申候時分者、相良左兵衛殿弥太郎を被召連、様子被仰上、則相済候かと存候、然間、御奉書之儀者覚不申候旨申上候、今度も参勤可仕儀ニ候得共、壹岐守殿者在国、主水者大老、弥太郎子者幼少故、参府不罷成趣を逸々申達候、此書状之趣、主水へ可被仰聞候、

以上

（読み下し）

〔追って書〕

なおもって讃岐守《さぬきのかみ》殿、拙者《せっしゃ》へ御尋ね候は、このあと代々の次目《つぎめ》の御礼申し上げられ候時分《じぶん》、御老中連判《れんぱん》の奉書《ほうしょ》を遣《つか》わされ候や、いかがと仰《おお》せられ候。久《ひさ》しき儀《ぎ》に候条《じょう》、しかとは覚え申さず候。さりながら弥次郎相果《あいは》て、弥太郎次目《つぎめ》の御礼、申され候時分《じぶん》は、相良左兵衛《さがらさひょうえ》殿、弥太郎を召し連れられ、様子《ようす》仰せ上げられ、すなわち相済《あいすま》し候かと存じ候。しかるあいだ、御奉書《ごほうしょ》の儀は覚え申さず候旨《むね》、申し上げ候。今度も参勤つかまつるべき儀に候えども、壹岐守《いきのかみ》殿は在国《ざいこく》、主水《もんど》は大いに老い、弥太郎子は幼少ゆえ、参府《さんぷ》まかりならず趣《おもむき》を、いちいち申《もう》し達《たっ》し候。この書状の趣、主水へ仰せ聞せられるべく候。以上

（大意）　なお、讃岐守殿（酒井忠勝）から私（安倍）に尋ねられたのは、このあと代々の継目（あとつぎ）の御礼の御挨拶に際して、老中の連判の奉書を遣わされるのかどうか、ということです。

古いことであるので確かには覚えていないのですが、弥次郎が死去し、弥太郎が跡を継いだときの御礼の挨拶は、相良左兵衛殿（長毎《ながつね》）が弥太郎を召し連れ、参府同道して済んだと思います。しかし、奉書のことは記憶していません。今度も参勤すべきと思いますが、相良氏は国許の人吉にあり、主水は大変な老人で、また弥太郎の子は幼少なので、参府できない事情をこまごま酒井様に申し上げました。

この書状のことを、主水にも聞かせてください。

「相良文書」（大日本古文書　家わけ五）

【史料10】米良了夢書状

御書謹而奉拝見、忝奉存候、於此度茂、
御前之儀以御取合、忰家相續申儀、誠
以生々世々忝奉存候、猶御使者江申入候、
恐惶謹言

九月四日　米良主水入道

了夢（花押）

頼尚様

人々御中尊報

（読み下し）

御書《おんしょ》、謹《つつしみ》て拝見《はいけん》奉《たてまつ》り、かたじけなく存《ぞん》じ奉り候。このたびにおいても、御前《ごぜん》の儀《ぎ》お取り合せをもって、忰家《せがれけ》相続申す儀、誠《まこと》にもって生《しょう》々《じょう》世《よ》々《よ》かたじけなく存じ奉り候。なお御使者へ申し入れ候。

恐惶謹言

九月四日　米良《めら》主水《もんど》入道《にゅうどう》

了夢（花押）

頼尚《よりひさ》様

人々御中尊報《ひとびとおんちゅうそんほう》

（大意）　御書状、拝見いたしました。かたじけなく存じます。このたびのことも、幕府に対して殿様（相良壱岐守頼尚《よりひさ》）からいろいろ都合よくお手立ていただき、忰家（米良家）の相続もなり、代々いつまでも感謝申し上げます。この気持ちは、御書状を持参した御使者に託して申し上げます。

（解説）　これは、相良壱岐守頼尚宛ての米良主水（重隆《しげたか》・了夢）の礼状で、壱岐守は安倍氏からの書状の旨を、すぐに主水へ使者を立てて知らせたものとみられる。主水は孫（兵部《ひょうぶ》・則隆《のりたか》）に家督が認められ、隠居して了夢を名乗っている。

【史料11】米良主膳跡相続免許

西米良村所蔵史料目録No.120

一筆申入候、御手前米良山相続之儀、先
頃願上候處、昨八日従戸田山城守殿家来
者被召呼、主膳跡其方江米良山相続、如
先格可申付旨、以御書付被仰渡候、其許
被致承知、難有可被奉存候、猶委細家老
共可相達候、恐々謹言
相志摩守

（読み下し）
一筆《いっぴつ》申し入れ候。御手前《おてまえ》、米良山相続の儀《ぎ》、先《さき》ごろ願い上げ候ところ、昨八日、戸田山城守《やましろのかみ》殿より家来《けらい》の者《もの》召し呼ばれ、主膳跡《しゅぜんあと》、そのほうへ米良山相続、先格《せんかく》のごとく申し付くべき旨《むね》、御書付《おかきつけ》をもって仰《おお》せ渡《わた》され候。そこもと承知いたされ、有《あり》難《がた》く存じ奉《たてまつ》らるべく候。なお委細《いさい》は家老《かろう》ども相達《あいたっ》すべく候。恐々謹言《きょうきょうきんげん》
相　志摩守《しまのかみ》

二月九日　　　　　　　長福（花押）

米良廣次郎殿

御宿所

（嘉永二年）二月九日　　　　　長福《ながとみ》（花押）

米良広次郎《こうじろう》殿

御宿所

（大意）書状を差上げます。あなた（広次郎）の米良山相続のことを、先ごろ幕府へお願いしましたところ、昨八日に、老中の戸田山城守から呼び出しがあって、先例にならって認めるとの文書をいただいたので、そのことを承知しておくように。詳しいことは家老から伝えます。

（解説）この文書は、人吉藩主相良志摩守長福《ながとみ》から、米良広次郎（則忠《のりただ》）に宛てられたもので、米良主膳栄叙《よしのぶ》が亡くなったあとの米良山支配を、幕府から認められたことを伝えるものである。相良の「良」を略しているのは臣下に宛てた形式のもの。

戸田山城守忠温《ただはる》　老中（天保十四年～嘉永四年）下野国宇都宮　七万七千石

③米良氏の格合《かくあい》と参勤

【史料12】御目見《おめみえ》覚　　　　　　　　西米良村所蔵史料目録No.129

覚　　　　　　　　―（読み下し）

秀吉公江　米良主水正
秀頼公江
御鑓拝領仕候
米良山御極《黒》印之始　同人
家康公江主水正御三代ニ三度参勤
秀忠公江　米良織部
二度参勤
家光公江　米良弥太郎
壱度参勤
同御代ニ　米良兵部
三度之参勤
家綱公江　米良主膳
七度之参勤　則重
綱吉公江御代替目ニ一度
御目見仕候　則重

覚
秀吉公へ　米良主水正
秀頼公へ御鑓《やり》拝領仕り候。
米良山御黒印（黒印状）の始め。同人
家康公へ、主水正、御三代に三度の参勤
秀忠公へ　米良織部　二度の参勤
家光公へ　米良弥太郎　一度の参勤
同御代に　米良兵部　三度の参勤
家綱公へ　米良主膳則重　七度の参勤
綱吉公へ御代替り目に一度御目見仕り候。則重
米良主膳則信　九度の参勤
十二月
万江長右衛門殿
菊池源左衛門殿
米良半右衛門殿

米良主膳
則信

九度之参勤

十二月

万江長右衛門殿

菊池源左衛門殿

米良半右衛門殿

（解説）　米良主膳則信から人吉藩に提出された写しと思われる、米良氏歴代の将軍への御目見覚である。宛の万江長右衛門長矩、菊池源左衛門武行、米良半右衛門貞重は、いずれも人吉藩主相良頼福《よりとみ》（元禄十六年家督、正徳二年隠居）に仕えた家老である。

「歴代嗣誠独集覧」

【史料13】米良主膳則純参府につき伺

一、同年、米良主膳則純来卯年参府年ニ付而、十一月廿七日御用番酒井雅楽頭

（読み下し）

一、同年（延享二年）、米良主膳則純《のりずみ》、来る卯年の参府《さんぷ》年に付

殿江御伺如左

米良主膳

右主膳儀、去亥年参府仕候、来卯年出
府年ニ而御座候、従先規五箇年ニ一度
宛出府仕御礼申上候、前々之通来年四
月中致参府候様可仕哉奉伺候、以上

十一月廿七日　相良政太郎

御付札ニ可為伺之通候

右十一月廿九日雅楽頭殿ニ而御渡被成候、
早速御請御使者被差出之、右之通卯正月
七日在所ニ相達、主膳江相達、従主膳之
御請正月十四日より江戸江差上、二月三
日達江府候ニ付而、先格之通旧冬御伺被
成候酒井雅楽頭殿江御届被仰上之
私支配米良主膳儀旧冬奉伺、当年四月

いて、十一月二十七日御用番酒井雅楽頭《うたのかみ》殿へ御
伺い、左のごとし。

米良主膳（則純）

右《みぎ》主膳儀、去る亥年に参府仕り候。来る卯年は
出府年にて御座候。先規《せんき》により五箇年に一度宛
出府仕り、御礼を申し上げ候。前々の通り来年
四月中参府致し候よう仕るべきや、伺い奉り候。
以上

十一月二十七日　相良政太郎（頼峯）

御付札《つけふだ》に、伺いの通りたるべく候。

右十一月二十九日雅楽頭殿にて御渡し成され候。
早速御請《おうけ》の御使者、これを差し出され、右の通り
卯の正月七日在所にあい達し、主膳へあい達す。
主膳よりの御請、正月十四日より江戸へ差しあげ、
二月三日江府《こうふ》へ達し候につきて、先格《せんかく》の通り旧冬
御伺い成され候酒井雅楽頭殿へ御届け、これを仰
せ上げられる。
私支配の米良主膳儀、旧冬伺い奉り、当年四月
中出府仕るべき旨、仰せ出され候趣、在所にお

中出府可仕旨被仰出候趣、於在所主膳
江申聞候処、奉畏難有仕合奉存候、此
段為可申上、以使者申上候、以上
二月十五日　相良政太郎
此年四月参府、江府首尾好相仕舞、五月
廿七日江戸発足、七月十一日米良へ帰山
候事

いて主膳へ申し聞き候ところ、ありがたく畏こみ奉り、仕合《しあわ》せに存じ奉り候。この段申し上ぐべくため、使者をもって申し上げ候。以上
二月十五日　相良政太郎
この年四月参府、江府首尾《しゅび》よくあい仕舞《しま》い、五月二十七日江戸発足、七月十一日米良へ帰山候こと。

（解説）　人吉藩主相良氏が、米良主膳の参府について月番老中の酒井雅楽頭に伺いを立てたもの。寛保三年（一七四三）に参府したので、来春延享四年（一七四七）の四月に、従前からのしきたり通り五箇年一度の参府をしてもよいかと尋ねている。それでよろしいという返事をもらい、主膳へ伝えたうえで、請書を江戸へ差し立て、老中へ届けが出された。このような手続きを経て、米良氏の参府御目見は行なわれた。
江戸への滞在は、四、五十日で、五月二十七日には江戸を出立し、七月十一日には米良山に帰って来ている。

【史料14】御暇之節手続　西米良村所蔵史料目録No.132

御暇之節手続

一、登城之上大廣間溜江扣罷在候所、暫過御老中様方御上り、御廻り前御目付方御差図ニ而蘇鉄之間江罷出扣居候所、無程御廻り之上、御坊主組頭衆よりさし図にて、桧之間敷居内ニ罷出、御礼申上候節、御老中様ゟ御暇御拝領物被仰付候旨被仰渡退引、又々罷出敷居外ニ而御礼申上退引、此節拝領物御進物番持下り有之、又々桧之間鋪居内ニ罷出、御礼申上候節、御奏者番より拝領物之御礼と御取合有之、右相済而退引

（読み下し）

御暇《おいとま》の節、手続

一、登城のうえ大広《おおひろ》間《ま》溜《だまり》へ控え罷り在り候ところ、暫《しばらく》過ぎ、御老中様方御上り、御廻《おまわ》り前、御目付方御差図《おさしず》にて蘇鉄《そてつ》の間《ま》へ罷り出で控え居り候ところ、程なく御廻りのうえ、御坊主組頭衆《くみがしらしゅう》よりさし図にて、桧の間敷居《しきい》内に罷り出る。御礼申し上げ候節、御老中様より御暇御拝領物仰せ付けられ候旨、仰せ渡され引き退く。またまた罷り出、敷居外にて御礼申し上げ退引。この節拝領物、御進物番持ち下りこれあり。またまた桧の間敷居内に罷り出、御礼申し上げ候節、御奏者番《そうじゃばん》より拝領物の御礼と御取り合わせこれあり、右、あい済みて退引。

④相良氏への伺候《しこう》

【史料15】嘉永二年御用日帳

西米良村所蔵史料目録No.119

嘉永二己酉年

三月廿一日

一、米良用達御用場江御呼出し、羽書を以御達し左之通

差出し

日野佐一江

米良廣次郎江御用之儀有之候間、来ル廿九日五時登城有之候様可被相達候

三月廿一日

右之通御達し有之候段、用達より為知申来候事

（読み下し）

嘉永二己酉《きゆうのとし》年

三月二十一日

一、米良用達《ようだつ》、御用場《ごようば》へ御呼び出し、羽書《はがき》（切紙《きりがみ》のこと）を以て御達し、左の通り。

差し出し

日野佐一へ

米良広次郎へ御用の儀これあり候間、来る二十九日五時《いつつどき》、（人吉城へ）登城これあり候様あい達せらるべく候。

三月二十一日

右の通り御達しこれあり候段、用達より知らせ申し来たり候こと。

三月廿七日

一、右ニ付、今朝山中出立候事、湯前一宿

三月廿八日

一、湯前出立、夕方岩下屋敷江着、明日御用召ニ付今夕着之段、御月番江御届、御使差上候事

三月廿九日

一、今朝例刻岩下屋敷出宅登城、大廣間江扣居、以用達登城之段、御状部屋迠御届申上之、取次御用場江申上候、扣居候得者、無程罷出候様にと有之、則御用場表口ゟ罷出候得者御月番ゟ御達し、左之通

服紗麻上下着　米良廣次郎

右召出、主膳儀旧臘十二日死去ニ付而、廣次郎江米良山相続之儀江戸江及言上候處、

三月二十七日

一、右につき、今朝山中出立候こと。湯前《ゆのまえ》一宿

三月二十八日

一、湯前出立、夕方岩下屋敷へ着。明日御用召しにつき今夕着の段、御月番《おつきばん》へ御届け、御使い差し上げ候こと。

三月二十九日

一、今朝例刻《れいこく》、岩下屋敷出宅、登城。大広間へ控え居り、用達を以て登城の段、御状部《おじょうべ》屋《や》までこれを御届け申し上げ、取次《とりつぎ》御用場へ申し上げ候。控え居り候えば、程なく罷り出候ようにとこれあり、すなわち、御用場表口より罷り出候えば、御月番より御達し、左《さ》の通り。

服紗《ふくさ》麻上下《あさかみしも》着　米良広次郎

右、召し出し、主膳儀旧臘《きゅうろう》十二日死去に

公邊御願被仰上候処、御願之通廣次郎江相続被仰付候段被仰出候、此段申達候様御差図ニ候、則従公義之御書付并御書相渡候、猶委細別紙以書付申達候

別紙

覚

主膳死去ニ付、悴廣次郎江山中相続被仰付被下候様御願之御書付、二月三日戸田山城守様江以御使者被差出候処、同八日右御同人様ゟ御留守居被召呼、志波敬介罷出候処、主膳病死ニ付、悴廣次郎江米良山相続如先格可申付旨之御書付御渡被成候、右ニ付御請之御使者被差出、其後為御禮殿様御儀、御用番様并御老中様江御廻勤被成候、右被仰渡候御書付別紙有之候、山中之ものへ者

つきて、広次郎へ米良山相続の儀、江戸へ言上に及び候ところ、御願いの通り、公辺《こうへん》へ御願い仰せ上げ候ところ、御願いの通り、広次郎へ相続仰せ付けられ候段、仰せ出され候。この段、申し達し候よう御差図《おさしず》に候。すなわち、公義よりの御書付ならびに御書あい渡し候。なお委細は別紙書付を以て申し達し候。

別紙 覚

主膳死去につき、悴《せがれ》広次郎へ山中相続仰せ付けられ下され候よう御願いの御書付、二月三日、戸田山城守《やましろのかみ》様へ御使者を以て差し出され候ところ、同八日、右御同人様より御留守居召し呼ばれ、志波敬介罷り出候ところ、主膳病死につき、悴広次郎へ米良山相続、先格の如く申し付けるべき旨の御書付、御渡し成され候。右につき、御請《おうけ》の御使者を差し出され、その後、御礼のため殿様御儀、御用番様ならびに御老中様へ御廻勤《ごかいきん》成され候。右《みぎ》仰せ渡され候御書付、

廣次郎ゟ被申渡候様ニとの御事也
一、今般相続被仰付候、為御禮来月登城可有之候
一、主膳と申名、代々之儀ニ而公義江も御老中様方江も御存知之事ニ候間、廣次郎儀、則主膳と被相改可然との御意御座候
一、廣次郎ゟ為御禮江戸表江使者并飛脚被差立ニ者及間敷候、近例之通、御城下迄御禮書状被差越候ハヽ、月並便差上可相済旨、御差図申来候
一、御意之趣申達、早速江戸江御請之飛脚差立候、其節改名御届も有之積ニ候、以上
三月
右之通被仰渡書取并御書被相渡候ニ付頂戴

別紙これあり候。山中のものへは、広次郎より申し渡され候ようにとの御事なり。
一、今般相続仰せ付けられ候。御礼のため来月登城これあるべく候。
一、主膳と申す名、代々の儀にて公義へも御老中様方へも御存知の事に候間、広次郎儀、すなわち、主膳とあい改められ可然《しかるべく》との御意《ぎょい》に御座候。
一、広次郎より御礼のため江戸表へ使者ならびに飛脚差し立てには及ぶまじく候。近例《きんれい》の通り、御城下まで御礼書状差し越され候わば、月並便《つきなみびん》差し上げ、あい済むべき旨、御差図申し来たり候。
一、御意の趣申し達し、早速江戸へ御請《おうけ》の飛脚差し立て候。その節、改名御届もこれある積りに候。以上
三月
右の通り仰せ渡さる書取ならびに御書、あい渡され候につき、これを頂戴、畏み奉り

之、奉畏難有仕合奉存旨之御請申上之、退
出
一、殿中下り掛、御門葉様方并御家老中宅江
為御禮廻勤候事
〔付紙〕「一、御家老中ゟ御歓手紙来候得者、
相應返書差出候事」
一、御供廻り道具挟箱合羽籠為持候事
一、御屋敷荘手捕之事
同日夕方
一、今日改名御届、以用達御用場江被差出、
御届書左之通
私儀、今日主膳と改名仕候、此段御届申
上候、以上
三月晦日　廣次郎事
米良主膳

有難《ありがた》く仕合《しあわ》せに存じ奉る旨の御請《おうけ》、これを
申し上げ退出。
一、殿中下りがけ、御門葉様方《ごもんようさま》ならびに御家
老中宅へ御礼のため廻勤《かいきん》候こと。
〔付紙〕「一、御家老中より御歓びの手紙来
たり候えば、相応返書差し出し
候こと。」
一、御供廻《おともまわ》り道具、挟箱《はさみばこ》、合羽籠《かっぱかご》持たせ候
こと。
一、御屋敷荘手捕《そうしゅほ》のこと。
同日夕方
一、今日改名御届、用達《ようだつ》を以て御用場へ差し
出さる。御届書左の通り。
私儀、今日主膳と改名仕り候。この段御
届け申し上げ候。以上
三月晦日《みそか》　広次郎こと
米良主膳
右の通りあい認め、差し出し候のところ、

右之通相認差出候之処、御落手候段御挨拶
御座候事
　　四月
一、廣次郎事主膳と改名、今日相続之御禮献
上物等左之通
　殿様江
一、御太刀　一腰
一、御馬代　銀一枚
一、二種一荷
　　　　　主膳殿ゟ
一、御さかな　一折充
　　　　　於保殿
　　　　　於慎殿　より
　御奥様江
一、同　一折

御落手候段《ごらくしゅ》、御挨拶御座候こと。
　　四月
一、広次郎こと主膳と改名、今日相続の御礼
献上物等、左の通り。
　殿様へ
一、御太刀　一腰《ひとこし》
一、御馬代　銀一枚
一、二種一荷《にしゅいっか》
　　　　　主膳殿より
一、御さかな一折《ひとおり》あて
　　　　　お保殿・お慎殿より
御奥様へ
一、同　一折
　　　　　主膳殿より
大殿様・御隠居様へ
一、二種一荷あて
　　　　　主膳殿より
一、御さかな一折あて

主膳殿より
大殿様
御隠居様江
一、二種一荷充
主膳殿より
一、御さかな　一おり充
於保殿
於慎殿ゟ
此時主膳殿、のしめ麻上下着
〔付紙〕「御女儀様方ゟ御献上物、御使者
之事」
右之通、御状之間江献上之、畢而御用場江
罷出候様ニと有之、罷出候得者、今日御祝
儀トして其々献上物有之候段上々様江可申
上旨、月番ゟ謁有之退出

お保殿・お慎殿より
この時、主膳殿、のしめ麻上下《かみしも》着
〔付紙〕「御女儀《にょぎ》様方より御献上物は、御
使者のこと。」
右の通り、御状《ごじょう》の間《ま》へこれを献上。おわり
て御用場へ罷り出候ようにとこれあり、罷
り出候えば、今日御祝儀として、それぞれ
献上物これあり候段、上々様へ申し上ぐべ
く旨、月番より謁《とりつぎ》これあり退出。
一、殿様始め御三方様より御祝成され、御使
者を以て献上、同様の御祝物拝領、岩下屋
敷へこれを持たせ下さる。右、御使者御取
り扱い向き、左の通り。
御酒
御吸物　小皿
硯《すずり》ふた　一
右の通り差し出され候。あい済みて、お祝
い御使者ならびに供廻《ともまわ》りまで送物《おくりもの》、左の
通り。

一、殿様始御三方様ゟ被成御祝以御使者献上、
同様之御祝物拝領、岩下屋敷江為持被下之、
右御使者御取扱向、左之通
御酒
御吸物　小皿
硯ふた　一
右之通被差出候、相済而お祝ひ御使者并供
廻り迠送物、左之通
一、金子弐百疋　御使者
一、鳥目弐百文ッ、預り三匁
若党両人
一、鳥目百文ッ、　預り壱匁五分
槍さし　壱人
挟箱　壱人
草り取　壱人

一、金子二百疋《ひき》　御使者
一、鳥目《ちょうもく》二百文《もん》ずつ　預り三匁
若党両人
一、鳥目百文ずつ　預り一匁五分
槍さし　一人
挟箱《はさみばこ》　一人
草り取《ぞうりとり》　一人
御太刀箱持　一人
右の通り、それぞれあい送（贈）り、滞りなくあい済み候こと。
一、御門葉様《ごもんようさま》ならびに御家老中へ御礼として御祝物あい送り候。左の通り
御肴《おさかな》　一折　串さし二十本ずつ
御酒　一樽　五合止中《しょうちゅう》十盃ずつ
右、御門葉様へ
御肴　一折　串さし十五本ずつ
御酒　一樽　五合止中七盃ずつ
右、御家老方へ
右の通り、御徒士衆《かちしゅう》御使いにて遣わさる

御太刀箱持　壱人
右之通夫々相送、無滞相済候事
一、御門葉様并御家老中江為御禮御祝物相送
り候、左之通
御肴　一折　串さし弐拾本ッ、
御酒　一樽　五合正中拾盃ッ、
右御門葉様江
御肴　一折　串さし拾五本ッ、
御酒　一樽　五合正中七盃ッ、
右御家老方江
右之通御徒士衆御使ニ而可被遣哉
四月
一、昨日御祝物拝領之御禮、御次之間并薩摩
瀬御屋敷江以使者申上候事

べくや。
四月
一、昨日御祝物拝領の御礼、御次の間《おつぎのま》ならび
に薩摩瀬《さつませ》御屋敷へ使者を以て申し上げ候こ
と。

【史料16】両殿様人吉御越山日記

〔表紙〕「　安政四丁巳年
両殿様人吉御越山日記
御帰前日御家老方書状、同返書
写、此帳之奥ニ記置
従八月　　御扈姓中」

一、八月朔日、天気吉

一、来ル六日ゟ人吉表江為御帰城御祝儀御越山御供詰、御家老米良四郎右衛門殿、米良織衛、甲斐大蔵、甲斐幾蔵、浜砂泰之進、願ニ而米良英一郎、元〆佐藤冨治、御草り銀鏡芳平、濵砂国衛、料理川野辰治なり、立帰御供人馬等委細御供帳ニ記ス

（原文傍点）

「甲斐　直家文書」

（読み下し・註記）

〔表紙〕「　安政四丁巳年
両殿様人吉御越山日記
御帰り前日御家老方書状、同じく返書
の写し、この帳の奥に記しおく。
八月より　　御扈姓《こしょう》中　」

①両殿様　米良主膳則忠《のりただ》と嫡子の亀之助（嘉永三年十月生、母は相良頼基の姉お保《やす》）。米良氏は、人吉藩主の参勤帰城のたびに、御機嫌伺いに出向いた。

一、八月朔日《ついたち》、天気吉

一、来る六日より人吉表へ御帰城御祝儀のため御越山《ごえつざん》、御供詰《おともつ》め御家老米良四郎右衛門殿、米良織衛、甲斐大蔵、甲斐幾蔵、浜砂泰之進、願いにて米良英一郎、元《もと》じめ佐藤冨治、御草《ぞう》り銀鏡《しろみ》芳平、浜砂国衛、料理川野辰治なり。立帰《たちかえ》り御供人馬等委細《いさい》御供帳に記す。

一、同四日、御進物認米良四郎右衛門殿、濵砂泰之進、甲斐幾蔵、米良織江出勤候也

一、同五日、御荷物作り濵砂泰之進、甲斐幾蔵、米良織江并ニ冨治、芳平出勤

一、同六日暁六ツ御出立、村所小玉政平宅へ御立寄願、御昼御膳被献且正中肴等差上、川筋物主壱人ツ、罷出御機嫌伺、一徳りツ、献上、何れも被召出候、外ニ新立寺より煙草葉三把壱包献上、併不快ニて不罷（出）候。重之内差上候者被召出候、八重村にて御小休願、焼酎肴一吸物一差上、物主へ御盃被下、夕七ツ過、横谷勘女来喜兵衛宅へ御着、物主伴右衛門并彦衛門被召出候

---

①人吉藩主相良偽知（頼基《よりもと》・天保十二年五月人吉生、安政二年十二月家督）の帰城御祝いのため米良から人吉に向かう。偽知は、家督後はじめてのお国入りである。

一、同四日、御進物認《したた》め米良四郎右衛門殿、浜砂泰之進、甲斐幾蔵、米良織江出勤候なり。

一、同五日、御荷物作り浜砂泰之進、甲斐幾蔵、米良織江ならびに冨治、芳平出勤。

一、同六日暁六ツ御出立、村所《むらしょ》小玉政平宅へ御立ち寄りを願い、御昼御膳《ごぜん》献じられ、かつ正中《しょうちゅう》肴《さかな》等差し上げ、川筋物主《ものぬし》一人づつ罷り出で御機嫌伺《ごきげんうかがい》、一徳《とっく》りづつ献上、何《いず》れも召し出され候。ほかに新立寺より煙草《たばこ》葉三把一包献上、しかしながら不快にて罷り出ず候。重《じゅう》のうち差し上げ候者召し出され候。八重《はえ》村《むら》にて御小休《こやす》み願い、焼酎肴一、吸物一、差し上げ、物主へ御盃《おさかずき》下さる。夕七ツ過ぎ、横谷勘女来《かんめら》喜兵衛宅へ御着き、物主伴右衛門ならびに彦衛門召し出され候。

一、同七日、雨天
一、正六ツ御出立、野地御番所江御先御案内米良英一郎、湯前和吉宅御小休、御正中差上、従是御駕御召替、多良木養正寺御休、茶代三匁被遣候、免田御昼休、雨天ニ付右西端之茶屋也、為御茶代五匁被下之、一武高札之本御小休、茶屋ゟ御茶菓子差上弐匁五分被下、管篠橋御小休切通前御駕立、夕七ツ時分御機嫌克岩下御仮屋御着被遊候事
一、奥様、寛一郎様、於幸さま御待受御出御座候事
一、御月番菊池七郎左衛門様江御着之御届使者羽織袴着、銀鏡安兵衛小者連相勤候事

---

①川筋物主《ものぬし》　米良山は川筋ごとにまとめられた集落に「物主」が置かれた。

一、同七日、雨天
一、正《しょう》六ツ御出立、野地《のじ》御番所へ御先《おさき》御案内米良英一郎。湯前《ゆのまえ》和吉宅御小休み、御正中差し上げ、これより御駕御召し替え、多良木《たらぎ》養正寺御休み、茶代三匁遣わされ候。免田《めんだ》御昼休み、雨天につき右西端の茶屋なり。御茶代として五匁これを下さる。一武《いちぶ》高札の本御小休み、茶屋より御茶菓子差し上げ二匁五分下さる。管篠橋《くだしのばし》御小休み、切通前御駕立《おかごだち》、夕七ツ時分御機嫌《ごきげん》よく岩下御仮屋《おかりや》御着き遊ばされ候こと。

①野地御番所　人吉への街道筋の番所。現湯前町折戸。
②岩下御仮屋　人吉城下岩下馬場にある相良氏から米良氏に宛がわれた屋敷。

一、奥様、寛一郎様、お幸さま御待ち受け御出《おい》で御座候こと。

一、晩、大学様、静慎院様、於等さま、文太郎殿御出、御酒宴御座候事
一、同八日、天気吉
一、相良中務様御見舞江御出有之候事
一、若殿様下之御屋鋪江御見舞トシテ御出、軍術御見物共有之、御供大蔵、幾蔵也
一、林田彦右衛門殿御見舞御座候事
一、同九日、天気吉
一、静慎院様、又雄様、於等さま、於ふみさま、於てい御子供衆段々御出御座候事
一、今朝ゟ銀鏡安兵衛、黒木佐之七、人足御かへしニ相成候事
一、同十日、天気吉
一、若殿様黒木氏江御遊御出、御供幾蔵大之進也
一、松本了一郎殿御見舞御出有之

---

①奥様　米良主膳後室、黒木十兵衛の女《むすめ》。
②寛一郎様　米良主膳次男。歓一郎、貫一郎とも。安政三年三月生。母は黒木十兵衛の女。

一、御月番《おつきばん》菊池七郎左衛門様へ御着きの御届使者、羽織袴着け、銀鏡《しろみ》安兵衛小者《こもの》連れあい勤め候こと。

①菊池七郎左衛門　人吉藩家老　三〇〇石　南小路南馬場車道

一、晩、大学様、静慎院様、お等さま、文太郎殿御出で、御酒宴御座候こと。
一、同八日、天気吉
一、相良中務様御見舞へ御出でこれあり候こと。

①相良中務様　御一門　六〇〇石　美作とも

一、若殿様下の御屋敷へ御見舞として御出で、軍術御見物どもこれあり、御供大蔵、幾蔵なり。

①下の御屋敷　城内

一、林田彦右衛門殿、御見舞御座候こと。

①林田彦右衛門　一五〇石　土手馬場

一、同九日、天気吉

一、昼後、若殿様願成寺江御参詣被遊、御
供米良織衛、甲斐大蔵なり
一、同十一日、天気吉
一、於幸さま御出御座候事
一、若殿様黒木氏江御出被遊、御供英一郎大之進也
一、同十二日、天気不勝
一、具足打立所江兼而御注文之御具足催促
トシテ大内蔵被遣候得共、未出来候、十
月頃出来可仕御答申候事
一、於つね様御出御座候事
一、同十三日、晴
一、殿様早朝御見覚、御月代御座可申候
一、御館へ進上物宰領甲斐幾蔵、袴羽織ニ
而相勤、但し釣台ニ乗御肴一折大鯛二枚、
御樽二、昆布壱駄、持夫弐人中之御玄関

一、静慎院様、又雄様、お等さま、おふみさま、
おてい御子供衆、段々御出で御座候こと。
一、今朝より銀鏡安兵衛、黒木佐之七、人足御
かえしにあい成り候こと。
一、同十日、天気吉
一、若殿様黒木氏へ御遊び御出で、御供幾蔵・
大之進なり。
①黒木氏　黒木十兵衛　一〇〇石　役料五〇石
新小路寺ノ馬場
一、松本了一郎殿御見舞御出でこれあり。
①松本了一郎　二〇〇石　新小路寺ノ馬場
一、昼後、若殿様願成寺へ御参詣遊ばされ、御
供米良織衛、甲斐大蔵なり。
①願成寺　相良家菩提寺　二三九石余
一、同十一日、天気吉
一、お幸さま御出で御座候こと。
一、若殿様黒木氏へ御出で遊ばされ、御供英一
郎・大之進なり。
一、同十二日、天気勝《すぐ》れず

迄、勝而廣間番江相渡
一、四ツ時、御供揃ニ而同半時御登城、御供行列御先徒士甲斐幾蔵 米良英一郎 米 多吉、御印米良織衛 濵砂大之進 甲斐大蔵、御鐺冨治、御立笠辰治、合羽籠米良長、御挟箱金蔵、御草り芳平、同若党平一 役人米良四郎右衛門殿小者冨治也
一、大手石橋ゟ御側弐人、草り取ニ而くり石ゟ御中抜被為履、廣番一人下座敷江送迎、御用達御玄関へ同御下り之節、御番御家老御廣間縁通（カ）迄御送候
一、御刀御使者間へ御持扣、夫ゟ鐺間へ御持通し之由ニ御座候事
一、御領（料）理御直相伴、此間御取締ニ而御家老御相伴無之、四郎右衛門殿へ御用達相伴同断
一、御廻勤次第不同、那須四方介殿、万江

一、具足打立所《ぐそくうちたてしょ》へかねて御注文の御具足催促として大内蔵遣わされ候えども、未だ出来ず候。十月頃出来仕るべく御答え申し候こと。
一、おつね様御出で御座候こと。
一、同十三日、晴
一、殿様早朝御見覚《おめざめ》、御月代《さかやき》御座申すべく候。
一、御館《おやかた》（藩主の住居）へ進上物宰領《さいりょう》甲斐幾蔵、袴羽織にてあい勤める。ただし釣台《つりだい》に乗せ御《おさ》肴《かな》一折大鯛二枚、御樽二、昆布一駄《いちだ》、持夫《もちふ》二人、中の御玄関まで、勝而《かって》広間番へあい渡す。
一、四ツ時、御供揃《おともぞろい》にて同半時《はんどき》御登城、御供行列御先徒士《おさきかち》甲斐幾蔵・米良英一郎、米（入るカ）良多吉、御印米良織衛・浜砂大之進・甲斐大蔵、御鐺冨治、御立笠辰治、合羽籠《かっぱかご》米良長、御挟箱《はさみばこ》金蔵、御草り芳平、同若党《わかとう》平一、役人米良四郎右衛門殿、小者《こもの》冨治なり。
一、大手石橋より御側《おそば》二人、草り取りにて、くり石より御中抜《なかぬき》履きなされ、広番一人下座敷へ送迎、御用達《ごようだつ》御玄関へ、同じく御下《おさが》りの節、

主人殿、下ノ御屋敷渋谷三郎左衛門殿、林田彦右衛門殿、田代忠左衛門殿、犬童平衛殿、菊池七郎左衛門殿

一、首尾好相済、御内ゟ御祝儀献上致度願、御上ゟ御祝肴一ツニて被下也

一、同十四日、天気吉

一、今朝ゟ平市、富衛人足弐人差帰され候事

一、米良ゟ飛脚為市被遣候事

一、赤坂賢治殿御見舞御出候事

~~一、大学様御出~~

一、同十五日、天気吉、晩大雨暫ク

一、御家ろ(老)方、玄関迄御見舞御座候事

一、殿様、菊地七郎左衛門宅へ御出之事

一、若殿様下ノ御屋敷江御出御座候、大学

御番御家老、御広間縁通りまで御送り候。

一、御刀御使者の間へ御持ち扣《ひかえ》、それより鑓間《やりのま》へ御持ち通しの由に御座候こと。

一、御領(料)理御直《おんじき》相伴《しょうばん》、この間、御取締りにて御家老御相伴これなし。四郎右衛門殿へ御用達相伴同断《どうだん》。

一、御廻勤《ごかいきん》次第不同、那須四方介殿、万江主人殿、下の御屋敷渋谷三郎左衛門殿、林田彦右衛門殿、田代忠左衛門殿、犬童平衛殿、菊池七郎左衛門殿。

①御廻勤　五人の家老のところをはじめ、ご挨拶に廻る。
②那須四方介《よもすけ》　人吉藩家老　一五〇石　役料一五〇石
③万江主人（長右衛門）人吉藩家老　四〇〇石
④渋谷三郎左衛門　人吉藩家老　三〇〇石
⑤林田彦右衛門　一五〇石　主膳の弟量平が養子となる。
⑥田代忠左衛門　人吉藩家老　一五〇石　役料一〇〇石
⑦犬童平衛　一五〇石

様御送りニて御出有、女中二人
同十六日、天気吉
一、朝七ツ時御仕廻ニて御館江御祝儀踊御見物御出、御仕度御麻上下、堀合御門ゟ御出、中之御玄関ゟ御廣間へ御扣、未明ゟ相始り御門葉御家老御一所ゟ御見物、御目見へ且御菓子御頂戴御座候事、弁當者御為持ニて御廣間ニて御仕廻被遊、御供之者も同小座敷ニ而仕廻候事　御供織衛大之進　国方之者掌伴
一、若殿様御仕廻同断、御客屋ゟ御見物、尤下之屋敷御子供御一所ニ御見物御座候、御供大蔵幾蔵国衛也
一、踊者御館始り、瑞祥寺、永国寺、老神也

一、首尾好《しゅびよく》あい済み、御内より御祝儀献上致したく願い、御上《おかみ》より御祝肴一つにて下さるなり。
一、同十四日、天気吉
一、今朝より平市、富衛、人足二人差し帰され候こと。
一、米良より飛脚為市遣わされ候こと。
一、赤坂賢治殿御見舞御出で候こと。
　①赤坂賢治　一〇〇石　他五〇石　新小路寺ノ馬場
一、大学様御出で。
一、同十五日、天気吉、晩暫《しばら》く大雨
一、御家老方、玄関まで御見舞御座候こと。
一、殿様、菊池七郎左衛門宅へ御出でのこと。
一、若殿様下の御屋敷へ御出で御座候。大学様御送りにて御出であり。女中二人。
同十六日、天気吉
一、朝七ツ時御仕廻《おしまい》にて御館《おやかた》へ御祝儀踊御見物に御出で、御仕度《おしたく》御麻上下《かみしも》、堀合御門より御

一、同十七日、辰之刻ゟ雨天
一、為平今日ゟ帰山候事
一、於えひさま、於幸さま御出、御肴一臺
為御持御座候事
一、同十八日、巳之刻ゟ雨天
一、若殿様、大信寺へ踊見物御出、文太郎
殿御一所、御袴不召、御供 幾蔵 英一郎 草り取 中間
一、同十九日、不勝
一、若殿様老神馬場御保母様へ御見舞、御
進物篠巻七、椎茸一袋御為持ニ而御供 幾衛 大蔵、
御出掛ニ下之御屋敷へも御出候事
一、同廿日、雨天
一、殿様菊地七郎様へ御出御供 織衛 大之進
一、林田氏、久保田石助方へ大之進被遣候
石助方へ江戸ニて御借用證文之事也

出で、中の御玄関より御広間へ御扣《おひかえ》、未明よりあい始まり、御門葉《ごもんよう》、御家老御一所《ひとところ》より御見物、御目見《おめみえ》、かつ御菓子御頂戴御座候こと。弁当は御為持《おもたせ》にて御広間にて御仕廻遊ばされ、御供の者も同じく小座敷にて仕廻候こと。御供織衛・大之進、国方の者掌伴《しょうばん》(相伴)。
一、若殿様御仕廻同断、御客屋より御見物。もっとも下の屋敷、御子供御一所に御見物御座候。御供大蔵・幾蔵・国衛なり。
一、踊は御館始り、瑞祥寺、永国寺、老神《おいがみ》(社)なり。
一、同十七日、辰之刻《たつのこく》より雨天
一、為平、今日より帰山候こと。
一、おえひさま、お幸さま御出で。御肴一台為御持御座候こと。
①おえひさま(お栄様)米良主膳の妹。那須民蔵に嫁す。
一、同十八日、巳之刻《みのこく》より雨天
一、若殿様、大信寺へ踊見物に御出で。文太郎

一、同廿壱日、天気吉
一、米良ゟ人足猪十三郎到来也、文言　午
之下刻候
一、菊地七郎様、渋谷三郎様、山田三記様
御相談事御出、夕方肴五ツ吸物一ツ鱧茶
漬被進候
一、於等さま、文太郎殿御出御座候
一、同廿二日、天気吉
一、若殿様下ノ御屋敷へ一寸御出御座候事
一、殿様菊池七郎左衛門殿御宅へ御出御座
候事
一、御家老方へ猪肉壱臺、焼酎壱樽、以使
者被進候、使者大蔵、幾蔵、右趣意者今
度御逗留中御招請被遊御含之處、御節倹
之折節堅ク御断相成候ニ付、印迄ニ被遣

殿御一所、御袴召されず。御供幾蔵・英一郎、
草り取り中間《ちゅうげん》。
一、同十九日、勝《すぐ》れず
一、若殿様老神馬場御保《やす》母様へ御見舞。御進物
は篠巻《しのまき》七、椎茸一袋御為持《おもたせ》にて、御供幾衛・
大蔵、御出掛《おでかけ》に下の御屋敷へも御出で候こと。
①御保母様　人吉藩主相良頼基の姉。米良主膳
の先の室（離縁）、嘉永三年宮原健之助に嫁す。
一、同二十日、雨天
一、殿様菊池七郎様へ御出で。御供織衛・大之進
一、林田氏、久保田石助方へ大之進遣わされ候。
石助方へ江戸にて御借用証文のことなり。
①久保田石助　二〇石　南小路南馬場車道
一、同二十一日、天気吉
一、米良より人足猪十三郎到来なり。文言。午《うま》
之下刻《のげこく》に候。
一、菊池七郎様、渋谷三郎様、山田三記様御相
談ごと御出で。夕方肴五つ吸物一つ、鱧茶漬
進ぜられ候。

候事、山田造酒蔵殿へ右同様被遣候事、
其訳者当冬大坂表ニて盤木御拂方御頼ミ
ニ付而也
一、米良へ飛脚長平被遣候
一、同廿三日、天気吉
一、村所ゟ参り候夫力、今朝ゟ帰山之事
一、田代忠左衛門様ゟ酢食一桶御到来、且
詰合江も被下候事
一、同廿四日、同断
一、田代氏へ昨日之御礼トシテ大之進被遣
候事
一、今朝ゟ長平御帰へしニ相成
一、来月四日ゟ御帰山之段被仰越、御供夫
力積等差遣候事
一、有瀬甚六御見舞被参候事

---

①山田三記（造酒蔵《みきぞう》）一〇〇石　役料五〇石　土
手馬場

一、お等さま、文太郎殿御出で御座候。
一、同二十二日、天気吉
一、若殿様下の御屋敷へ一寸《ちょっと》御出で御座候こと。
一、殿様、菊池七郎左衛門殿御宅へ御出で御座
候こと。
一、御家老方へ猪肉一台、焼酎一樽、使者を以
て進ぜられ候。使者大蔵・幾蔵。右趣意《しゅい》は、
今度御逗留中御招請《しょうせい》遊ばさる御含《おふくみ》のところ、
御節倹の折節《おりふし》堅く御断りあい成り候につき、
印までに遣わされ候こと。山田造酒蔵殿へ右
同様遣わされ候こと。その訳は、当冬大坂表
にて盤木御払方御頼みにつきてなり。
一、米良へ飛脚、長平遣わされ候。
一、同二十三日、天気吉
一、村所より参り候夫力《ふりき》、今朝より帰山のこと。
一、田代忠左衛門様より酢食一桶《すめしひとおけ》御到来、かつ
詰合《つめあ》いへも下され候こと。

一、若殿様所々御遊ニ御出御座候、順途於
幸さま宅、藍田清正公、永国寺、老神社、
於保母様へ御出也
一、仕立屋新左衛門参上、積方有之候也
一、同廿五日、天気吉
一、阿川貞右衛門殿御出御座候事
一、昼後、甲冑師斎藤駿助罷出、御胸當
所々御形伺候事
一、同廿六日、天気吉
一、林温泉暇長藤次郎大之進富治、芳平也
一、山口新左衛門江大蔵被遣候事
一、同廿七日
一、奥様御出御座候事
一、林温泉江織衛、大蔵、国衛、辰治御暇
之出候事

一、同二十四日、同断
一、田代氏へ昨日の御礼として大之進遣わされ
候こと。
一、今朝より長平御帰しにあい成る。
一、来月四日より御帰山の段、仰せ越さる。御
供夫力《ふりき》積み等、差し遣わし候こと。
一、有瀬甚六御見舞に参られ候こと。
①有瀬甚六　四十五石
一、若殿様所々御遊びに御出で御座候。順途《じゅんと》、
お幸さま宅、藍田清正公、永国寺、老神社、
お保母様へ御出でなり。
一、仕立屋新左衛門参上、積方《つみかた》これあり候なり。
一、同二十五日、天気吉
一、阿川貞右衛門殿御出で御座候こと。
①阿川貞右衛門　一〇〇石　役料五〇石　南小
路南馬場車道
一、昼後、甲冑師《かっちゅうし》斎藤駿助罷り出で、御胸当《おんむねあて》
所々御形伺い候こと。
一、同二十六日、天気吉

一、犬童権左衛門殿へ大之進被遣候事
一、八月廿八日、朝之内少々雨天
一、岩下之者相休ミ候事
一、晩、於幸さま御宅ゟ御招ニ付御出、
種々御地(馳)走有之、御取持那須主計殿
一、同廿九日、天気吉
一、晩、黒木氏へ御招ニ而御出、夕飯被進
種々御馳走
同卅日、天気吉
一、御荷物見合御座候事
一、青嶋(井カ)江御代参、濵砂大之進被遣
一、若殿様昼後黒木御氏へ御出御座候事
九月一日、天気吉
一、菊地衛士殿、御出御座候事
一、両殿様下ノ御屋敷へ御招ニ而御出有

一、林温泉暇《いとま》、長藤次郎・大之進・冨治・芳平なり。
一、山口新左衛門へ大蔵遣わされ候こと。
①山口新左衛門　南小路南馬場車道
一、同二十七日
一、奥様御出で御座候こと。
一、林温泉へ織衛・大蔵・国衛・辰治御暇《おいとま》の出《い》で候こと。
一、犬童権左衛門殿へ大之進遣わされ候こと。
一、八月二十八日、朝の内、少々雨天
一、岩下の者、あい休み候こと。
一、晩、お幸さま御宅より御招きにつき御出で、種々御馳走これあり。御取持《おとりもち》那須主計殿。
一、同二十九日、天気吉
一、晩、黒木氏へ御招きにて御出で、夕飯進ぜられ、種々御馳走。
同三十日、天気吉
一、御荷物見合せ御座候こと。
一、青島（青井神社か）へ御代参、浜砂大之進遣

一、同二日、天気吉
一、若殿様為御暇乞下ノ御屋敷御母様黒木氏、東氏御出有
一、渋谷三郎左衛門殿御出御座候事
一、習蔵退館ニて小川監蔵罷出、今日ゟ相詰候
一、彼ノ請使、館奉行へ大之進被遣候事
一、山田万助被参候事
一、山田造酒蔵殿御出御座候事
一、右御人宅へ大蔵被遣候事
一、殿様、若殿様、菊池七郎左衛門殿、於幸さま、十兵衛殿へ為御暇乞御宅へ御出、黒木氏ニて御酒宴有之、夜ニ入、御帰宅
一、同三日、雨天也
一、御館ゟ御使者宮原節蔵殿木綿拾反御目

わされる。
一、若殿様、昼後、黒木御氏(宅か)へ御出で御座候こと。
九月一日、天気吉
一、菊池衛士殿、御出で御座候こと。
①菊池衛士　三五〇石　麓
一、両殿様、下の御屋敷へ御招きにて御出であり。
一、同二日、天気吉
一、若殿様へ御暇乞《おいとまごい》のため下の御屋敷御母様黒木氏、東氏御出であり。
①東氏　東九郎次　一五〇石　米良主膳妹、於秀が嫁す。
一、渋谷三郎左衛門殿御出で御座候こと。
一、習蔵退館にて小川監蔵罷り出で、今日よりあい詰め候。
一、彼の請《うけ》の使《つか》い、館奉行《やかたぶぎょう》へ大之進遣わされ候こと。
一、山田万助参られ候こと。
①山田万助　二〇石　老神馬場
一、山田造酒蔵殿御出で御座候こと。

録添、御口上
　明日ゟ御出立之由聞召上候、途中御無事御帰山候様ニと思召候、依之御送迎毎之通目録之通被遣之候　御使
一、御年寄中ゟ為御暇乞書状到来、塩鮎竹簀巻一、即刻九月四日、此方返書仕出し候
一、相良中務様御暇乞トシテ御光来
一、菊地七郎左衛門殿、黒木十兵衛殿、那須主計殿并片岡直左衛門殿、久保田大助為御暇乞被参候事
一、西も(茂)右衛門殿ゟ海老壱臺御到来、後刻御見舞、且四郎右衛門殿詰所迄御出有之、訳者御作配銀申述之儀也
一、御家老御用達、師匠、御近親方へ御暇乞御出被遊、御供織衛、幾蔵

一、右御人宅へ大蔵遣わされ候こと。
一、殿様、若殿様、菊池七郎左衛門殿、お幸さま、十兵衛殿へ御暇乞のため御宅へ御出で、黒木氏にて御酒宴これあり、夜に入り御帰宅。
一、同三日、雨天なり。
一、御館より御使者、宮原節蔵殿、木綿十反《たん》、御目録添え、御口上《ごこうじょう》
明日より御出立の由聞こし召し上げ候。途中御無事御帰山候ようにと思し召し候。これにより御送迎毎《いつも》の通り、目録の通りこれを遣わされ候。　御使
①宮原節蔵　一五〇石　南小路南馬場車道
一、御年寄中より御暇乞として書状到来、塩鮎竹《たけ》簀巻《すまき》一、即刻《そっこく》九月四日この方返書仕《し》出《だ》し候。
一、相良中務様御暇乞として御光来《ごこうらい》。
一、菊池七郎左衛門殿、黒木十兵衛殿、那須主計殿ならびに片岡直左衛門殿、久保田(右)大助御暇乞として参られ候こと。
①片岡直左衛門　四〇石　役料二〇石　南小路

一、米良ゟ御迎足軽人足夫々参着候事
一、今夕ゟ御賄ニ付大台所衆御料理へ被参
候事
一、両殿様、晩黒木御氏(宅カ)御出御座候事
同四日、晴
一、朝七半時、御目覚御仕舞ニて未明御出
立御帰山、西村御小休、一武同断、免田
屋許江御昼休、黒木勝次同勝織罷出御焼
酎被差上被召出候、庄屋者御城下被罷出
留主也、多良木養昌寺前御休足、為茶代
弐匁五分被下也、湯前賢仙寺前堂へ御
休、紙屋ゟ茶所ニて弐匁被下、此處ゟ御
駕御召替也、野地御番所江海老五疋被下
也、横谷江入合御着、物主八三駄、鯛甚
五兵衛相詰居、物主御直盃、鯛并嘉兵衛

南馬場車道

一、西茂右衛門殿より海老一台御到来、後刻《ごこく》御
見舞、かつ四郎右衛門殿詰所まで御出でこれ
あり。訳は、御作配銀《おさはいぎん》申し述べの儀なり。
①西茂右衛門　一五〇石　老神馬場
一、御家老御用達、師匠、御近親方へ御暇乞御
出で遊ばさる。御供織衛・幾蔵。
一、米良より御迎え足軽人足それぞれ参着候こ
と。
一、今夕より御賄につき、大台所衆御料理へ参
られ候こと。
一、両殿様、晩、黒木御氏(宅か)御出で御座候こと。
同四日、晴
一、朝七半時《ななつはんどき》、御目覚《おめざめ》御仕舞にて未明御出立
御帰山。西村御小休み、一武同断《どうだん》、免田屋許《もと》
へ御昼休み、黒木勝次・同勝織罷り出で御焼
酎差し上げられ召し出され候。庄屋は、御城
下罷り出でられ留主なり。多良木養昌寺前御
休足、茶代として二匁五分下さるなり。湯前《ゆのまえ》

家内之者へ召出被下之候事
一、同五日、天気吉
一、明六ツ御出立、八重ニて御吸物一、肴二御焼（酎）差上、物主御直盃、觸彦衛門并重之内差上候者召出被下候、村所八幡御廟所御拝、筑右衛門宅江御成、吸物二、肴三ツ焼酎御酒差上、物主両人江御盃被下、竹原、勘米良、横村物主罷出一徳り献上、右之者御内所觸并重之内差上候、女中被召出候、為御機嫌伺、米良勘ヶ由被遣候事、宇佐八幡御拝、夕七ツ過御能御帰城被遊候事
同六日、雲り
一、御荷物解江詰御供中罷出候事
千秋萬歳

賢（寶カ）仙寺前堂へ御休み、紙屋《かみや》より茶所にて二匁下さる。このところより御駕《おかご》御召し替えなり。野地御番所へ海老五疋下さるなり。横谷へ入合《いりあ》い御着。物主《ものぬし》八三駄、触《ふれ》甚五兵衛あい詰め居り、物主御直盃《おんじきはい》、触ならびに嘉兵衛家内の者へ召し出し、これを下され候こと。
一、同五日、天気吉
一、明六つ御出立、八重《はえ》にて御吸物一、肴二、御焼（酎）差上、物主御直盃。触彦衛門ならびに重《じゅう》のうち差し上げ候者召し出し下され候。村所八幡御廟所御拝、筑右衛門宅へ御成《おなり》、吸物二、肴三つ焼酎御酒差し上げ、物主両人へ御盃下され、竹原、勘米良《かんめら》、横村物主罷り出で、一徳《とっく》り献上、右の者御内所触ならびに重のうち差し上げ候。女中召し出され候。御機嫌伺《きげんうかがい》のため米良勘ヶ由遣わされ候こと。御《ご》宇佐八幡御拝、夕七つ過ぎ御機嫌よく御帰城遊ばされ候こと。
同六日、雲り

目出度〳〵〳〵
〳〵〳〵〳〵
御出立前日、御家老方ゟ書状写并返書、
但し御巻封也
以手紙致啓上候、明日ゟ此地被成御出
立候由、途中御堅固御帰山被成候様存
候、御暇乞旁以使申入候ニ付、乍軽少
塩鮎一簀巻致進覧之候、以上
九月三日
返書
御手紙致拝見候、明日ゟ御当地致出立
候處、為御暇乞御使被下之、殊塩鮎一
簀巻被掛御意入御念儀奉存候、以上
九月三日

一、御荷物解きへ、詰めの御供中罷り出で候こ
と。
千秋万歳《せんしゅうばんざい》
目出度《めでたし》〳〵
〳〵〳〵〳〵
御出立前日、御家老方より書状の写し、なら
びに返書。ただし御巻封《まきふう》なり。
手紙をもって啓上致し候。明日よりこの地
を御出立成され候由、途中御堅固御帰山成
され候よう存じ候。御暇乞旁《かたがた》、使いを以
て申し入れ候につき、軽少ながら塩鮎一簀《す》
巻《まき》、これを進覧《しんらん》致し候。以上
九月三日
返書
御手紙拝見致し候。明日より御当地を出立
致し候ところ、御暇乞として御使いこれを
下さり、殊《こと》に塩鮎一簀巻、御意《ぎょい》に掛けられ
御念入《おねんい》りの儀と存じ奉り候。以上
九月三日

4　米良氏所領の米良山

①郷村高帳

【史料17】米良山椎葉山帳面差出之事　「歴代嗣誠独集覧」

米良山椎葉山之義ニ付而、帳面被差出候写
　肥後国球麻郡之内　米良主膳領知
一、人数弐千九百五拾八人　米良山内
　一、千五百三拾八人　男
　一、千四百弐拾八人　女
　　但去子年改弐歳以上
　日向国臼杵郡之内
一、人数四千弐百拾七人　椎葉山内

（読み下し）
米良山椎葉山の義について帳面差し出され候写し
　肥後国球磨郡の内　米良主膳領知《りょうち》
一、人数二千九百五十八人　米良山内
　一、千五百三十八人　男
　一、千四百二十八人　女
　　ただし去る子年改め、二歳以上
　日向国臼杵郡の内
一、人数四千二百十七人　椎葉山内

一、弐千九拾弐人　男
一、弐千百弐拾五人　女
　　但去子年改弐歳以上
右者米良山椎葉山相良遠江守支配所ニ而御
座候、両山共ニ無年貢地ニ而、尤椎葉山中
田畑無御座候、米良山之内少々水田有之候
得共、高并反別相知不申候、男女人数者書
面之通御座候、以上
　享保六年丑年
　　相良遠江守家来
　　　須恵次郎右衛門
　御勘定所
米良山者主膳家内并主膳召仕候侍分之男女
ハ除之、椎葉山者所侍役人共茂不残人数高
ニ入之、右之通帳面弐通ニ調之、八月晦日

一、二千九十二人　男
一、二千百二十五人　女
　　ただし去る子年改め、二歳以上
右は米良山・椎葉山、相良遠江守《とおとうみのかみ》支配所にて
御座候。両山ともに無年貢地にて、もっとも椎
葉山中、田畑御座なく候。米良山の内、少々水
田これあり候えども、高ならびに反別《たんべつ》あい知れ
申さず候。男女人数は書面の通りに御座候。以
上
　享保六年丑《うし》年
　　相良遠江守家来
　　　須恵次郎右衛門
　御勘定所
米良山は主膳家内ならびに主膳召し仕え候侍《さむらい》
分《ぶん》の男女は、これを除き、椎葉山は所侍・役人
どもも残らず人数高にこれを入れ、右の通り帳
面二通にこれを調え、八月晦日《みそか》御勘定所へ須恵
次郎右衛門持参致し、御組頭《くみがしら》石原半右衛門殿

御勘定所江須恵次郎右衛門致持参、御組頭石原半右衛門殿江帳面差出、無別条御受取相済也、町歩之御高并新田畑高之儀者、不及書出旨候得共、自然御尋之節為挨拶石高之ならし内証極置候得共、不及其沙汰候也

へ帳面差し出し、別条なく御受け取りあい済むなり。町歩の御高ならびに新田畑高の儀は、書き出すに及ばず旨に候えども、自然《おのずから》御尋ねの節、挨拶として石高のならし内証《ないしょう》極《き》め置き候えども、その沙汰に及ばず候なり。

「探源記」

【史料18】米良山椎葉山郷帳

（延享二乙丑年十一月廿六日）

○右同日、米良山椎葉山両山共ニ東西南北里数惣山一山〳〵充、間数木数三尺上下ニ無構相改、竹林、石高、川幾筋、廣狭、椎茸出高、其外茶、漆類取出之品ハ不残相改、微細ニ帳面ニ致し可差出者也

右ニ付、椎葉山改人申付差遣、米良山ハ

（読み下し）

（延享二乙丑年十一月二十六日）

○右同日、米良山椎葉山両山ともに東西南北里数、惣山一山〳〵あて、間数、木数三尺上下に構いなくあい改め、竹林、石高、川幾筋、広狭、椎茸出高、そのほか茶、漆類、取り出しの品は残らずあい改め、微細に帳面に致し、差し出すべきものなり。

米良主膳方ニ而微細ニ改致帳面可差出旨申渡之
一、翌三丙寅年改帳御勘定所江被差出之、両山之帳面如左
日向国臼杵郡椎葉山
(略)
米良山
一、東、嶋津但馬守領境山神杉より、西、相良政太郎領境横谷迠八里余
一、南、相良政太郎領境鉾之本より、北、椎葉山境女夫谷迠四里三拾町
去丑年秋改
一、人高　三千弐百五人
内
男　千六百弐拾四人
女　千五百八十一人

右につき、椎葉山は改人申し付け差し遣わし、米良山は米良主膳方にて微細に改め、帳面致し差し出すべき旨、これを申し渡す。
一、翌三丙寅年、改め帳、御勘定所へこれを差し出さる。両山の帳面、左のごとし。
日向国臼杵郡椎葉山
(略)
米良山
一、東、嶋津但馬守《たじまのかみ》領境山神杉より、西、相良政太郎領境横谷まで八里余り。
一、南、相良政太郎領境鉾之本より、北、椎葉山境女夫谷まで四里三十町。
去る丑年秋改め
一、人高　三千二百五人
内
男　千六百二十四人
女　千五百八十一人
ただし出家社人とも

但出家社人共

一、村数　二十七箇所
一、屋鋪数　六百四十二ヶ所
一、家数　七百四十七軒
一、宮数　三社　此外小祠ハ除之
一、寺数　九ヶ寺
一、同家数　十二軒
一、堂数　七宇　此外小堂有之候へ共除之
一、焼畑　弐千八百八拾ヶ所
一、野畠　弐百七拾七ヶ所
一、雑穀石高六百六石程
麦　粟　大豆　小豆　稗　黍　蕎麦
野稲米ニ而
右雑穀高ハ出来不出来ニ而年ニより少
充増減御座候

一、村数　二十七箇所
一、屋鋪数　六百四十二ヶ所
一、家数　七百四十七軒
一、宮数　三社　このほか小祠はこれを除く
一、寺数　九ヶ寺
一、同家数　十二軒
一、堂数　七宇《う》　このほか小堂これあり候えども、これを除く。
一、焼畑　二千八百八十ヶ所
一、野畠　二百七十七ヶ所
一、雑穀石高六百六石ほど
麦・粟・大豆・小豆・稗《ひえ》・黍《きび》・蕎麦《そば》・野稲《のい》米《ね》にて
右雑穀高は、出来《でき》不出来にて、年により少しあて増減御座候。
このほか芋作仕り候えども、高、極《き》め難し。
去る丑年、取れ高
一、菜種　十九石六斗ほど

此外芋作仕候得共、高難極
去丑年取高
一、菜種　拾九石六斗程
他江商買ニ出申候
同
一、椎茸　百弐石五斗程
右同断
同
一、木茸　弐石八斗程
右同断
同
一、松茸　五十本程
他江出不申候
同
一、香茸　七十本程

ほかへ商買に出し申し候。
同
一、椎茸　百二石五斗ほど
右同断《どうだん》
同
一、木茸　二石八斗ほど
右同断
同
一、松茸　五十本程
ほかへ出し申さず候。
同
一、香茸　七十本ほど
右同断
同
一、木ぶし　一石ほど
右同断
※きぶし（五倍子）黒色染料となる
同
一、茶　二万九千百五十斤《きん》ほど

同　　右同断
一、木ふし　壱石程
　　右同断
同
一、茶　弐万九千百五拾斤程
　　年中遣用之外ハ他領江商買ニ出申候
同
一、楮　九百五拾貫目程
　　紙漉用之外、他領江商買ニ出申候
同
一、桑綿　百七拾目程
　　他江出不申候
同
一、たはこ　千五百斤程

年中遣い用のほかは、他領へ商買に出し申し候。
同
一、楮《こうぞ》　九百五十貫目《かんめ》ほど
　　紙漉《かみすき》用のほか、他領へ商買に出し申し候。
同
一、桑綿　百七十目ほど
　　ほかへ出し申さず候。
同
一、たばこ　千五百斤ほど
　　右同断
同
一、苧《からむし》　五百十斤ほど
　　右同断
　　※苧（からむし）繊維をとり織物にする
同
一、髭《ひげ》人参　二百十匁《もんめ》ほど
　　他領へ商買に出し申し候。
同

右同断
同
一、苧　五百拾斤程
右同断
同
一、髭人参　弐百拾匁程
他領江商買ニ出申候
同
一、鹿皮　六拾弐枚
他江出不申候
同
一、羚羊皮　五拾四枚
右同断
同
一、熊　二丸

一、鹿皮　六十二枚
他へ出し申さず候。
同
一、羚羊皮《かもしか》　五十四枚
右同断
同
一、熊　二丸《にがん》
年により多少が御座候。取り候節は惣《すべ》て主膳へ納め申し候。
当《とう》寅年改め
一、牛数　七疋《ひき》
同
一、鉄炮数　六百六十四挺《ちょう》
米良山内より他領へ出候川は五筋
米良川
一、川長、八里半十六町
一、川幅、広所は三十七間《けん》ほど

年ニ寄多少御座候、取候節ハ惣而主膳
江納申候
当寅年改
一、牛数　七疋
同
一、鉄炮数　六百六拾四挺
米良山内より他領江出候川五筋
米良川
一、川長八里半拾六町
一、川幅廣所三十七間程
一、同狭所十五間程
右川魚　一、またら、笹いた、うなき、あ
ふらめ、ころめ
右何も少々ツヽ居申候
小俣川

一、同、狭所は十五間ほど
右川の魚　一、まだら、笹いた、うなぎ、
あぶらめ、ころめ
右、何《いずれ》も少々ずつ居り申し候。
※まだら＝ヤマメ
小俣川
一、川長、二里余り
一、川幅、広所十三間ほど
一、同、狭所は四間ほど
右川の魚　一、まだら、あぶらめ
右、何も少々あて居り申し候。
小河内川
一、川長、一里半
一、川幅、広所四間ほど
一、同、狭所は二間ほど
右川に魚は居り申さず候。
寒川
一、川長、四里半
一、川幅、広所十五間ほど

一、川長弐里余
一、川幅廣所十三間程
一、同狭所四間程
右川魚　一、またら、あふらめ
右何も少々充居申候
小河内川
一、川長壱里半
一、川幅廣所四間程
一、同狭所二間程
右川魚居不申候
寒川
一、川長四里半
一、川幅廣所十五間程
一、同狭所三間程

一、同、狭所は三間ほど
右川の魚　一、まだら、笹いだ、うなぎ、
鮎、あぶらめ、ころめ
右、何れも少々あて居り申し候。
※いだ＝ウグイ
※ころめ＝コシノボリの類
中之俣川
一、川長、二里
一、川幅、広所四間ほど
一、同、狭所は二間ほど
右川の魚　一、まだら、笹いだ、うなぎ、
あぶらめ、ころめ
右、何れも少々あて居り申し候。
一、檜物《ひもの》ならびに指物《さしもの》類の器物、寒川《さぶかわ》と申す村にて細工致し、渡世《とせい》のため他領へも出し申し候。
※檜物・指物　木製加工品
一、去る丑年杣山《そまやま》　四ヶ所

右川魚　一、またら、笹いた、うなき、鮎、
あふらめ、ころめ
右何れも少々充居申候
中之俣川
一、川長弐里
一、川幅廣所四間程
一、同狭所二間程
右川魚　一、またら、笹いた、うなき、あ
ふらめ、ころめ
右何れも少々充居申候
一、檜物并指物類之器物、寒川と申村ニ而
致細工、為渡世他領江も出申候
一、去丑年杣山　四ケ所
一、同　枌山　四ケ所
一、同　炭山　二ケ所

一、同　枌山　四ケ所
※杣山《そまやま》　木材とする木を植えた山
一、同　炭山　二ケ所
※そぎ山か　屋根葺き用のソギを切り出す山
一、同　艫山　一ケ所
※艪木《ろぎ》
一、同　鳥もち山　四ケ所
一、同　松煙山　一ケ所
※煤を作るための松根を取る山
右の内、主膳所務《しょむ》高
一、水田石高十二石
先年は二十九石余り御座候えども、段々洪水付きて水田潰れ、当分は高右の通り。
一、小物成《こものなり》二百十一石ほど　漆・茶・綿
一、雑穀《ざっこく》石高五十七石　焼畑運上《うんじょう》
一、椎茸一石三斗　運上
一、紙六十束　運上
一、杣山運上銀五貫八百目

一、同　艫山　壱ヶ所
一、同　鳥もち山　四ヶ所
一、同　松煙山　壱ヶ所
右之内、主膳所務高
一、水田石高拾弐石
先年ハ弐拾九石余御座候得共、段々洪水
付而水田潰、当分者高右之通
一、小物成弐百拾壱石程　漆　茶　綿
一、雑穀石高五拾七石　焼畑運上
一、椎茸壱石三斗　運上
一、紙六拾束　運上
一、杣山運上銀五貫八百目
一、枌山運上銀八百目
一、艫山運上銀百拾匁
一、鳥もち山運上銀六百目

一、枌山運上銀八百目
一、艫山運上銀百十匁
一、鳥もち山運上銀六百目
一、炭山運上銀三百目
一、松煙山運上銀六十目
右之通りに御座候。以上
延享三丙寅年三月　米良主膳

一、炭山運上銀三百目
一、松煙山運上銀六拾目
右之通御座候、以上
　延享三丙寅年三月　　米良主膳

「相良文書」

【史料19】米良主膳知行所郷村帳不差出候趣御届扣

　　寛政二庚戌年
御勘定御奉行久世丹後守様江、米良主膳知
行所郷村帳、不差出候趣御届之扣
　　七月廿六日
　　寛政二庚戌年七月廿六日
一、當三月十一日御勘定御奉行柳生主膳正
様、久世丹後守様、久保田佐渡守様ゟ交

（読み下し）
　　寛政二庚戌年
御勘定御奉行久世丹後守様へ米良主膳知行所《ちぎょうしょ》郷《ごう》
村帳《そんちょう》、差し出さず候趣、御届の扣《ひかえ》
　　七月二十六日
　　寛政二庚戌年七月二十六日
一、当三月十一日御勘定御奉行柳生主膳正様、
久世丹後守様、久保田佐渡守様より交代寄合
中へ御廻状《かいじょう》をもって知行所郷村帳差し出し

代寄合中江以御廻状知行所郷村帳差出候様米良主膳方江申来候付而、主膳方江申遣、追而否可申上旨、御留守居ゟ下ヶ札を以及御請置、御在所江申遣候処、主膳方懸合之上帳面成候、然處無高故村数帳面計也、右帳面差出候而者脇様御振合ニ不相双候付、一先郷村帳不差出趣御届申上可然と、今日久世様江高橋又左衛門罷越、御用人對談候処、前々ゟ御出し無之候ハ、、此節書出ニ茂及間敷候、乍然丹後守留守ニ候間、帰宅之上可申聞旨被申聞候、差出置候書付左之通

相良壱岐守支配米良主膳知行所郷村帳取調差出候様、先達而主膳方江以御廻状被仰渡候趣、早速申遣候、然處、主

候よう、米良主膳方へ申し来たり候につきて、主膳方へ申し遣わし、追って否《いな》申し上ぐべき旨、御留守居より下ヶ札《さげふだ》を以て御請けに及び置き、御在所へ申し遣わし候ところ、主膳方懸合《かけあい》のうえ帳面成り候。しかるところ、無高ゆえ村数帳面ばかりなり。右帳面差し出し候ては、脇様《わきさま》御振《ふ》り合《あ》いにあい双《なら》ばず候につき、一先《ひとまず》郷村帳は差し出さず趣、御届け申し上げ可然《しかるべし》と、今日、久世様へ高橋又左衛門罷《まか》り越《こ》し、御用人と対談候ところ、前々より御出しこれなく候わば、この節、書き出しにも及ぶまじく候。しかしながら丹後守留守に候間、帰宅のうえ申し聞くべき旨、申し聞かされ候。差し出し置き候書付、左の通り。

相良壱岐守（長寛《ながひろ》）支配、米良主膳知行所郷村帳、取り調べ差し出し候よう、先達《せんだつ》て主膳方へ御廻状をもって仰せ渡され候趣、早速申し遣わし候。しかるところ、主膳儀、先々より無高に罷り在り候につき、郷村帳

膳儀先々より無高ニ罷在候付、郷村帳差出不申候、此段御届申上候、以上
七月廿六日　相良壱岐守家来
高橋又左衛門
奉書半切上包美濃紙上下打かけ御名
家来名
一、八月六日右届書之義為伺久世様衆江手紙遣候処、丹後守様ゟ御達之義有之候間、明七日罷出候様申来、七日又左衛門参上候処、御用人を以被仰達候ハ、先達而差出置候書付之趣ニ而宜候、御勘定所江被留置候間、其旨心得候様ニと有之候付、相應及御受罷帰候事

は差し出し申さず候。この段、御届け申し上げ候。以上
七月二十六日　相良壱岐守家来
高橋又左衛門
奉書半切、上包は美濃紙を上下に打かけ、
（殿様の）御名と家来名
一、八月六日右届書の義、伺いのため久世様衆へ手紙を遣わし候ところ、丹後守様より御達の義これあり候間、明七日罷り出候よう申し来る。七日又左衛門参上候ところ、御用人をもって仰せ達せられ候は、先達《せんだつ》て差し出し置き候書付の趣にて宜《よろ》しく候。御勘定所へ留め置かれ候間、その旨心得候ようにとこれあり候につき、相応に御受けに及び罷り帰り候こと。

【史料20】米良山郷村高帳調方

「相良文書」

〔端裏書〕「午四月廿六日便答済
臨時便十六日来」

追啓、米良山郷村高帳調方相済、清帳差出候付、別紙差遣候、尤早々差出候様御勘定所ゟ御達有之候段、先達而以臨時便被仰聞候付、早速主膳方江相達取調候処、山林等之儀、不相分儀も有之候ニ付、此方御用懸之内ゟ米良江相越、見分之上調方いたし候故、存外手間取及延引候、右之訳程能御申述被差出候様存候

一、此度之儀、最初御達之節、全当時之高辻取調差出候様ニとの儀ニ付、元禄年中御届ニ相成候高之内も、山崩等ニ而荒地

（読み下し）

〔端裏書〕「午《うま》四月二十六日便、答え済み
臨時便《りんじびん》十六日来る」

追啓、米良山郷村高帳調方あい済み、清帳差し出し候につき、別紙差し遣わし候、もっとも、早々に差し出し候よう御勘定所より御達しこれあり候段、先だって臨時便を以て仰せ聞かされ候につき、早速主膳方へあい達し、取り調べ候ところ、山林などの儀、あい分らず儀もこれあり候につき、このかた御用懸《ごようがかり》の内より米良へあい越し、見分《けんぶん》のうえ調方いたし候故、存外手《ぞんがいて》間取《まどり》、延引におよび候。右の訳、程能《ほどよく》御申し述べ差し出され候よう存じ候。

一、このたびの儀、最初御達しの節、全て当時（現在）の高辻取り調べ差し出し候ように、との儀につき、元禄年中に御届けにあい成り候

ニ成候分ハ相減、全当時之高取調差出候處、一旦御届ニ相成候高ハ減方不相成儀と相見へ、先達而差出候郷村高帳之下書ニ御張紙ニ而相減候分も高ニ御加へ、御直シ有之候村々左之通

小川谷村

小物成高之内

一、拾石壱斗五升弐合

寛政以来山崩荒地ニ相成相減

別府谷村

小物成高之内

一、弐石四斗壱升

寛政以来荒地ニ相成相減

銀鏡谷村

元禄年中新田高之内

高の内も、山崩等にて荒地に成り候分はあい減らし、全て当時の高を取り調べ差し出し候ところ、一旦《いったん》御届けにあい成り候高は、減らし方あい成らず儀とあい見え、先だって差し出し候郷村高帳の下書きに御張紙にて、あい減らし候分も高に御加え、御直しこれあり候村々、左の通り。

小川谷村《おがわたに》

小物成高《こものなりたか》の内

一、十石《こく》一斗《と》五升《しょう》二合《ごう》

寛政《かんせい》以来、山崩れ、荒地にあい成りあい減らす

別府谷村《じゅうだに》

小物成高の内

一、二石四斗一升

寛政以来、荒地にあい成りあい減らす

銀鏡谷村《しろみたに》

元禄年中新田高《しんでんたか》の内

一、弐石八斗壱升六合
寛政以来荒地ニ相成相減
岩井谷村
一、五石壱斗
小物成高之内
寛政以来荒地ニ相成相減
米良谷村
元禄年中新田高之内
一、壱石弐斗八升
寛政以来荒地相成相減
下板屋谷村
元禄年中新田高
一、壱石六斗弐升四合
寛政以来荒地相成相減
〆弐拾三石三斗八升弐合

一、二石八斗一升六合
寛政以来、荒地にあい成りあい減らす
岩井谷《いわいだに》村
小物成高の内
一、五石一斗
寛政以来、荒地にあい成りあい減らす
米良谷《めらだに》村
元禄年中新田高の内
一、一石二斗八升
寛政以来、荒地にあい成りあい減らす
下板屋谷《しもいたやだに》村
元禄年中新田高
一、一石六斗二升四合
寛政以来、荒地にあい成りあい減らす
〆《しめて》二十三石三斗八升二合

右之通候、仍而書面之弐拾三石三斗八升弐合丈、此節之郷村高帳ニ加へ惣高四百弐拾壱石六斗弐合ニ相成申候、全当時之高辻者、先達而差出候下書之通、惣高三百九拾八石弐斗弐升ニ候処、荒地ニ相成、当時無之分も御加へニ相成候而ハ主膳方迷惑之筋ニ候、此節新ニ書出候焼畑雑穀高之内ニ而茂、右弐拾三石三斗八升弐合丈相減度候得共、最早先達而下書出候事故、迚も相減候儀ハ相成間敷事と存候、当時実々之高辻ニ相増候訳ハ帳面出候節被申述置可然と存候、尤申立相減候筋も有之候ハ、宜被取計候

一、主膳儀交代寄合之部ニ入候ハ、名前之肩書其通相認可然哉、又ハ此方様御支配之訳肩書いたし候儀ニも可有之哉不相分

右の通りに候。よって書面の二十三石三斗八升二合だけ、この節の郷村高帳に加え、惣高《そうだか》四百二十一石六斗二合にあい成り申し候。全て当時の高辻《たかつじ》は、先だって差し出し候下書きの通り、惣高三百九十八石二斗二升に候ところ、荒地にあい成り、当時これなき分も御加えにあい成り候ては、主膳方、迷惑の筋に候。この節、新たに書き出し候焼畑雑穀高の内にても、右《みぎ》二十三石三斗八升二合だけあい減らしたく候えども、最早《もはや》先だって下書き出し候ことゆえ、迚《とて》もあい減らし候儀はあい成りまじく事と存じ候。当時実々《じつじつ》の高辻にあい増し候訳は、帳面を出し候節、申し述べ置かれ可然《しかるべく》と存じ候。もっとも、申し立て、あい減らし候筋もこれあり候わば、宜しく取り計らわれ候。

一、主膳儀、交代寄合《こうたいよりあい》の部に入り候わば、名前の肩書その通りにあい認《したた》め可然《しかるべく》や、または、この方様《かたさま》御支配の訳を肩書いたし候儀にもこ

候間、不致肩書候条、其表ニ而御聞合認入候様御取計可被成候、且当時之年号月付ニ候哉分り兼候間、是又御聞合認入可被成候

一、惣高内訳之所ニ焼畑雑穀高、御直シ之下書ニ不相見候間、付紙ニ相認差遣候、是亦御伺宜御取計可被成候

一、右郷村高帳之儀ニ付不相分事茂候ハヽ、主膳此節参府之事候間、役人御呼出御聞被下候様被申上可然存候、尤役人被召出御聞被成候ハヽ、公義御疑茂晴可申候間、被召出候方ニ御取計可被成候、且又主膳事今十三日山中出立、明十四日当所一宿、川筋罷下り西国路被致通行筈候

右之通ニ候、宜御取計可被成候、以上

れあるべくや、あい分らず候間、肩書は致さず候条、その表にて御聞き合わせ、認め入れ候よう御取り計らい成さるべく候。かつ当時の年号月付に候や分りかね候間、これまた御聞き合わせ認め入れ成さるべく候。

一、惣高《そうだか》内訳の所に、焼畑雑穀高、御直しの下書きにあい見えず候間、付紙にあい認め差し遣わし候。これまた御伺い、宜しく御取り計らい成さるべく候。

一、右《みぎ》郷村高帳に儀につきあい分らず事も候わば、主膳、この節参府のこと候間、役人御呼び出し、御聞き下され候よう申し上げられ可然《しかるべし》と存じ候。もっとも、役人召し出され御聞き成され候わば、公義《こうぎ》御疑いも晴れ申すべく候間、召し出され候かたに御取り計らい成さるべく候。かつまた、主膳こと、今十三日山中出立、明十四日当所一宿、川筋を罷り下り、西国路を通行致さる筈《はず》に候。

右の通りに候。宜しく御取り計らい成さるべく

三月十三日　菱刈友右衛門
田代善右衛門
井口藤次左衛門

万江主殿殿
豊永官左衛門殿
田代忠左衛門殿
万江主馬殿
那須六郎左衛門殿

尚々此節之臨時便、全米良山之儀ニ付差立
候事故、飛脚賃、主膳方より上納之筈候、
為御心得申入候、以上

候。以上

（天保五年）
三月十三日

菱刈《ひしかり》友右衛門
田代善右衛門
井口藤次左衛門

万江《まえ》主殿《とのも》殿
豊永官左衛門殿
田代忠左衛門殿
万江主馬《しゅめ》殿
那須六郎左衛門殿

尚々この節の臨時便、全て米良山の儀につき差し立て候ことゆえ、飛脚賃は主膳方より上納の筈に候。御心得のため申し入れ候。以上

②災害と鉄砲改め

【史料21】元禄十六年米良山洪水被害届

一、同年（元禄十六年）五月七日、米良山甚雨洪水山崩、民家流出、猟師箇（筒）二挺埋候由六月十三日江戸へ言上、翌十四日以書付、小笠原佐渡守殿へ被仰達云々、私支配所肥後国内米良山、当五月洪水家流覚

　一、民家三十三間（軒）流失

　一、神社七宇流出

　一、岸崩山畑所潰申候

右之通御座候由申越候、此外相替儀者追而可申上候、以上

　六月十四日　　相良志摩守

一、肥後国球麻郡米良山銀鏡村之猟師

「歴代嗣誠独集覧」

（読み下し・註記）

一、同年（元禄十六年）五月七日、米良山雨はなはだしく洪水し、山は崩れる。民家が流出し、猟師筒二挺埋れ候由、六月十三日江戸へ言上、翌十四日書き付けをもって、小笠原佐渡守殿へ仰せ達せられ云々、私支配所肥後国内米良山、当五月洪水家流れ覚

　一、民家三十三軒流失

　一、神社七宇《う》流出

　一、岸崩れ、山畑所々潰れ申し候

右の通り御座候由、申し越し候。このほか、あい替わる儀は、追って申し上ぐべく候。以上

　六月十四日　　相良志摩守

一、肥後国球麻郡米良山銀鏡《しろみ》村之猟師

一、鉄炮壱挺　玉目三文目五分
持主権四郎
一、鉄炮壱挺　玉目三文目五分
持主宗七
右者当五月七日米良山洪水ニ而山岸崩、右之猟師居宅潰流失仕候ニ付、所持之鉄炮埋、未タ掘出不申候由比日申越候、弥掘出候者追而可申上候、此段先為御届如此御座候、以上
六月十四日　相良志摩守
仙石伯耆守殿
甲斐庄喜右衛門殿
右一通宛被差出候、御使者冨岡源右衛門、其後右鉄炮不掘出候旨、八月十七日御両所へ被仰達候

一、鉄炮一挺　玉目《たまめ》二文目五分　持主権四郎
一、鉄炮一挺　玉目三文目五分　持主宗七
右は当五月七日、米良山洪水にて山岸崩れ、右の猟師居宅潰れ流失仕り候につき、所持の鉄炮埋れ、未だ掘り出し申さず候由、比日《このごろ》申し越し候。いよいよ掘り出し候わば、追って申し上ぐべく候。この段、まず御届として如此《かくのごとく》御座候。以上
六月十四日　相良志摩守
仙石伯耆守《ほうきのかみ》殿
甲斐庄喜右衛門殿
右一通宛差し出され候。御使者は冨岡源右衛門。その後、右鉄炮は掘り出さず候旨、八月十七日、御両所へ仰せ達せられ候。
①相良志摩守　人吉藩主　相良頼福
②仙石伯耆守　仙石久尚　大目付　元禄八年六月～享保四年正月

Ⅱ　幕府の衰退と米良山の動向

1　京都公卿への接近と人吉藩からの離反

【史料22】御沙汰書三通

西米良村所蔵史料目録No.追録5・6・7

※巻子仕立て三点を収録した。（三）は仕立てにおける不整合が見受けられたので編集・調整した。

（一）

米良秀一郎

右之者、御吟味中、是沾御預ケ被仰付置候処、親豊前差図を請、致進退候沾ニ而申口相分り候付、此節帰宿被仰付候間、

（読み下し）

（一）

米良秀一郎

右の者、御吟味中《ごぎんみちゅう》、これまで御預け仰せ付け置かれ候ところ、親豊前《ぶぜん》差図《さしず》を請け、進退致し候までにて、申し口あい分り候につき、この

已後無構旨申渡候
一、秀一郎大小并懐中物改之上引渡候、尤所持之書付之内、此節之吟味筋ニ関係いたし候分者、御預りニ相成候
右之通申渡候間、罷帰、主膳殿江可被申上候

十月

（二）

米良要人

右之者、甲斐豊前一同長州表江罷越、脱走之堂上方江御目通いたし、御役間ゟ金子致頂戴、其上浪人牧和泉、山田十郎列ニ致面會、且先年尾八重退散不届ニ付、蟄居被仰付置、其後赦ニ居村之外徘徊御差留之ものニ候処、人吉表江も無沙汰ニ

節帰宿仰せ付けられ候間、已後《いご》構いなき旨申し渡し候。
一、秀一郎大小《だいしょう》ならびに懐中物《かいちゅうもの》、改めのうえ引き渡し候。もっとも所持の書付の内、この節の吟味筋に関係いたし候ぶんは、御預りにあい成り候。
右の通り申し渡し候間、罷り帰り、主膳殿へ申し上げらるべく候。

十月

（二）

米良要人《かなめ》

右の者、甲斐豊前一同長州表へ罷り越し、脱走の堂上方《どうじょうがた》へ御目通《おめどお》りいたし、御役間より金子《きんす》頂戴致し、そのうえ浪人牧和泉《まきいずみ》、山田十郎列《れつ》に面会致し、かつ、先年尾八重退散不届《ふとど》きにつき、蟄居《ちっきょ》仰せ付け置き、その後、赦《ゆるし》に居村《きょそん》の外徘徊《はいかい》御差《さ》し留《と》めのものに候ところ、人吉表へも沙汰《さた》なしにて他国致し、かたがた不埒《ふらち》の儀これあり候えども、格別の吟味を以

而致他國、旁不埒之儀有之候得共、格別之吟味を以、帰宿急度慎罷在、居村之外徘徊被差留候

一、要人大小并懐中物改之上引渡候、尤懐中ニ有之候書付之内、此節之吟味筋ニ関係いたし候分者、御預りニ相成候

（三）

故　甲斐豊前

右之者不埒之儀有之、存命ニ候得者要人同様帰宿、急度慎罷在、居村之外徘徊被差留筈之処、死去いたし候付、不被及其沙汰候間、仮埋いたし置候死躰、此節引渡候

一、豊前大小并懐中其外共、改之上引渡候

て、帰宿急度《きっと》慎み罷りあり、居村の外徘徊差し留められ候。

一、要人大小ならびに懐中物、改めのうえ引き渡し候。もっとも懐中にこれあり候書付の内、この節の吟味筋に関係いたし候ぶんは、御預りにあい成り候。

（三）

故《こ》　甲斐豊前

右の者、不埒《ふらち》の儀これあり、存命に候えば、要人同様帰宿、急度《きっと》慎み罷りあり、居村の外徘徊差し留めの筈のところ、死去いたし候につき、その沙汰に及ばれず候間、仮埋めいたし置き候死体、この節引き渡し候。

一、豊前大小ならびに懐中そのほかとも、改めのうえ引き渡し候。

一、故甲斐大蔵《おおくら》御吟味中、御預け仰せ付け置かれ候ところ、申し口あい分り候につき、存命

一、故甲斐大蔵御吟味中御預ケ被仰付置候処、申口相分候付、存命ニ候得者帰宿可被仰付筈之処、御預ケ中致死去候付、不被及其沙汰候、尤懐中所持之書付之内、此節之吟味ニ致関係候分者御預りニ相成候
右之通ニ候間、罷帰主膳殿江可被申上候
十月

に候えば帰宿仰せ付けらるべく筈のところ、御預け中、死去致し候につき、その沙汰に及ばれず候。もっとも懐中所持の書付の内、この節の吟味に関係いたし候ぶんは、御預りにあい成り候。

右の通りに候間、罷り帰り主膳殿へ申し上げらるべく候。

十月

2　鹿児島藩への依存

【史料23】米良亀之助学問武芸修行につき教導方申付（写）

西米良村所蔵史料目録No.122

一、文学
米良亀之助様

（読み下し）

米良亀之助様

一、習書
右、造士館へ御出席ニ而指南人御頼入有之候様被仰付候
一、御軍賦
右、御軍賦役之内へ御尋問有之候様被仰付候
一、釼術
右、鈴木弥藤次方へ御入門、演武館へ御出席、御修行有之候様被仰付候
一、馬術
右、高橋甚五兵衛方へ御入門、同人へ被渡置、於馬乗馬場御修行有之候様被仰付候
一、砲術
右、末川久馬、野村彦兵衛方へ同断、調

一、文学
一、習書
右、造士館へ御出席にて指南人《しなんにん》御頼み入れこれあり候よう仰せ付けられ候。
一、御軍賦《ごぐんぶ》
右、御軍賦役の内へ御尋問これあり候よう仰せ付けられ候。
一、釼術
右、鈴木弥藤次方へ御入門、演武館へ御出席、御修行これあり候よう仰せ付けられ候。
一、馬術
右、高橋甚五兵衛方へ御入門、同人へ渡し置かれ、馬乗馬場において御修行これあり候よう仰せ付けられ候。
一、砲術
右、末川久馬、野村彦兵衛方へ同断《どうだん》、調練《ちょうれん》場等において御修行これあり候よう仰せ付けられ候。

練場等ニおひて御修行有之候様被仰付候
亀之助様
御近習　米良織衛
小川(マヽ)小藤次(太)
那須民三
右前条同様被仰付候、右ハ此節亀之助様御儀、学問武藝為御修行、御当地へ被差越候付、右之通夫々御入門ニ而稽古方被成度御願之趣、被應其意候ニ付、教導方行届候様被仰付候、此旨教授并御軍賦役師家之面々へ申渡、可承向々へも可申渡候
六月　式部
〔朱書〕「文久三年」

亀之助様
御近習《ごきんじゅう》　米良織衛
小河小藤次(太)
那須民三
右前条同様仰せ付けられ候。右は、この節、亀之助様御儀、学問武芸御修行のため、御当地へ差し越され候につき、右の通りそれぞれ御入門にて稽古方《けいこかた》成されたく御願の趣、その意に応じられ候につき、教導方《きょうどうかた》行き届き候よう仰せ付けられ候。この旨、教授ならびに御軍賦役師家《しけ》の面々へ申し渡し、承るべき向々へも申し渡すべく候。
六月　式部《しきぶ》
〔朱書〕「文久三年」

【史料24】桂右衛門殿より被相渡候御書付之写

丁卯五月廿九日
桂右衛門殿ゟ被相渡候御書附之写

米良亀之助殿
米良歓一郎殿

真米壱石宛

右者為文武修行御当地江御滞在之処、当時諸色高料之砌柄、夫形にも難被召置御情合等旁之御義理合ヲ以、御滞留之節々、一ヶ月ニ本行之通、米蔵納合之内より為御合力被成進候旨被仰出候条可申渡候

五月

（読み下し）

丁卯（慶応三年）五月二十九日
桂右衛門殿よりあい渡され候御書附の写し

※桂右衛門　鹿児島藩家老、桂久武《ひさたけ》

米良亀之助殿
米良歓一郎殿

真米一石宛

右は、文武修行のため御当地へ御滞在のところ、当時諸色《しょしき》高料の砌柄《みぎりがら》、夫形《それなり》にも召し置かれ難き御情合等かたがたの御義理合《おぎりあい》を以て、御滞留の節々、一ヶ月に本行《ほんぎょう》の通り、米蔵納合の内より御合力《ごごうりき》として進ぜ成され候旨、仰せ出され候条、申し渡すべく候。

五月

【史料25】米良助右衛門書状

一、京師先静謐と者中事ニ而御座候へとも、公武之間紛々之形勢ニ御座候由、先月比歟近江湖水を越前敦賀と申所江堀流し候へハ、北国表ゟ専ら京師迠も運送相成候賦之所ゟ如何様其見賦等ニ而可有之、一橋公ゟ異人を御頼入、伏見大津筋御差通之所、加賀領内関所ニ而右異人列を差留、警固之役方ゟ相断候得とも、幕命ニ而候とも朝命無之候而者差通事屹と不相成と押張て申切候故、不及是非、右異人列者、大坂之様引返し相成候由、仍而異人共者大ニ立腹いたし、

（読み下し・註記）

一、京師《けいし》（京都）まず静謐《せいひつ》とは申す事にて御座候えども、公武の間、紛々《ふんぷん》の形勢に御座候よし。先月ごろか近江湖水を越前敦賀《つるが》と申す所へ堀流し候えば、北国表より専《もっぱ》ら京師までも運送あい成り候つもりの所より、如何様《いかよう》そのみつもり等にてこれあるべく、一橋公より異人を御頼み入れ、伏見大津筋を御さし通しの所、加賀領内関所にて右異人の列を差し留め、警固の役方よりあい断り候えども、幕命にて候とも、朝命これなき候ては差し通す事、屹《きっ》とあい成らずと押し張て申し切り候ゆえ、是非《ぜひ》に及ばず（論じるまでもなく）、右《みぎ》異人の列は、大坂の様《よう》引き返しにあい成り候よし。よって異人どもは大いに立腹いたし、横浜の様《よう》さし越し候ところ、閣老《かくろう》小笠原様より横浜へさし越し候よし。ついては加州は柔弱の国とかねて承り居り候ところ、奇妙に頼母《たのも》しく、日本の御神霊地に落日《らくじつ》向かわざる

横濱之様差越候処、閣老小笠原様ゟ横濱江差越候由、就而ハ加州者柔弱之国と兼而承居候処、奇妙ニ頼母敷、日本之御神霊地ニ落日向ハさるハ、誠ニ奉恐縮候次第御座候、尤異人者拾七八人、夫ニ警固者段々役者も付添居候由

一、先月関白様御所ニ而、九條公、日野公、前関白公傳奏義(ママ)奏衆、公家方久世様、柳原様、野々宮様、一橋公参殿相成、其訳者兵庫開港是非不相成様と之一条、并此度越前表迠異人無勅許、大津草津差通候一条、別而不可然趣之御難問ニ而、廿六日ゟ翌廿七日昼迄昼夜御論判、一橋公余

は、誠に恐縮たてまつり候次第に御座候。もっとも異人は十七八人、それに警固は段々役者も付き添い居り候よし。

①一橋公　一橋慶喜
　文久二年（一八六二）七月　将軍後見職
　元治元年（一八六四）三月　禁裏御守衛総督
　慶応二年（一八六六）十二月　将軍宣下
②閣老小笠原様　老中　小笠原長行《ながみち》
③加州　加賀前田の国
※慶応二年から三年にかけて、加賀藩では日本海と琵琶湖を結ぶ運河をつくる計画があった。

一、先月、関白様、御所《ごしょ》にて九條公、日野公、前《さきの》関白公、伝奏《でんそう》・議奏《ぎそう》衆、公家方久世《くぜ》様、柳原様、野々宮様、一橋公、参殿《さんでん》あい成る。その訳は、兵庫開港は是非あい成らず様《よう》との一条、ならびに、このたび越前表まで異人を勅許なく大津・草津さし通し候一条、別《べつし》て、しかるべからず趣の御難問にて、二十六日より翌二十七日昼まで昼夜御論判《ごろんぱん》、一橋公余程《よほど》暴威強く、いずれの筋も御決定《ごけつじょう》あい成らず。しかるところ、右の関白公御初め皆々様

程暴威強く、何れ之筋も御決定不相成、然処右之関白公御初、皆々様方御退職御願立被成候様と之事故、右列公ゟ御書付御差出シ相成候処、直様御退職之仰出、又翌廿八日者本之通御帰職被仰出候由、日本変態も曇天、畢竟外患来て内憂生して悪之甚しき異賊共也、又一橋公暴威ニ而者天下者不保也、誠ニ危き時世也

一、會津肥後侯者戌年ゟ五ヶ年程在京ニ而候処、御国元余程及衰敝、御供廻人数者勿論、御国元萬民一統及究（窮カ）方候所ゟ御願有之候趣者、是迠難有在京、其上昇進茂被仰付候而ハ、猶更微力一盃を奉尽候て当然ニ候へ

方、御退職の御願立成られ候ようとの事ゆえ、右列公より御書き付けを御差し出しあい成り候ところ、直様《じきさま》御退職の仰《い》せ出で、また翌二十八日は本《もと》の通り、御帰職仰せ出だされ候よし。日本の変態も曇天、畢竟《ひっきょう》、外患来りて内に憂いを生じて、悪の甚《はなは》だしき異賊《いぞく》どもなり。また一橋公の暴威にては、天下は保てずなり。誠に危うき時世なり。

①関白様　二条斉敬《なりゆき》　文久三年十二月関白就任
②前関白公　鷹司輔煕《すけひろ》
※御前会議で、兵庫開港問題などについての論議がなされたが紛糾し、決定には至らなかった。

一、会津・肥後侯《こう》は、戊年より五ヶ年ほど在京にて候ところ、御国元《くにもと》余程衰敝《すいへい》におよび、御供廻りの人数は勿論、御国元万民一統《いっとう》窮方《きゅうぼう》に及び候所より、御願いこれ有り候趣は、これまで有難《ありがた》く在京、そのうえ昇進も仰せ付けられ候ては、なおさら微力一盃《いっぱい》を尽し奉り候て当然に候えども、別条国元必至《ひっし》と困窮に及び候に付ては、黙止がたく候あいだ、一往《いちおう》国元へ御暇《おいとま》御願立にあい成さるよしに候えども、未だ何たる御免許これなく候よし。

とも、別条国元必至と及困窮候付而ハ難黙止候間、一往国元御暇御願立ニ為相成由候へとも、未何たる御免許無之候由

一、越前老公伊達公ニ者御上京相成候へとも、土州老公ニ者先月廿八日迠ハいまたニ而、近日中ニ者御上京相成筈之由、先月廿九日付京師仕出し聞合書、先日相届、其書付も見申候

右者京師之形勢、又者外ニも克々風説方御座候へとも、大畧如是、此御方ニ者土州老公其外御上京御見合居候事ニも御座候哉、細事不得伺事ニ御座候、任幸便筆如是御座候、以上

六月　助右衛門

---

①会津公　松平容保《かたもり》　文久二年（一八六二）閏《うるう》八月、京都守護職拝命
②肥後公　細川護久《もりひさ》か
③戊年より五ヶ年　文久二年（一八六二）から五年間

一、越前老公、伊達公には御上京あい成り候えども、土州老公には先月二十八日までは、いまだにて、近日中には御上京あい成る筈《はず》のよし。先月二十九日付京師《けいし》仕出《しだ》し聞き合わせ書、先日あい届き、その書き付けも見申し候。

①越前老公　松平慶永《よしなが》（春嶽）越前福井藩
②伊達公　伊達宗城《むねなり》　伊予宇和島藩
③土州老公　山内豊信《とよしげ》（容堂）土佐藩
※この三名に島津久光《ひさみつ》を加えた四人が「四侯会議」（慶応三年五月）の構成員

右は京師の形勢、または外にも克々《よくよく》風説がた御座候えども、大畧《たいりゃく》かくのごとく、この御方には土州老公そのほか御上京、御見合わせ居り候事にも御座候や、細事は伺いえず事に御座候。幸便《こうびん》にまかせ、筆はかくのごとくに御座候。以上

（慶応三年）六月　（米良）助右衛門

【史料26】（米良助右衛門）書状（断簡）

西米良村所蔵史料目録No.追録9

一、長防寛大之御所置被仰出候処、諸藩紛々、尤実者新将軍どふか内存有之候哉、詰り変起りそふな形勢、既ニ切迫と申場ニ相成候由ニ而、去ル廿日大坂出帆之此御方手配之蒸気船、昨廿八日昼時分、前之濱着船ゟ申参り、今一左右次第、太守様ニ茂御出馬有之筈ニ而、則ゟ人数しらへ取付有之、戦兵千余人之賦、都合之人数者弐千人ニ茂可相及哉、誠ニ究迫之世態罷成申候、萬一茂太守出馬と申ニ至り候而者、亀之助様方御事、今形ニ茂難被為居、其節ニ至候時ハ

（読み下し・注記）

一、長防《ちょうぼう》寛大の御所置を仰せ出され候ところ、諸藩紛々、もっとも実は新将軍どうか内存《ないぞん》これあり候や、詰《つま》り、変起りそうな形勢、すでに切迫と申す場にあい成り候よしにて、去る二十日、大坂出帆のこの御方《おんかた》手配の蒸気船、昨二十八日昼時分、前《まえ》之《の》浜《はま》着船より申し参り、今一左右次第《いっそうしだい》（何か指図があり次第）、太守様《たいしゅさま》にも御出馬これある筈《はず》にて、則《そば》より人数しらべ取り付けこれあり、戦兵千余人のつもり、都合《つごう》の人数（総人数）は二千人にもあい及ぶべくや、誠に究迫《きゅうはく》の世態に罷り成り申し候。万一も太守出馬と申すに至り候ては、亀之助様方御事、今形（今のまま）にも居りなされ難く、その節に至り候ときは云々、小藤太殿へ申し含め置き申し候間、御聞き取り、いずれも御英断遊ばされたく存じ奉り候。

云々、小藤太殿江申含置申候間、御聞取、何茂御英断被遊度奉存候

一、新将軍ニ者徳川家御譜代諸藩者都而随従之考ニ可有御座候へとも、中々左様ニ而者無之、第一之尾州侯、紀州侯、越前侯不復、尤関八州御譜代大名衆、過半不復之由、一戦相始候て各国紛々擾々可相成者目前、終ニ保元平治之世ニ可罷成、是茂最早天之算数ニ而無致方、実ニ時節到来油断ならさる形勢御座候

一、別冊差上申候四藩者越前侯、土州侯、伊達侯、此御方ニ御座候由

一、肥前侯、細川侯、藝州侯茂、近比ニ上京相成候由（後欠）

---

①長防寛大の御処置　第二次長州征伐が将軍家茂《いえもち》逝去により終結、寛大な処置に終わったということ。

②新将軍　家茂死去にともない、慶応二年（一八六六）十二月、一橋慶喜が新将軍となった。

③この御方《おんかた》　鹿児島藩のこと。

④前之浜　現鹿児島市喜入前之浜町

⑤太守様　鹿児島藩主のこと。島津忠義《ただよし》

⑥亀之助様　米良主膳の嫡子。当時、鹿児島藩に遊学中であった。

⑦小藤太殿　米良主膳家臣　小河小藤太

一、新将軍には、徳川家御譜代、諸藩は都《すべ》て随従《ずいじゅう》の考えに御座あるべく候えども、中々左様《さよう》にてはこれ無く、第一の尾州侯《こう》、紀州侯、越前侯復《ふく》さず、もっとも関八州御譜代大名衆、過半復さずのよし。一戦あい始り候て各国紛々擾々《ふんぷんじょうじょう》あい成るべくは目前、終《つい》に保元平治《ほうげんへいじ》の世に罷り成るべし。これも最早《もはや》天の算数にて致し方なく、実に時節到来、油断ならざる形勢に御座候。

①徳川家御譜代　徳川恩顧の大名

②尾州公　尾張徳川義宜《よしのり》
紀州公　紀州徳川茂承《もちつぐ》

越前公　越前福井藩　松平茂昭《もちあき》

③保元・平治の世　保元の乱、平治の乱といわれる平安時代末期に京都で起こった内乱の時世をいう。

一、別冊差し上げ申し候四藩は、越前侯、土州侯、伊達侯、この御方に御座候よし。

一、肥前侯、細川侯、芸州侯も、近ごろに上京あい成り候よし。（後欠）

①肥前公　肥前佐賀藩　鍋島斉正《なりまさ》（閑叟《かんそう》）

②細川公　熊本藩　細川護久《もりひさ》

③芸州公　広島藩　浅野長勲《ながこと》

※主膳宛米良助右衛門書状　慶応三年の京師の形勢か。

【史料27】主膳宛米良助右衛門書状（有川七之助書状写）

西米良村所蔵史料目録No.追録12

（包紙）「主膳様　　米良助右衛門

尊下

封　二月十四日　」

「京都ゟ卯十二月十二日付之有川書状写」

（読み下し）

（包紙）「主膳様　　米良助右衛門

尊下

封　二月十四日　」

「京都より卯十二月十二日付の有川書状写」

今日大坂ゟ町飛脚被差立候付一筆啓上仕候、益日々相寒候へとも諸君被為揃御安恭可被成御勤務奉欣仕候、爰元一統無事、御安慮可被成下候、当邸ニ茂先平和ニ而仕合之至りニ御座候、乍然、去ル九日宮堂上方者勿論、此御方様并尾越藝矦御参内之上守護職并諸司(所)代、且両藩九門御固メ御免相成、其外別紙之宮并堂上参朝被止、御差扣之儀被仰出候付而ハ、憤激之余り暴発茂難計ニ付、早朝ゟ薩尾越土藝等者人数を以、御所六門内外并九門兵隊大小銃を以相固メ、會桑之固メを追出し、薩藝ゟ相受取、

「(添書)但、會館御門桑土家御門前、此御門、後ニ土州ニなる」

誠ニ正藩之威風凛々たるものニ而、両藩肝を

今日大坂より町飛脚差し立てられ候につき、一筆啓上仕り候。ますます日々あい寒く候えども、諸君揃いなされ御安恭御勤務なさるべく欣仕奉り候。ここもと一統《いっとう》無事、御安慮成し下さるべく候。当邸にもまず平和にて仕合《しあわ》せの至りに御座候。しかしながら、去る九日、宮堂上《どうじょう》方《こう》は勿論、この御方様ならびに尾・越・芸矦御参内の上、守護職ならびに所司代《しょしだい》、かつ両藩九門御固《かた》め御免《ごめん》にあい成り、そのほか別紙の宮ならびに堂上参朝止められ、御差しひかえの儀、仰せ出だされ候に付きては、憤激の余り暴発も計り難きにつき、早朝より薩・尾・越・土・芸等は人数を以て、御所六門内外ならびに九門、兵隊大小銃を以てあい固め、会・桑の固めを追い出し、薩・芸よりあい受け取り、

「(添書)ただし、会館御門、桑・土家御門前、この御門、後に土州になる」

誠に正藩の威風凛々《いふうりんりん》たるものにて、両藩肝を

潰シすこ〳〵と引取候為躰、実ニ気味能く次第ニ御座候、それニ毛利茂西之宮迠張出居候処、如元復官等被仰出、一昨十日夜ゟ追々上京、相国寺等江宿陣、厳重合固メ候処、何分心は矢猛ニ存候而も、終ニ兵を開候儀も不相叶、都而両藩も二条江籠城、身構之躰ニ御座候、乍然、激党共諸所巡羅、且邸邊を相窺候事ニ而、弥以兵勢を張候事ニ御座候、昨夜者此御方巡羅、村田新八、川俣喜左衛門外両人歟未名前不相分、守護職屋敷前ニ而、會藩ゟ付躵ひ及刃傷候処、両人ハ打留、外者迯去、村田少し浅手を負候へとも、少茂差支無之、五六日ハ九門内外并邸外邸内、昼夜兵隊を以相固候而、既ニ可及変哉之勢ニ候得とも、今日共ゟ追々會藩も帰国と催し候向ニ成立、稍

潰し、すごすごと引き取り候の体《てい》たらく、実に気味よく次第に御座候。それに毛利も西之宮まで張り出し居り候ところ、もとのごとく復官など仰せ出られ、一昨十日夜より追々上京、相国寺などへ宿陣、厳重に合い固め候ところ、何分《なにぶん》、心は矢猛《やたけ》に存じ候ても、終《つい》に兵を開き候儀もあい叶《かな》わず、すべて両藩も二条へ籠城、身構えの体《てい》に御座候。しかしながら、激党ども諸所巡羅《じゅんら》、かつ邸辺をあい窺い候ことにて、いよいよ以《もっ》て兵勢を張り候ことに御座候。昨夜は、この御方巡羅、村田新八、川俣喜左衛門ほか両人か、未だ名前あい分らず、守護職屋敷前にて、会藩より付け躵《ねら》い刃傷《にんじょう》に及び候ところ、両人ハ打ち留め、ほかは迯《に》げ去り、村田少し浅手《あさで》を負い候えども、少しも差し支えこれなく、五、六日は九門内外ならびに邸外邸内、昼夜兵隊を以て合い固め候て、既《すで》に変に及ぶべくやの勢いに候えども、今日どもより追々会藩も帰国と催し候向きに

人心向安之模様ニ御座候、就右、太守様九日午之刻ゟ
（添書）「今日議定職被仰出候」
御参内、夜八ツ時御退館、翌十日五ツ時ゟ御参内、夜七ツ時御退館、御家老衆并御側役等者、昼夜交代ニ而御所詰、私共者御殿江昼夜相詰、交代ニ而所々巡羅共いたし候事ニ御座候、参與者岩下家西郷大久保氏ニ而御座候、徳川并會桑者、九日ゟ籠城ニ而参内等も全無之、徳川之処置、只今迄相分り不申、一昨日尾越両矦登城御説得相成候へとも、両藩共新撰等ゟ種々申立、終ニ不相決、昨日又々越矦御登城、夜五ツ時御退出相成候付、決而決議相成候半、今日ハ相分り可申候へとも、追而相分り次第可申上候、先此段大乱筆を以申上

成り立ち、やや人心向安《じんしんこうあん》の模様に御座候。右について、太守様九日午の刻より
（添書）「今日議定職《ぎじょうしょく》仰せ出でられ候」
御参内《ごさんだい》、夜八ツ時《どき》御退館、翌十日五ツ時より御参内、夜七ツ時御退館、御家老衆ならびに御側役《おそばやく》などは、昼夜交代にて御所《ごしょ》詰め、私どもは御殿《ごてん》へ昼夜あい詰め、交代にて所々巡羅どもいたし候ことに御座候。参与《さんよ》は岩下家、西郷、大久保氏にて御座候。徳川ならびに会・桑は、九日より籠城にて参内等も全くこれなく、徳川の処置、ただ今まであい分り申さず、一昨日、尾・越両矦登城、御説得あい成り候えとも、両藩とも新撰などより種々申し立て、終にあい決せず、昨日またまた越矦御登城、夜五ツ時御退出あい成り候につき、決して決議あい成り候わん、今日はあい分り申すべく候えども、追ってあい分り次第申し上ぐべく候。まずこの段、大乱筆を以て申し上げ置き候。別紙御覧に入れ候。謹言

置候、別紙入御覧候、謹言

　卯

　　十二月十二日　　有川七之助

尚々二条并守護職屋敷邊者、是ゟ可押寄との懸念ニ而、昼夜篝火を焼き、用心厳敷、市中等者都而荷物を運ひ遠方江逊去り、一軒も人不居留騒動不一通、屋敷邊も其通ニ御座候へとも、先ツ今日ニ至り静り候様ニ御座候

一、長州復官等之書付、表通被差越候付、差上不申候

一、いまた混雑ニ而諸書付等も出上り不申候

　　三職人躰

総裁　　有栖川帥宮

（慶応三年）卯《う》

　十二月十二日　有川七之助

なおなお二条ならびに守護職屋敷辺は、これより押し寄すべくとの懸念にて、昼夜篝火《かがりび》を焼き、用心厳しく、市中などは、すべて荷物を運び遠方へ逊《にげ》去り、一軒も人は居留せず、騒動一通りならず。屋敷辺もその通りに御座候えども、まず今日に至り静り候様に御座候。

一、長州復官《ふっかん》などの書き付け、表通り差し越され候につき、差し上げ申さず候。

一、いまだ混雑にて諸書き付けなども出上《いであが》り申さず候。

議定

仁和寺宮
山階宮
中山前大納言
正親町三条大納言
中御門中納言
尾張大納言
越前宰相
安藝少将
土佐前少将
薩摩少将

参與

大原宰相
万里小路左大辨宰相
長谷三位
岩倉前中将

三職人体《さんしょくじんてい》

総裁
有栖川帥宮《ありすがわそちのみや》（熾仁《たるひと》親王）

議定
仁和寺宮《にんなじのみや》（嘉彰《よしあきら》親王）
山階宮《やましなのみや》（晃《あきら》親王）
中山前大納言《なかやまさきのだいなごん》（中山忠能《ただやす》）
正親町三条大納言《おおぎまちさんじょうだいなごん》（正親町三条実愛《さねなる》）
中御門中納言《なかのみかどちゅうなごん》（中御門経之《つねゆき》）
尾張大納言（徳川慶勝《よしかつ》）
越前宰相《さいしょう》（松平慶永《よしなが》）
安芸少将《しょうしょう》（浅野長勲《ながこと》）
土佐前少将（山内豊信《とよしげ》）
薩摩少将（島津忠義《ただよし》）

参与
大原宰相（大原重徳《しげとみ》）
万里小路《までのこうじ》左大弁宰相（万里小路博房《ひろふさ》）
長谷三位《ながたにさんみ》（長谷信篤《のぶあつ》）

橋本少将
尾藩　三人
越藩　三人
藝藩　三人
土藩　三人
薩藩　三人
薩摩少将
議定職被仰下候事
但、定追而下賜候事
二条殿　九条左大臣殿
大炊御門　尹宮
右大臣殿
近衛
前関白左大臣殿
近衛

岩倉前中将《さきのちゅうじょう》（岩倉具視《ともみ》）
橋本少将（橋本実梁《さねやな》）
尾藩（尾張藩）三人
越藩（福井藩）三人
芸藩（広島藩）三人
土藩（土佐藩）三人
薩藩（薩摩藩）三人
（岩下方平《みちひら》・西郷隆盛《たかもり》・大久保利通《としみち》）
薩摩少将
議定職仰せ下され候こと。
但《ただし》、定《さだめ》追って下賜《かし》候こと。
二条殿　九条左大臣殿
大炊御門《おおいのみかど》右大臣殿　尹宮《いんのみや》
近衛《このえ》前関白左大臣殿
近衛前左大臣殿
徳大寺前右大臣殿
一条右大臣殿内大臣殿

前左大臣殿
徳大寺
　前右大臣殿
一条右大臣殿
　内大臣殿
鷹司前関白
　前左大臣殿
山科殿　日野殿
伏原殿　飛鳥井殿
久世殿　柳原殿
中院殿　廣橋殿
倉橋殿　六条殿
堀川殿　野々宮殿
池尻殿　錦織殿
裏辻殿　堤　殿

鷹司《たかつかさ》 前関白前左大臣殿
山科《やましな》殿　日野殿
伏原《ふせはら》殿　飛鳥井《あすかい》殿
久世《くぜ》殿　柳原殿
中院殿　広橋殿
倉橋殿　六条殿
堀川殿　野々宮殿
池尻殿　錦織殿
裏辻殿　堤　殿
交野《かたの》殿　豊岡殿
右二十七卿《きょう》、十二月九日夜御免《ごめん》御差扣《さしひかえ》

交野殿

豊岡殿

右二十七卿、十二月九日夜御免御差扣

三条実美

先年以一族可義絶可仰出候処、此度其儀被止入洛復位被仰出候事、於官者可称前官、尤入洛之上闕官之節可被復候事

澤　宣嘉

住居雖不分明、被止義絶候旨被仰出候事

但、分明候者可言上事

錦小路頼徳

既雖死去、被止義絶之儀、可称元官被仰出候事

四条隆謌

右三条卿江同文言

三条《さんじょう》実美《さねとみ》

先年、一族を以て義絶すべく仰せ出さるべく候のところ、このたびその儀《ぎ》止《や》められ、入《にゅう》洛《らく》復位仰せ出だされ候こと。官においては前官を称すべし。もっとも入洛の上、闕官《けつかん》の節、復さるべく候こと。

澤《さわ》　宣嘉《のぶよし》

住居不分明といえども、義絶止められ候旨、仰せ出だされ候こと。

但《ただし》、分明《ぶんめい》候わば言上すべき事。

錦小路《にしきのこうじ》頼徳《よりのり》

既に死去といえども、義絶止めらるの儀、元官を称すべく仰せ出だされ候こと。

東久世通禧
三条西季知

右、三条卿へ同文言
四条《しじょう》隆謌《たかうた》
東《ひがし》久世《くぜ》通禧《みちとみ》
三条西《さんじょうにし》季知《すえとも》
右、同文言

右同文言

(解説)　慶応三年（一八六七）十二月十二日付けの鹿児島藩士有川七之助の書状の写しを米良主膳へ送ったもの。維新政府の新体制固めが行なわれようとしている京都の様子が詳しい。王政復古の大号令が発せられた慶応三年十二月九日に置かれた総裁・議定・参与の三職に任命された人物や、罷免された公家、三条実美など復位の公家についても人名をあげて知らせている。鹿児島藩では、島津忠義《ただよし》が議定に、岩下方平《みちひら》・西郷隆盛《たかもり》・大久保利通《としみち》の三人が参与となっている。鹿児島藩と関係を強めた米良氏にとっては、重要な情報であった。

Ⅲ　明治維新と米良山支配の解体

1　王政復古と米良氏

①出京と本領安堵

【史料28】桂右衛門宛米良亀之助歎願書

西米良村所蔵史料目録No.追録10

去秋、愚父主膳、御当地江罷出候節奉願置候通、為天朝奉尽忠誠度、愚存罷在候得とも、微力之私共父子、殊ニ貧迫之事ニ而其儀不相叶、尤先祖元弘建武之期ゟ不得時、当今ニ至、実ニ悲歎至極ニ御座

（読み下し）

去秋、愚父《ぐふ》主膳、御当地へ罷り出で候節、願い奉り置き候通り、天朝《てんちょう》に忠誠を尽し奉りたきため、愚存《ぐぞん》罷り在り候えども、微力の私ども父子、殊に貧迫の事にて、その儀あい叶《かな》わず、もっとも、先祖、元弘《げんこう》・建武《けんむ》の期より時を得ず、当今に至り、

候、此上者私壱人成共馳登、太守様受御
指揮、為天朝、精力之限奉尽忠節度御座
候間、此表又々被為在御出兵候節者、御
人数之内ニ被加召候様、御取成候程、偏
ニ御頼申上候、以上

米良亀之助
正月十九日　則之
桂右衛門様

実に悲歎至極に御座候。このうえは、私一人成り
とも馳せ登り、太守様《たいしゅさま》の御指揮を受け、天朝のた
め、精力の限り忠節を尽し奉りたく御座候間、こ
の表またまた御出兵在りなされ候節は、御人数の
内に召し加えられ候様、御取り成し候ほど、偏《ひとえ》に
御頼み申し上げ候。以上

米良亀之助
（慶応四年）正月十九日　則之
桂右衛門様

（解説）天朝のために尽したく、鹿児島藩主出兵の折には、同行させてほしい旨、米良亀之助（主膳嫡子）から、家老の桂右衛門（桂久武《ひさたけ》）に藩主への取り成しを頼んだもの。年代は、慶応四年（一八六八）と思われる。

【史料29】主膳宛米良助右衛門書状

西米良村所蔵史料目録No.追録11

弥御機嫌能可被遊御座、目出度恐悦之御

（読み下し・註記）

儀奉存候、爰許亀之助様、観一郎様弥御壮栄被為成御座、御付衆茂御無事ニ御座候間、少茂御懸念被為御座間敷奉存候、扨而此内ゟ京師之形勢申上候通御座候処、別紙之通成立、誠冥加至極之御事、筆紙ニ述候茂恐多次第御座候、是迠之御事ニ御座候、然とも、尚追々関東征討可相成、始ゟ大勝利不移時日手續ニ踏潰シ可相成、国中挙而御吉左右奉待候計御座候、仍而亀之助様御深慮之御訳茂被為在、御書付を以、私御使ニ而桂太夫江持参いたし候処、両日中ニ返答可致と之事ニ而、尤最早何事茂最安之形勢ニ相成候間、御世子様御出張之方、可宜と之咄も御座候間、何分太夫返答次第ニて、亀之助様直ニ御

いよいよ御機嫌《ごきげん》よく御座遊ばれるべく、目出度《めでた》く恐悦の御儀と存じ奉り候。爰許《ここもと》亀之助様、観一郎様いよいよ御壮栄御座成りなされ、御付衆も御無事に御座候間、少しも御懸念御座なされ間敷《まじく》と存じ奉り候。さて、この内より京師《けいし》の形勢申し上げ候通りに御座候ところ、別紙の通り成り立ち、誠に冥加至極《みょうがしごく》の御事、筆紙に述べ候も恐れ多き次第に御座候。これまでの御事に御座候。然《しか》れども、なお追々関東征討あい成るべく、始めより大勝利、時日を移さず手続きに踏み潰しあい成るべく、国中挙《あげ》て御吉左右《きっそう》（良い報せ）待ち奉り候計《ばか》りに御座候。よって亀之助様御深慮の御訳もありなされ、御書き付けを以て、私御使にて桂太夫へ持参いたし候ところ、両日中に返答致すべしとの事にて、もっとも最早何事も最安《いとやす》の形勢にあい成り候間、御世子様《ごせいしさま》御出張の方、宜しかるべしとの咄《はなし》も御座候間、何分太夫の返答次第にて、亀之助様直《じき》に御帰りのうえ、尊公様へ仰せ上げらるべく思し召しに御座候間、かたがた御納得御座遊ばされたく存

帰り之上、尊公様江可被仰上思召御座候間、旁御納得被遊御座度奉存候、今日宿次便御仕出相成候付、先者御伺、且右旁此段奉捧急札候、恐惶謹言

正月廿日　米良助右衛門

主膳様

尊下

追啓、委細者後音可奉申上候間、誠ニ乍恐、急き乱筆幾重ニも御高免被遊被下度奉願上候、誠ニ以徳川苛政、天之可悪算数、実ニ気味能き御代ニ罷成、目出度可祝

じ奉り候。今日宿次便《やどつぎびん》御仕出《しだ》しあい成り候につき、まずは御伺い、かつ右かたがた、この段急札《きゅうさつ》を捧げ奉り候。恐惶謹言

（慶応四年）正月二十日　米良助右衛門

主膳様

尊下

追啓、委細は後音《こういん》（後の便り）に申し上げ奉るべく候間、誠に恐れながら、急ぎ乱筆、幾重《いくえ》にも御高《こう》免《めん》遊ばされ下されたく願い上げ奉り候。誠に以て徳川の苛政《かせい》、天の悪《にく》むべき算数、実に気味よき御代《みよ》に罷り成り、目出度《めでた》く祝うべし。

①亀之助様　米良主膳嫡子
②観一郎様　米良主膳次男　貫一郎
③関東征討　反朝廷の幕府方を征伐すること。
④桂太夫　鹿児島藩家老　桂久武《ひさたけ》
⑤御世子様　亀之助のこと。
⑥尊公様　米良主膳のこと。

【史料30】主膳宛米良助右衛門書状

西米良村所蔵史料目録No.追録13

御再度之尊翰、亀之助様ゟ御直渡被仰付、難有拝受仕候、追日春暖罷成申候処、尊公様益御機嫌能被遊御座、御尊家様被為御揃、弥御機嫌能被成御座候由、誠以無此上恐悦之御儀、目出度奉存上候、爰元亀之助様、観一郎様、弥無御別条被成御座、御付之御方茂皆々御元気恐悦奉存候、扨而先度申上候通、亀之助様御上京ニ付而ハ図書殿御一所故、彼是都合茂宜しく物事相運ひ、先日ハ彼方江御見舞、喜之助ニ茂付上罷出候処、御町主茂余程御悦喜、当時之柄、御相当之御會釈御酒御取替し迠ニ而、御供方迠も図書殿御盃御取

(読み下し・註記)

御再度の尊翰《そんかん》、亀之助様より御直渡《じきわた》し仰せ付けられ、有難《ありがた》く拝受仕り候。追日《ついじつ》春暖罷り成り申し候ところ、尊公様ますます御機嫌《ごきげん》よく御座遊ばされ、御尊家様御揃なされ、いよいよ御機嫌よく御座成され候よし、誠に以て此上《このうえ》なく恐悦の御儀、目出度く存じ上げ奉り候。ここもと亀之助様、観一郎様、いよいよ御別条なく御座成され、御付の御方も皆々御元気、恐悦に存じ奉り候。さて先度申し上げ候通り、亀之助様御上京については、図書殿《ずしょどの》御一所《ごいっしょ》ゆえ、かれこれ都合《つごう》も宜しく物事あい運び、先日は彼方《かのかた》へ御見舞、喜之助にも付き上がり罷り出で候ところ、御町主《ていしゅ》も余程御悦喜、当時の柄、御相当の御会釈、御酒御取り替わしまでにて、御供方までも図書殿御盃御取り替わしこれあり、いずれも御腹蔵なき御事にて、この上なく大幸の御

替し有之、何茂無御腹蔵御事ニ而、無此上
大幸之御事ニ御座候、未御乗付之船茂下
着不仕候得とも、近日中ニ者廻船可有之
賦ニ而、折角御待居候御事ニ御座候、御
供人数茂毎日之調練ニ而折角之執行、何
茂委細者五八郎殿ゟ御聞取被遊可被下候
一、尊公様御上京之一条、桂大夫江委細
申述候処、能々汲取有之、就而者尊公
様ゟ私江被成下候御尊翰之趣、口上迠
ニ而ハ申上、後れもたゝ可有之候間、
右を中将様江入御覧候様可致と之事候
付、何茂御賢慮を以、宜しく御頼申上
候と申述置候処、中壱日御座候而、中
将様御満悦ニ而御尤之御事と御沙汰有
之候由、仍而何茂御願之通と桂氏ゟ承

事に御座候。未だ御乗り付けの船も下着仕らず候えども、近日中には廻船これあるべく賦《つもり》にて、折《せっ》角《かく》御待ち居り候御事に御座候。御供人数も毎日の調練《ちょうれん》にて折角の執行《しっこう》、いずれも委細は五八郎殿より御聞き取り遊ばされ下さるべく候。

①図書殿　鹿児島藩宮之城島津家当主、島津久治《ひさはる》（久光次男）
②喜之助　鹿児島藩士　菊池喜之助
③折角　全力を傾けてことをするさま。つとめて。
④五八郎殿　主膳家臣浜砂五八郎　維新後「米良」に改姓

一、尊公様御上京の一条、桂大夫へ委細申し述べ候ところ、よくよく汲み取りこれあり、ついては尊公様より私へ成し下され候御尊翰の趣、口上までにては申し上げ、後《おく》れも多々これあるべく候間、右を中将様《ちゅうじょうさま》へ御覧に入れ候よう致すべくとの事に候につき、いずれも御賢慮を以て、宜しく御頼み申し上げ候と申し述べおき候ところ、中一日《なかいちじつ》御座候て、中将様御満悦にて御尤《ごもっとも》の御事と御沙汰《ごさた》これあり候よし。よって、いず

知仕、尤此節者図書殿并佐土原矦も御一所之筈候間、船支故跡船ゟ御上京可被為成、其節者直様御内通可相成、是又承知仕候、右通速ニ御願達ニ付而ハ、実ニ此度御家御開運之御吉瑞、目出度御祝儀奉申上候、誠ニ御勢ひなる御事、乍恐幾重ニ茂奉悦上候

一、尊公様御上京ニ付而ハ、私も被召附被下候様、大夫江頼申置候処、喜之助参居候ハヾ可宜哉被申候付、老骨なからと随分一杯者尽度申述候得とも、許容之向ニ無御座、然処、私当務茂推挙為有之候事と相考付申候付、此上者私の事ハ貴公御賢慮ニ任せ上候と、雑談如くニ申述置候時宜ニ御座候

れも御願いの通りと桂氏より承知仕る。もっとも、この節は図書殿ならびに佐土原矦《こう》も御一所《ごいっしょ》のはずに候間、船支《つか》える故、跡《あと》船より御上京成しなさるべく、その節は、直様《すぐさま》御内通あい成るべく、これまた承知仕り候。右通り速やかに御願達に付いては、実にこのたび御家御開運の御吉瑞、目出度く御祝儀申し上げ奉り候。誠に御勢いなる御事、恐れながら幾重《いくえ》にも悦び上げ奉り候。

①中将様　鹿児島藩　島津久光《ひさみつ》　二十八代藩主斉《なり》彬《あきら》の弟で二十九代忠義《ただよし》の父。
②佐土原公　佐土原藩主島津忠寛《ただひろ》

一、尊公様御上京に付いては、私も召し附けられ下され候様《よう》、大夫へ頼み申しおき候ところ、喜之助参り居り候わば宜しかるべくやと申され候につき、老骨なからと随分一杯《ずいぶんいっぱい》は尽したく申し述べ候えども、許容の向に御座なく、しかるところ、私当務も推挙これあるための事とあい考えつき申し候につき、この上は、私の事は貴公

一、調練指南人ハ年内ゟ相良江小山田休次郎、新納宗次郎と申両人被差越居候付、右之内壱人被差遣候間、彼方江掛合者、折柄幸相良家老菱刈登と申人、此方江被参居候付、其段達ニ相成候間、其御方ゟ彼方江迎ニ御遣相成候様可被成段、軍事取扱用人市来六左衛門ゟ致承知、尤ミニヘル銃筒五挺、木筒一挺借物相済、五八郎殿御持帰ニ御座候

一、亀之助様御供方迄も都而御賄、且御軍役金御差支之節ハ京都ニ而御申出相成候ハヽ、御取替可相済、其段も此方ゟ京都表江問合可致置段茂、六左衛門ゟ承申候付、尊公様御事茂何茂御同様ニと申述候処、委細致承知候と、是又六

御賢慮に任せ上げ候と、雑談の如《ごと》くに申し述べ置き候時宜《じぎ》に御座候。

一、調練指南人《しなんにん》は、年内より相良《さがら》へ小山田休次郎、新納宗次郎と申す両人差《さ》し越《こ》され居り候につき、右の内一人差し遣わされ候間、彼方《かのかた》へ掛合《かけあい》は、折柄《おりがら》幸いに相良家老菱刈《ひしかり》登と申す人、この方へ参り居られ候につき、その段達《たっ》しにあい成り候間、その御方より彼方へ迎えに御遣わしあい成り候様成らるべく段、軍事取り扱い用人市来六左衛門より承知致す。もっともミニヘル銃筒五挺、木筒一挺、借物あい済み、五八郎殿御持ち帰りに御座候。

①小山田休次郎、新納宗次郎　鹿児島より人吉藩相良へ出張中のこの二名のうちより一名、軍事調練の指導者として米良に雇入れ。

②市来六左衛門　鹿児島藩家臣

一、亀之助様御供方までもすべて御賄《まかな》い、かつ御軍役金御差し支えの節は、京都にて御申し出あい成り候わば御取《と》り替《か》えあい済むべく、その

左衛門ゟ承届申候間、旁御安心被遊御
座度奉存候
一、尊公様御供方ハ一小隊御召列可宜、
仍而夫々之役者等人数賦書之通ニ而、
外ニ四役者丈ハ此御方ゟ被召加候賦ニ
御座候間、委細者五八郎殿ゟ御聞取被
遊度、誠ニ時至り壮んなる御事、御冥
加至極奉祝上候
一、清記殿一件、桂氏能く汲取有之、佐
土原江何様之訳合ニ而引取相成候哉、
彼方江可申遣と之事ニ御座候間、追而
何分相知れ可申奉存候間、左様御納得
被遊可被成下候
右通ニ而、明日五八郎殿出立ニ付、用向
迠申上候、私も亀之助様御着翌々日中戻

段もこの方より京都表へ問い合わせ致し置くべき段も（市来）六左衛門より承り申し候につき、尊公様御事もいずれも御同様にと申し述べ候ところ、委細承知致し候と、これまた六左衛門より承届《うけとど》け申し候間、かたがた御安心御座遊ばされたく存じ奉り候。

①御取り替え　立て替えること。

一、尊公様御供方は、一小隊御召《おめしつ》列れ宜しかるべく、よって、それぞれの役者など人数賦書《ふしょ》の通りにて、ほかに四役者だけはこの御方より召し加えられ候賦《つもり》に御座候間、委細は五八郎殿より御聞き取り遊ばされたく、誠に時《とき》至り壮《さか》んなる御事、御冥加至極《みょうがしごく》と祝い上げ奉り候。

一、清記殿一件、桂氏よく汲み取りこれあり。佐土原へ何様《いかよう》の訳合《わけあい》にて引き取りあい成り候や、彼方へ申し遣わすべくとの事に御座候間、追って何分あい知れ申すべくと存じ奉り候間、左様《さよう》御納得遊ばされ成し下さるべく候。

①清記殿一件　内容不詳

仕候間、近々御出立被成御座候とも、又帰郷之賦御座候、跡船都合次第ニて早速御注進可奉申上、其節者直ニ私も中戻仕候而可奉待上候間、右旁先此段奉申上候、恐惶謹言

二月十四日　米良助右衛門

主膳様

尊下

右通りにて、明日五八郎殿出立につき、用向きまで申し上げ候。私も亀之助様御着き翌々日に中戻《なかもど》り仕り候間、近々御出立御座成され候とも、また帰郷の賦《つもり》に御座候。跡《あと》船都合《つごう》次第にて、早速御注進申し上げ奉るべく、その節は直《すぐ》に私も中戻り仕り候て待ち上げ奉るべく候間、右かたがた、まずこの段申し上げ奉り候。恐惶謹言

二月十四日　米良助右衛門

主膳様

尊下

【史料31】主膳宛米良助右衛門書状

西米良村所蔵史料目録No.追録14

去ル十八日御仕出之尊翰、廿一日相届、難有奉拝見候、春和罷成申候処、弥御機嫌能被遊御座、目出度恐悦之御儀奉存候、爰元亀之助様、弥御壮健被為成御座候間、御省

(読み下し・註記)

去る十八日御仕出《しだし》の尊翰、二十一日あい届き、有難《ありがた》く拝見奉り候。春和罷り成り申し候ところ、いよいよ御機嫌《ごきげん》よく御座遊ばされ、目出度く恐悦の御儀と存じ奉り候。ここもと亀之助様、い

念可被遊御座候、御付之衆茂皆々御無事、是又御安心可被成御座候、観一郎様、五八郎殿茂早御安着ニ而、彼是事実御聞取為被遊筈と遠察仕申候、調練指南人茂相良ゟ被参候半、何茂能き御都合と奉存候、扨而関東征伐者海陸ゟ人数被差向筈ニ御座候由、然共別段此元ゟ兵隊不及差登旨申参候付、此内正月十八日出勢之人数茂中途ゟ引返相成筈候由、此内ゟ罷登居候人数、余程之働き大勝利ニ而、弥盛んニ而中々新手ニ譲る勢ひニ無之、弥勇気盛んニ御座候而、進ミ立罷居申候由、誠ニ感涙之事ニ御座候、仍而此節宮之城上京茂延引ニ而、召列之兵隊茂都而見合ニ罷成申候由、然処来月初旬比、御手船蒸気船三邦丸、前之濱出帆之筈ニ付、

よいよ御壮健御座成りなされ候間、御省念《ごしょうねん》御座遊ばさるべく候。御付の衆も皆々御無事、これまた御安心御座成さるべく候。観一郎様、五八郎殿も早《はや》御安着にて、かれこれ事実御聞き取りなし遊ばさるはずと遠察《えんさつ》仕り申し候。調練指南《しなん》人《にん》も相良より参られ候わん、いずれも能《よ》き御都合と存じ奉り候。さて関東征伐は、海陸より人数差し向けらるはずに御座候よし。しかれども、別段ここもとより兵隊差し登すに及ばず旨、申し参り候につき、このうち正月十八日出勢の人数も中途より引き返しにあい成るはずに候よし。この内より罷り登り居り候人数、余程の働き大勝利にて、いよいよ盛んにて、なかなか新手《あらて》に譲る勢いにこれなく、いよいよ勇気盛んに御座候て、進み立ち罷り居り申し候よし。誠に感涙の事に御座候。よって、この節宮之城《みやのじょう》上京も延引にて、召列《めしつれ》の兵隊もすべて見合せに罷り成り申し候よし。しかるところ来月初旬ごろ、御手《おて》船《ふね》蒸気船三邦丸《みくにまる》、前之浜《まえのはま》出帆のはずにつき、亀

亀之助様ニ者右江御乗船可被成御上京、喜之介ニも被召附候賦、左候而右船細島江廻船、佐土原侯ニも御乗付之筈ニ御座候由、右次第兵隊茂御入用無之、右通御見合ニ茂相成候得とも、亀之助様御極之御供人数弐拾壱人ニ而、尊公様ニ茂右三邦丸江細嶋ゟ御乗付、御父子様御一所ニ御上京可宜、右衛門殿ゟ内沙汰承知仕候付、其通ニ而可宜哉、尤亀之助様江其段申上置、然処昨廿三日、右衛門殿ゟ中将様江伺相成候処、其通可被成旨御沙汰ニ付、私ゟ其段申上候様、御用人市来六左衛門取次ニ而致承知、尤今朝者右衛門殿ゟ茂右通直ニ承知仕申候者、来月十四日十五日ニ者、細嶋江廻船之賦候間、其御含ニ而被成御座候様、私ゟ尊公様

之助様には右へ御乗船、御上京成さるべく、喜之介にも召し附けられ候賦《つもり》、左《さ》候《そうろう》て右船細島へ廻船、佐土原侯《こう》にも御乗り付けのはずに御座候よし。右次第《しだい》兵隊も御入用これなく、右通り御見合せにもあい成り候えども、亀之助様御極《おきめ》の御供人数二十一人にて、尊公様にも右三邦丸へ細嶋より御乗り付け、御父子様御一所《ごいっしょ》に御上京宜しかるべく、（桂）右衛門殿より内沙汰《うちざた》承知仕り候につき、その通りにて宜しかるべくや。もっとも亀之助様へその段申し上げおく。しかるところ昨二十三日、右衛門殿より中将様《ちゅうじょうさま》へ伺いあい成り候ところ、その通り成さるべくむね御沙汰につき、私よりその段申し上げ候様、御用人市来六左衛門取り次ぎにて承知致す。もっとも今朝は右衛門殿よりも右の通り直《じき》に承知仕り申し候わば、来月十四日、十五日には細島へ廻船の賦に候間、その御含みにて御座成され候様、私より尊公様へは申し上げ越し候様致すべく、これまた承知仕り候。かたがた右様《みぎよう》御納

江者申上越候様可致、是又承知仕申候、旁右様御納得被遊度、御上京之上、若茂御手人御入用之時宜ニ御座候ハヽ、其節ハ御取寄可被成哉、其邊之所者御都合御賢慮次第被遊度奉存上候、乍然尊公様御近習四五人ハ御召列相成、何様有之候哉、亀之助様ゟ右衛門殿江御申出ニ相成候処、其位者可宜返答ニ而、私ゟ右六左衛門江茂右通申出候処、六左衛門ニ茂同様返答御座候間、右弐拾壱人外ニ四五人者尊公様御召列之所、何様とも御思召次第可被成御座奉存候、扨而御用金者、亀之助様折角御持ニ御座候半首拾五砲服等御調品代、都合千弐三百貫文余ニ茂相及可申哉、尤御旅宿諸雑用代彼是相應ニ相及、仍而三百両位者無之候而被為済間敷

得遊ばされたく、御上京の上、もしも御手人《おてにん》御入用の時宜《じぎ》に御座候わば、その節は御取り寄せ成さるべくや、その辺の所は御都合御賢慮次第に遊ばされたく存じ上げ奉り候。しかしながら、尊公様御近習《ごきんじゅう》四、五人は御召列《めしつれ》あい成り何様《いかよう》これあり候や、亀之助様より右衛門殿へ御申し出にあい成り候ところ、その位は宜しかるべく返答にて、私より右《みぎ》（市来）六左衛門へも右通り申し出で候ところ、六左衛門にも同様返答御座候間、右二十一人ほかに四、五人は尊公様御召列の所、何様とも御思召《おぼしめし》次第《しだい》御座成さるべくと存じ奉り候。さて、御用金は、亀之助様折《せっ》角《かく》御持ちに御座候半首十五砲服《はっぷり》など御調《おととのえ》品代、都合《つごう》千二、三百貫文《かんもん》余りにもあい及び申すべくや。もっとも御旅宿、諸雑用代かれこれ相応《そうおう》にあい及び、よって三百両ぐらいはこれなく候ては済ましなされ間敷《まじく》と存じ奉り候。右出来《みぎしゅったい》物代など、先方より催促も承り候えども、御元《おんもと》より近日中に参着候と申し延べ置き、しかるとこ

奉存候、右出来物代等、先方ゟ催促も承候得とも、御元ゟ近日中参着候と申延置、然処今日者〱と御待之事ニ而、尤其内脇方取替之所、六郎殿、宗吉殿、私ニも申談「脇※抹消方ゟ取替之所」、折角相働申候得とも、近比上納金等有之、冨家之面々者当分不繰合相成候由ニ而、差掛りニ者取替不相調、彼是配慮之訳ニ御座候、右次第ニ付而ハ、其御元御産物品代末々揃兼申候ハ、御嗜之古銀御遣し相成候ハ、爰元ニ而相当之直成御拂替被成度、何れヶ様な時之為之御事ニ可有御座哉、昨日六郎殿私江御談合御座候間、萬々一産物代揃兼申候ハ、其筋ニ被成候而何様可有御座哉奉存候、先日茂申上候通、御上京之上ハ、御用金御支之節ハ御取替御

ろ、今日は〱と御待ちの事にて、もっともその内、脇方《わきかた》取り替えの所、六郎殿、宗吉殿、私にも申し談じ「脇方より取り替えの所」※抹消、折角《せっかく》あい働き申し候えども、近ごろ上納金などこれあり、冨家《ふけ》の面々は、当分繰り合わせあい成らず候よしにて、差《さ》し掛《かか》りには取り替えあい調わず、かれこれ配慮の訳に御座候。右次第につきては、その御元《おんもと》御産物品代、末々揃《そろ》い兼《か》ね申し候わば、御嗜《おたしな》みの古銀、御遣しあい成り候わば、ここもとにて相当の値に成り、御払い替え成されたく、いずれヶ様《かよう》な時のための御事に御座あるべくや、昨日、六郎殿私へ御談合御座候間、万々一産物代揃い兼ね申し候わば、その筋に成され候て何様《いかよう》御座あるべくやと存じ奉り候。先日も申し上げ候通り、御上京の上は、御用金御支《つか》えの節は、御取り替え御申し出成され候えばあい済むべく、右衛門殿より六左衛門より承り置き申し候間、御安心御座成されたく存じ奉り候。

申出被成候へハ可相済、右衛門殿ゟ六左衛門ゟ承置申候間、御安心被成御座度奉存候

一、人吉方江亀之助様御上京之御引合者、急速之事故御延引之訳御中越被成置候方可宜、徳川代とハ違ひたる御事ニ者御座候へとも、抑往古ゟ之御親ミ不被為失様有御座度、程能御會釈被成御座候方可宜、追々ハ自然と彼是之御振合茂可被為替御事ニ可有御座哉、先其迠之通程能く、然とも徳川江令し置候くる通ニ者参る間敷候へとも、其邊之所者御賢慮を以、和らかに程能く御演舌被成置候而可宜哉、桂太夫茂咄ニ御座候、旁御賢慮被遊度奉存上候

一、清記一条者「桂太夫ゟ」※抹消 佐土原江何様

---

①関東征伐　反朝廷の幕府方を征伐するということ。

②宮之城　宮之城島津家当主、島津久治《ひさはる》（久光次男）図書殿

③右衛門殿　桂久武、鹿児島藩家老

④市来六左衛門　鹿児島藩家臣

⑤時宜（じぎ）　適当な時期・状況

⑥半首（はつぶり）　顔面を防御する武具

一、人吉方へ亀之助様御上京の御引き合わせは、急速の事ゆえ御延引の訳御申し越し成され置き候方宜しかるべく、徳川代とは違いたる御事には御座候えども、そもそも往古《おうこ》（昔）よりの御親しみ失ないなされず様御座ありたく、程能《ほどよく》御会釈御座成され候方宜しかるべく、追々は自然と彼是《かれこれ》の御振合《おふりあい》も替えなさるべく御事に御座あるべくや、まずは、それまでの通り程能《ほどよ》く、しかれども徳川へ令《れい》し置き候《そうらい》くる通りには参る間敷《まじく》候えども、その辺の所は御賢慮を以て、和らかに程能く御演舌《ごえんぜつ》成し置かれ候て宜しかるべくや、桂太夫も咄《はなし》に御

之訳有之者候哉、馬場伊節方江桂太夫ゟ申越ニ相成候由、就而ハ其御方ゟ者何となく所ニて未快気不致哉と申位之趣を以、親類之者御遣し見被成候而ハ何様可有御座哉、右伊節ゟ之申出ハ未承り不申候得とも、伊節并舎人なと謀計いたし居候事ニ候へハ、桂氏ゟ之尋向ニ恐れ無口能差返し候儀茂難計、乍憚私し兼存ニ御座候間、此段ハ御賢慮次第可被成下候

一、三邦丸ハ昨日前之濱出帆、長崎江差越、修覆相加へ、来月初ニ者帰帆之賦御座候由、其節ハ直ニ御注進可申上候間為御納得奉申上候

右者明日御飛脚之者御返し候付、毎茂急ケ敷相認乱筆恐多、偏ニ御高免被遊被下度

座候。かたがた御賢慮遊ばされたく存じ上げ奉り候。

一、清記一条は、「桂太夫より」※抹消 佐土原へ何様《いかよう》の訳これある者に候や、馬場伊節方へ桂太夫より申し越しにあい成り候よし。ついては、その御方よりは何となくの所にて、未だ快気致さずやと申すくらいの趣を以て、親類の者御遣し見成され候ては、何様《いかよう》御座有るべくや。右伊節よりの申し出は未だ承り申さず候えども、伊節ならびに舎人《とねり》など謀計《ぼうけい》いたし居り候ことに候えば、桂氏よりの尋ね向きに恐れ、口能《こうのう》なく差し返し候儀も計り難く、憚《はばか》りながら私し存《ぞん》じ兼《かね》に御座候間、この段は御賢慮次第成し下さるべく候。

一、三邦丸は、昨日前之浜《まえのはま》出帆、長崎へ差し越し、修覆あい加え、来月初めには帰帆の賦《つもり》に御座候よし。その節は、直《じき》に御注進申し上ぐべく候間、御納得のため申し上げ奉り候。

右は、明日御飛脚の者、御返し候につき、毎《いつ》も

奉願候、最早不遠御上京被遊御座候付而者、
申上候迚茂無御座候得共、為勤王折角兼而
御身強被遊御座候様、御保養専要奉祈上候、
先者右旁奉申上候、恐惶謹言
二月廿四日　米良助右衛門
行通（花押）
主膳様
尊下
再白、京師之事情且伏見辺戦争、尤京摂之形勢段々之分付て、亀之助様御方ゟ御上被成候賦御座候、清記萬一茂佐土原ゟ何もなく引帰申し候ハ、直ニ私方江御遣可被成候、左候ハ、、三拾日位も私宅江被罷居候上、師通方江被差越候ハ、、可宜奉存候、二ニ私元気ニ罷在申候間、乍恐御尊意易被思召上可

急ケ敷《いそがしく》あい認め、乱筆恐れ多く、偏《ひとえ》に御高免《ごこうめん》遊ばされ下されたく願い奉り候。最早遠からず御上京御座遊ばされ候については、申し上げ候までも御座なく候えども、勤王のため折角兼《せっかくかね》て御身強く御座遊ばされ候様、御保養専要祈り上げ奉り候。まずは、右かたがた申し上げ奉り候。
恐惶謹言
二月二十四日　米良助右衛門
行通（花押）
主膳様
尊下
再白、京師の事情、かつ伏見辺の戦争、もっとも京摂の形勢、段々の分つきて、亀之助様御方より御上げ成され候賦《つもり》に御座候。清記万一も佐土原より何もなく引き帰えり申し候わば、直《すぐ》に私方へ御遣わし成さるべく候。左《さ》候わば、三十日位も私宅へ罷り居られ候うえ、師通方へ差し越され候わば宜しかるべく存じ奉り候。二に私元気に罷り在り申し候間、恐れながら御尊意

被下候、余者後音畧し申候、以上

易《やす》く思召し上げられ下さるべく候。余《よ》は後音《こういん》に略し申し候。以上

①京師　京都のこと
②伏見辺の戦争　慶応四年（一八六八）一月の、鳥羽伏見における幕府方と新政府軍との戦い
③京摂　京都・大坂

西米良村所蔵史料目録No.追録15

【史料32】主膳宛米良助右衛門書状

去ル十九日御仕出之御飛脚、昨早朝着候而、濱砂氏直様御尊翰御持参被成下、難有奉拝見候処、尊公様弥御機嫌能被遊御座、御尊家様御揃御機嫌能被為成御座候由、無此上目出度恐悦之御儀奉存上候、爰元亀之助様弥以御壮健被遊御座、御付之衆茂皆々御元気御座候、御尊意易可被成御座候、昨日御飛脚帰便ゟ急札奉差上候通ニ而御用金此節

（読み下し）

去る十九日御仕出《おしだ》しの御飛脚、昨早朝に着き候て、浜砂氏、直様《じきさま》御尊翰御持参成しくだされ、有難《ありがた》く拝見奉り候ところ、尊公様いよいよ御機《ごき》嫌《げん》よく御座遊ばされ、御尊家様御揃いで御機嫌よく御座成りなされ候よし、このうえなく目出度く恐悦の御儀と存じ上げ奉り候。ここもと亀之助様、いよいよ以て御壮健に御座遊ばされ、御付の衆も皆々御元気に御座候。御尊《ごそん》意易《いやす》く御座成さるべく候。昨日、御飛脚帰り便より急《きゅう》

相届、亀之助様初、六郎、宗吉、私ニ至、頓と安心仕、皆々大悦ニ御座候、諸拂仕候事ニ而、当月初比者金壱両ニ付銭又ハ札ニ而拾七貫五百文之相場ニ御座候処、当分ハ壱両ニ付弐拾四貫文ニ御座候間、誠ニ御仕合之事ニ御座候付、諸雑用彼是都合弐百両余茂御座候ハ、可被為済哉、然処御遣之古銀ハ、市来六左衛門ゟ此御方御入用之折柄故、相当之直減ニ而御買入ニ相成候へハ、至而能き御都合ニ相成候間、其筋ニいたし呉候様承候故、宗吉殿と申談、亀之助様江申上、三貫目丈右通いたし、弐貫目丈ハ亀之助様御格護相成申候間、左様御納得被遊度奉存候、尤今日市来方江喜之介ゟ為持越申候間、両日中現金六左衛門方ゟ相渡り可申、いま

札《さつ》差し上げ奉り候通りにて、御用金は、この節あい届き、亀之助様初め、六郎、宗吉、私に至り、頓《とん》と安心仕り、皆々大悦びに御座候。諸払い仕り候ことにて、当月初めころは、金一両につき銭または札《さつ》にて十七貫《かん》五百文《もん》の相場《そうば》に御座候ところ、当分は、一両につき二十四貫文に御座候間、誠に御仕合《おしあわ》せの事に御座候につき、諸雑用、彼是《かれこれ》都合《つごう》二百両余も御座候わば済みなさるべくや。しかるところ、御遣《おつかわ》しの古銀は、市来六左衛門より、この御方御入用の折柄《おりがら》ゆえ、相当の直減《ねべ》りにて御買入れにあい成り候えば、至って能《よ》き御都合《ごつごう》にあい成り候間、その筋にいたしくれ候様《よう》承り候ゆえ、宗吉殿と申し談じ、亀之助様へ申し上げ、三貫目だけ右通りにいたし、二貫目だけは、亀之助様御格護《かくご》（保管すること）あい成り申し候間、左様《さよう》御納得遊ばされたく存じ奉り候。もっとも、今日、市来方《かた》へ喜之介より持たせ越し申し候間、両日中、現金は六左衛門方よりあい渡り申すべく、いまだ員数《いんずう》あ

た員数相知不申候得とも、三百両余ニ可罷成哉、追而員数等者申上候様可仕候
一、此節尊公様御父子様御供方、弐拾壱人ニ而可宜右衛門殿ゟ承申候得とも、尊公様御近習御召列可被成と奉存候付、内五人位者と申述申候処、其通ニ而可宜と承り、昨日者市来六左衛門江弐拾壱人、外ニ尊公様御供五人、都合弐拾六人と申述候処、委細承知と返答御座候付、御上京之上者御賄者素ゟ御用金御支之節ハ御取替之所、猶又昨日茂六左衛門江申述候処、其所者京都江問合可致置と之返答、幾重ニも承届申候間、彼是少茂御念遣被遊間敷奉存候、私ニ者明日ゟ帰郷仕候付、来月四日五日ニ者罷帰賦御座候、尊公様御

い知れ申さず候えども、三百両余りに罷り成るべくや、追って員数などは申し上げ候よう仕るべく候。

※御用金が届いた旨の報告。

一、この節、尊公様御父子様の御供方、二十一人にて宜しかるべく、（桂）右衛門殿より承り申し候えども、尊公様は御近習を御召列《おめしつれ》成さるべくと存じ奉り候につき、内《うち》、五人ぐらいはと申し述べ申し候ところ、その通りにて宜しかるべくと承り、昨日は、市来六左衛門へ、二十一人、ほかに尊公様の御供五人、都《つ》合《ごう》二十六人と申し述べ候ところ、委細《いさい》承知と返答御座候につき、御上京の上は御賄《まかな》いは素《もと》より御用金御支《おつか》えの節は御取り替えのところ、なおまた、昨日も（市来）六左衛門へ申し述べ候ところ、その所は、京都へ問い合わせ致し置くべくとの返答、幾重《いくえ》にも承け届け申し候間、彼是《かれこれ》少しも御念遣《おこころづか》い遊ばされ間敷《まじく》と存じ奉り候。私には、明日より帰郷仕り候につ

慶賀茂先便ニ申上候通、来月十四五日と中も無間茂御事ニ御座候間、折角御仕舞被遊度、何れ私ニ者御留主番之外無御座、何分ニも御吉左右奉待上居申候、猶後便ゟ可奉申上候間、先右旁此段如斯御座候、誠恐謹言

二月廿六日　米良助右衛門

主膳様

尊下

再白

き、来月四日、五日には罷り帰る賦《つもり》に御座候。尊公様御慶賀も先便に申し上げ候通り、来月十四、五日と申すも間もなくの御事に御座候間、折角《せっかく》御《お》仕舞《しま》い遊ばされたく、いずれ私には御留主番のほか御座なく、なにぶんにも御吉左右《きっそう》待ち上げ奉り居り申し候。なお後便より申し上げ奉るべく候間、まずは右かたがた、この段、斯《か》くの如《ごと》くに御座候。誠恐謹言

二月二十六日　米良助右衛門

主膳様

尊下

再白

【史料33】朝命奉載につき執奏願（写）

西米良村所蔵史料目録No.152③

私共事交代寄合之家格ニ而時勢無余儀旧幕恩顧之列ニ者御座候得共、祖先之継志

（読み下し）

私共こと交代寄合《こうたいよりあい》の家格にて、時勢余儀なく旧幕恩顧の列には御座候えども、祖先の志を継ぎ、積

積年勤王之素志ヲ抱、切歯憤発仕候得共、小身微力無致方鬱居仕候処、今般王政御一新之叡慮奉承知、別而難有感佩仕候、此上者朝命奉戴仕候而粉骨砕身相勤申度奉懇願、従在所昨二日上京仕、謹而御沙汰奉待候、此段宜御執奏奉頼候、以上

四月三日　米良主膳
米良亀之助

辨事御役所

〔付紙〕「追而何分之御沙汰被仰出候間、
先差扣候様被仰付候事」

年勤王の素志を抱き、切歯憤発《せっしふんぱつ》仕り候えども、小身微力、致し方なく鬱居仕り候ところ、今般王政御一新の叡慮《えいりょ》を承知奉り、べっして有り難く感佩《かんぱい》仕り候。この上は、朝命を奉戴《ほうたい》仕り候て、粉骨砕身あい勤め申したく懇願奉り、在所より昨二日上京仕り、謹んで御沙汰《ごさた》待ち奉り候。この段、宜しく御執奏頼み奉り候。以上

四月三日　米良主膳
米良亀之助

弁事《べんじ》御役所

〔付紙〕「追って何分の御沙汰仰せ出され候間、まずは、差し控え候よう仰せ付けられ候こと」

①弁事御役所　明治政府の庶務にあたった役所
②付紙　決定事項が書かれた付箋

【史料34】奉願口上（控）

西米良村所蔵史料目録No.137

奉願口上

（読み下し）

今般関東筋為御征伐、近々御下向被遊候段、内々承知仕、就而者微力之小臣、銃隊引連獨立御用相勤候儀者身分難叶御座候得共、有志之一筋人数之衆寡ニ不関儀と奉存候、何卒御憐察被成下、是非御出陣之内江被召扣候様朝庭江御執奏、伏而奉歎願候、以上

辰五月　　　米良主膳（印）

修理太夫様

御側

（読み下し）

願い奉る口上《こうじょう》

今般、関東筋御征伐のため、近々御下向《ごげこう》遊ばされ候段、内々承知仕り、ついては、微力の小臣、銃隊引き連れ独り立ち御用あい勤め候儀は、身分叶《かな》い難《がた》く御座候えども、有志の一筋、人数の衆寡《しゅうか》に関わらず儀と存じ奉り候。何卒《なにとぞ》御憐察成し下され、是非《ぜひ》御出陣の内へ召し控えられ候よう、朝庭へ御《ご》執奏《しっそう》、伏て歎願奉り候。以上

辰五月　　　米良主膳（印）

修理《しゅり》太夫《だゆう》様（鹿児島藩主　島津忠義《ただよし》）

御側《おそば》

西米良村所蔵史料目録No.138

【史料35】本領安堵（写）

無高　米良主膳

従前徳川氏附属ヲ以テ令領知之處、其方

（読み下し）

無高《むだか》　米良主膳

儀慶喜反逆ニ不従、大義ヲ存シ速ニ上京志願之趣達叡聞、神妙之至忠情不浅被思（召）食、依之本領安堵是迄之通被仰付、今後分限相應王事ニ勤労可致旨被仰出候事

慶応四年戊辰五月　太政官印

従前《じゅうぜん》徳川氏附属をもって領知《りょうち》せしむるのところ、その方儀、慶喜《よしのぶ》反逆に従わず、大義を存じ、速やかに上京志願の趣、叡聞《えいぶん》に達し、神妙の至り忠情浅からず思し召され、これに依り本領安堵《ほんりょうあんど》、これまでの通り仰せ付けられ、今後は分限《ぶんげん》相応の王《おう》事《じ》に勤労致すべき旨、仰せ出され候こと。

慶応四年戊辰五月　太政官《だじょうかん》印

西米良村所蔵史料目録No.140

【史料36】本領安堵御請誓文（控）

朝政御一新之折柄、徳川慶喜反逆顕然ニ付、大義ニ従ヒ速ニ上京、奉窺天意候処、不圖モ今般莫大之皇恩ヲ以、本領安堵被仰付、冥加至極奉存候、今後、王事ニ盡力奉體、天地神明ニ誓、子孫永世違背無之、謹而奉親書、如件

慶應四戊辰年

（読み下し）

朝政御一新の折柄《おりがら》、徳川慶喜《よしのぶ》反逆顕然《けんぜん》につき、大義に従い速かに上京、天意《てんい》を窺《うかが》い奉り候ところ、図《はか》らずも今般莫大《ばくだい》の皇恩を以て、本領安堵仰せ付けられ、冥加至極《みょうがしごく》に存じ奉り候。今後、王事に尽力奉体《じんりょくほうたい》、天地神明に誓い子孫永世違背《いはい》これなく、謹んで親書を奉る。如件《くだんのごとし》

慶応四戊辰年

五月十六日　米良主膳

則忠（花押）

太政官

（解説）　五月十五日付太政官布達第三九四号で、旧幕府高家旗本の在京の面々へ、本領安堵にあたり御請誓紙を別紙「案文」の通りに認め、明日参朝して差し出すようにという指示が出された。それを受け、さっそく差し出されたもの。史料はその控である。

②中大夫拝命と石高届

【史料37】米良主膳石高届

高三百五拾八石三斗五升弐合

右ハ私儀従前無高ノ所、追々新田相開石

高本行ニ及候ニ付、天保五午年旧幕勘定

米良主膳

則忠（花押）

五月十六日

太政官

「公文録」国立公文書館

（読み下し）

高三百五十八石三斗五升二合

右は、私儀《ぎ》従前無高《むだか》の所、追々新田あい開き、石

所へ届出置候得共、其後増減ノ場所モ御
座候ニ付在所へ問越、巨細ノ儀相達次第
的実ノ所御届可申上候、此段不取敢一應
御届申上置候、以上

六月廿日　　米良主膳

輸事

御傳達所

（読み下し）

高本行に及び候につき、天保五午《うま》年、旧幕勘定所
へ届け出おき候えども、その後増減の場所も御座
候につき、在所へ問い越し、巨細《こさい》の儀あい達し次
第、的実の所を御届け申し上ぐべく候。この段、
取《と》り敢《あ》えず一応御届け申し上げおき候。以上

（慶応四年）六月二十日　米良主膳

輸事

御伝達所

【史料38】御用状

御用之儀候付、来ル十七日巳刻、非蔵人
口江出頭可有之候也

七月十四日　弁事

役所

米良主膳殿

西米良村所蔵史料目録No.143③

（読み下し）

御用の儀候につき、来る十七日巳刻《みのこく》、非蔵人口《ひくろうどぐち》へ
出頭これ有るべく候なり。

（慶応四年カ）七月十四日　弁事役所

米良主膳殿

（解説）　七月十七日巳刻（午前十時ごろ）に出頭するよう通知したもの。

「非蔵人」とは、六位の者から選ばれ、蔵人に準じて昇殿を許されて、殿上の雑用を勤めた者。元交代寄合（中大夫）には、非蔵人より諸連絡がなされたものと思われる。また、参朝の節の出入り口は身分によって定められていた。元交代寄合席を中大夫席となすことを定めた布達第四二五号には「有位は宜秋門《ぎしゅうもん》、無位はその脇門より出入」とある。

「公文録」国立公文書館

【史料39】領知取調並びに身分の儀につき伺

伺書

一、先達テ席列之儀奉伺候處、領知高之儀取調奉申上候様奉承知、早速在所表へ申遣候儀ニハ御座候得共、遠国之儀ニも有之、巨細取調候儀ニテ此上御届向延引可仕哉も難計、甚以奉恐入候得共、右之段被聞召置被下候様奉願候

一、元交代寄合之儀者、中大夫と称候様

（読み下し）

伺書

一、先達て席列《せきれつ》の儀、伺い奉り候ところ、領知高の儀、取り調べ申し上げ奉り候よう承知奉り、早速在所表へ申し遣わし候儀には御座候えども、遠国の儀にもこれ有り、巨細《こさい》取り調べ候儀にて、この上御届け向き延引仕るべきやも計り難く、はなはだ以て恐れ入り奉り候えども、右の段、聞こし召され置き下され候よう願い奉り候。

一、元交代寄合の儀は、中大夫《ちゅうだゆう》と称し候よう、そ

其外心得方之儀被仰出候段、太政官日誌等ヲ以拝承仕候得共、於私者未タ何方ヨリモ表通奉承知候儀ニ無御座、如何心得罷在候様可仕哉、此段も奉伺候

右件々奉伺候間、何分御沙汰被成下候様奉願候、以上

旧幕元交代寄合席
菊池主膳

八月四日

辨事
御役所

〔朱書〕「中大夫席被仰付候事」

十二日

このほか心得方の儀、仰せ出され候段、太政官日誌等をもって拝承《はいしょう》仕り候えども、私においては未だ何方よりも表通り承知奉り候儀に御座なく、いかが心得罷り在り候よう仕るべきや、この段も伺い奉り候。

右件々、伺い奉り候間、何分《なにぶん》御沙汰成し下され候よう願い奉り候。以上

旧幕元交代寄合席
菊池主膳

（慶応四年）八月四日

弁事御役所

〔朱書〕「中大夫席仰せ付けられ候こと。」

十二日

③米良姓から菊池姓へ

【史料40】旧号菊池への改姓につき伺（写）

西米良村所蔵史料目録No.147①

私儀、先祖菊池石見守重為時代米良江潜
居、時世相憚候儀有之、菊池之稱號を癈
し地名の米良を以、是迄著號仕来候得共、
當時忌諱之譯無御座候付、自今相改旧號
菊池を名乗申度奉存候、此段一應奉伺候
間、何分御差圖被成下候様奉願候、以上

元交代寄合
七月十三日　米良主膳

辨事
御役所

〔付紙〕「伺之通不苦候事

（読み下し）

私儀、先祖菊池石見守《いわみのかみ》重為時代米良へ潜《ひそ》み居り、
時世あい憚《はばか》り候儀これあり、菊池の称号を廃し、
地名の米良を以て、これまで著号仕来《しきた》り候えども、
当時（現在）忌諱《きい》の訳も御座なく候につき、自今《いまより》
あい改め、旧号菊池を名乗り申したく存じ奉り候。
この段、一応伺い奉り候間、なにぶん御差図《ごさしず》成し
下され候よう願い奉り候。以上

元交代寄合
（慶応四年）七月十三日　米良主膳

弁事御役所

〔付紙〕「伺いの通り苦しからず候こと
但《ただ》し、先祖以来の系譜ならびに古文書等

但先祖以来系譜并ニ古文書等も
有之候ハヽ、取調差出可申候事」

もこれあり候わば、取り調べ差し出し申
すべきこと」

【史料41】改姓につき系譜届（控）

米良之称號相改、舊號菊池ニ復し度段奉
伺候處、其通不苦旨奉承知、猶系譜并古
文書差出候様承知仕候處、右者両度之火
災ニ而不残焼失仕、系譜丈差上申候
但、祖先来之武器類者尓今其侭所持仕
来候品も御座候
右之段、系譜相添申上候間、何分御沙汰
被成下候様奉願候、以上
旧幕元交代寄合席
八月四日
菊池主膳

西米良村所蔵史料目録No.147②

（読み下し）
米良の称号あい改め、旧号菊池に復《ふく》したく段、伺
い奉り候ところ、その通り苦しからず旨承知奉り、
なお、系譜ならびに古文書を差し出し候よう承知
仕り候ところ、右は、両度の火災にて残らず焼失
仕り、系譜だけ差し上げ申し候。
ただし、祖先来《らい》の武器類は、今にその侭《まま》所持仕《し》
来《き》たり候品も御座候。
右の段、系譜あい添へ申し上げ候間、何分御沙汰《ごさた》
成し下され候よう願い奉り候。以上
旧幕元交代寄合席
（慶応四年）八月四日
菊池主膳

辨事
　御役所

【史料42】改名伺

今般百官并受領御廢被仰出候ニ付、私儀
自今次郎と改名仕度、此段奉伺候、以上
　　　　　　士族
　　　　　　松平與次郎觸下
　正月八日　　　　菊池主膳
　留守官
　　御傳達所
〔付紙〕「聞届候事」

弁事御役所

西米良村所蔵史料目録No.156

（読み下し・註記）
今般百官《ひゃっかん》ならびに受領《ずりょう》御廃し仰せ出され候につき、私儀《ぎ》今より次郎と改名仕りたく、この段伺い奉り候。以上
　　　　　　士族
　　　　　　松平與次郎触下《ふれした》
（明治三年）正月八日　　　　菊池主膳
　留守官御伝達所
〔付紙〕「聞き届け候こと。」

①百官受領廃止　明治二年七月八日行政官達第六二〇号。主計《かずえ》・兵部《ひょうぶ》・主膳《しゅぜん》などの官称が廃された。

②留守官　明治二年三月、明治天皇の二度目の東

行が行なわれ、太政官は東京に移され、京都には留守官が置かれた。

④米良山の財政難と帰邑《きゆう》願

【史料43】嫡子亀之助帰邑願（控）

今般莫大之皇恩を以、本領安堵被仰付冥加至極奉存候、就而者朝政御一新之御趣意奉體認、領内旧弊之儀茂改革仕度奉存候処、家来共ニ而者政事向充分行届兼候ニ付、嫡子亀之助儀、御用不被為在候ハヽ、御暇被下置候様奉願候、左候者兼而被仰出候叡旨貫徹勵精政事向一新之上、只管御奉公相勤候様仕度奉存候、此旨宜御執奏奉頼候、以上

西米良村所蔵史料目録No.146

（読み下し）

今般莫大《ばくだい》の皇恩《こうおん》をもって、本領安堵仰せ付けられ冥加至極に存じ奉り候。ついては、朝政御一新の御趣意を体認《たいにん》奉り、領内旧弊《きゅうへい》の儀も改革仕りたく存じ奉り候ところ、家来どもにては政事向き充分に行き届きかね候につき、嫡子《ちゃくし》亀之助儀、御用在りなされず候わば、御暇《おいとま》下しおかれ候よう願い奉り候。左《さ》候わば、かねて仰せ出され候叡旨《えいし》貫徹《かんてつ》励精《れいせい》政事向き一新のうえ、只管《ひたすら》御奉公あい勤め候よう仕りたく存じ奉り候。この旨宜しく御執奏《ごしっそう》頼み奉り候。以上

七月九日　米良主膳

辨事
　御役所

（慶応四年）七月九日　米良主膳

弁事御役所

西米良村所蔵史料目録No.155

【史料44】東京定府御免歎願書

乍恐奉歎願候、私儀不肖之身ヲ以、去春上京之上本領安堵被仰付、且旧姓ニ復シ候儀モ願之通被仰付、祖先ニ對シ候而モ一段之面目不堪感戴之至奉存候、此上十分微力ヲ盡シ御報効支度、旦暮苦心罷在候処、今般中下大夫上士ニ至迄従来京住之外者一同東京定府被仰付、是亦格別之思召ヨリ被仰出候事ト奉感戴候、就而者直様發途東行仕度心得ニ者御座候得共、不得已奉歎願候、抑

（読み下し）

恐れながら歎願奉り候。私儀《ぎ》不肖の身を以て、去春上京のうえ本領安堵仰せ付けられ、かつ旧姓に復し候儀も願いの通り仰せ付けられ、祖先に対し候ても一段の面目《めんぼく》、感戴《かんたい》の至りに堪えず存じ奉り候。この上、十分微力を尽し御報効支《し》(奉公)度《たく》、旦暮《たんぼ》（朝夕）苦心罷り在り候ところ、今般中下大夫上士《じょうし》に至るまで、従来京住のほかは、一同東京定府《じょうふ》仰せ付けられ、これまた格別の思し召しより仰せ出だされ候ことと感戴奉り候。ついては、直様《じきさま》発途東行《とうこう》仕りたき心得には御座候

弊邑者東肥之僻地ニ有之、封内皆高山深谷ニ而僅ニ山服一綫之道ヲ通行、私始家臣之居宅ハ巌穴ニ木ヲ架ケ、菽麦ヲ以飢ヲ救ヒ、椎茸楮等ヲ他境ニ賣出シ生産仕候儀ニ而、田地高旧幕府之時ヨリ四百石余之御届面ニ御座候得共、右者櫓木其外諸材木等賣拂高ヲ目當ニ仕リ申出候儀ニ而、米麦小豆稗等ヲ相混シ現数纔ニ百石余有之、別而窮迫仕候折柄、王政御一新乍恐感喜ニ堪不申、僻境ニ観光罷有候儀不本意之至ト奉存、些少之蓄金ヲ以上京仕候処、難有本領安堵復姓迨被仰付候得共、此上又候東京江罷越候而者路次之用度給兼候而已ナラス、旧幕府之節ヨリ東京ニ屋鋪モ所持不仕、他人ニ寓居罷有候位ニ而、迚モ新ニ屋鋪等取建候力

えども、やむをえず歎願奉り候。そもそも弊邑《へいゆう》は東肥の僻地にこれあり、封内はみな高山深谷にて、僅《わずか》に山服一綫《いっせん》の道を通行、私始め家臣の居宅は巌穴に木を架け、菽麦《まめむぎ》を以て飢を救い、椎茸・楮等を他境に売り出し、生産仕り候儀にて、田地高は旧幕府の時より四百石余りの御届《おとどけ》面《づら》に御座候えども、右は、櫓木《ろぎ》そのほか諸材木等売り払い高を目当てに仕り申し出候儀にて、米・麦・小豆・稗等を相混じ、現数纔《わずか》に百石余りこれあり、別して窮迫仕り候折柄《おりがら》、王政御一新、恐れながら感喜に堪え申さず、僻境《へききょう》に観光罷り有り候儀、不本意の至りと存じ奉り、些少《さしょう》の蓄金を以て上京仕り候ところ、有難《ありがた》く本領安堵、復姓まで仰せ付けられ候えども、このうえ又候《またぞろ》東京へ罷り越し候ては、路次《ろじ》の用度《ようど》給しかね候のみならず、旧幕府の節より東京に屋敷も所持仕らず、他人に寓居《ぐうきょ》罷り有り候くらいにて、迚《とて》も新たに屋敷など取り建て候力《ちから》も御座なく、かくまで朝恩奉戴《ちょうおんほうたい》、未だ万分の一も報効(奉公)仕らず、

無御座、斯沾朝恩奉戴未万分一モ報効不仕實以奉恐入候得共、前文之儀ニ付出格之御垂憐ヲ以、東京定府御免被仰付、旧幕府之節五ヶ年目ニ三四拾日出府仕リ来候振合ヲ以、出京御奉公向被仰付被下候得者、別而難有奉存候、此段乍恐伏而奉歎願候、誠惶謹言

中大夫
畠山侍従觸下
菊池主膳

正月四日

辨事
御役所

〔付紙〕「願之趣聞届候、京都移住可致事」

実以《じつもっ》て恐れ入り奉り候えども、前文の儀につき、出格《しゅっかく》の御垂憐《ごすいれん》を以て東京定府御免《ごめん》仰せ付けられ、旧幕府の節五ヶ年目に三、四十日出府仕来《しき》たり候振り合いを以て、出京御奉公向き仰せ付けられ下され候えば、別して有難く存じ奉り候。この段恐れながら伏て歎願奉り候。誠惶謹言

中大夫
畠山侍従触下
菊池主膳

（明治二年）正月四日

弁事御役所

〔付紙〕「願の趣聞き届け候。京都移住致すべきこと。」

【史料45】相良遠江守内赤坂孫六書状

西米良村所蔵史料目録No.161

〔端裏書〕「米良主膳様　相良遠江守内
公用人中様　　赤坂孫六」
以手紙致啓上候、東京御定府被仰付候處、仍御願被免、京都移住被仰付候由、珍重被存候、右、御歓被申述度、各様迄宜得御意旨、遠江守兼而被申付越度、如此御座候、以上
二月

（読み下し）
〔端裏書〕「米良主膳様　相良遠江守《とおとうみのかみ》内
公用人《こうようにん》中様　　赤坂孫六」
手紙を以て啓上致し候。東京御定府仰せ付けられ候ところ、御願により免ぜられ、京都移住仰せ付けられ候由、珍重に存じられ候。右、御歓び申し述べられたく、各様《おのおのさま》まで宜しく御意の旨を得《え》、遠江守（相良頼基）かねて申し付け越されたく、かくのごとくに御座候。以上
（明治二年）二月

【史料46】帰邑の上五ヶ年一度の出京奉公歎願（写）

西米良村所蔵史料目録No.152⑥　※No.163同文

第六号証
先般東京定府被仰付候ニ付、別紙之通奉歎

（読み下し）
先般、東京定府仰せ付けられ候につき、別紙の

願候處、被為聞召届、今般京都移住被仰付
難有仕合奉存候、此上出願仕候儀千萬奉恐
入候得共、薄禄困窮之次第委細別紙ニ奉申
上候通之儀ニ而、昨年四月以来滞京、些少
之用度其涯ニ盡果、今日迠他借ヲ以飢ヲ凌
キ、必至困窮罷在候次第ニ御座候、恐懼至
極ニ奉存候得共、何卒右之情實被為聞召分
格別之御憐愍ヲ以、此涯帰邑被仰付、別紙
奉歎願候通、従来五ヶ年参府仕来候振合ヲ
以、出京被仰付候得者、別而難有奉存候、
此段乍恐重而奉歎願候、誠恐謹言

松平與次郎觸下
中大夫
三月四日　菊池主膳

辨事

通り歎願奉り候ところ、聞こし召し届けられ、今般京都移住仰せ付けられ、有難《ありがた》く仕合《しあわ》せに存じ奉り候。このうえは出願仕り候儀、千万恐れ入り奉り候えども、薄禄困窮の次第、委細別紙に申し上げ奉り候通りの儀にて、昨年四月以来滞京、些少《さしょう》の用度その涯に尽き果て、今日まで他借を以て飢を凌ぎ、必至と困窮罷りあり候次第に御座候。恐懼至極《きょうくしごく》に存じ奉り候えども、何《なに》卒《とぞ》右の情実聞こし召され、分《わけ》て格別の御憐愍を以て、この涯《きわ》、帰邑《きゆう》仰せ付けられ、別紙歎願奉り候通り、従来五ヶ年参府仕来《しき》たり候振合《ふりあい》を以て、出京仰せ付けられ候えば、別《べっ》して有難く存じ奉り候。この段恐れながら重ねて歎願奉り候。

誠恐謹言

松平與次郎触下
中大夫
菊池主膳

（明治二年）　三月四日
弁事御役所

御役所

〔付紙〕「一先御暇下賜候間、帰邑之上取締
相付ケ直様上京可致候、其上何分
之御沙汰可有之候事」

【史料47】於京都御願書（控）

西米良村所蔵史料目録No.165

於京都御願書

京都移住被仰出候御付紙付願書　一

同、御暇之仰出候御付紙付御願書　一

右二通添へ御差出也

傳事田畑本之丞御取次之由也

六月八日

私事先達而於京都東京定府被仰付候間、奉

〔付紙〕「ひとまず御暇《おいとま》下し賜い候間、帰邑のうえ取締りあい付け、直様《じきさま》上京致すべく候。そのうえ、何分の御沙汰《ごさた》これあるべく候こと。」

（読み下し）

京都における御願書

京都移住仰せ出され候御付紙《おんつけがみ》付き願書　一

同じく、御暇《おいとま》の仰せ出され候御付紙付き御願書　一

右二通添へ御差し出しなり。

伝事《でんじ》　田畑本之丞御取次ぎの由なり。

六月八日

私こと先達て京都において東京定府仰せ付けら

願趣御座候処、京都移住被仰付候付、又々別紙之通歎願仕候処、御付紙之通暫時御暇被下、先月廿一日帰邑仕候得共、何れ不遠上京不致候而不相済事候處、全躰困窮之小身者、旅中用途不相調致心痛居候、就而者去春上京之砌より在京中萬端預御世話候故を以、滞京相調居、御高恩之程難申謝仕合御座候、右首尾合茂不相済内、打重申上兼候得共、又候上京之上者、何卒此内在京之節通御取替を以御救助被成下候様被仰付被下度奉願候、左候ハヽ、山中出産漆追々出増相成候様手を付候間、此以前拝借銀年府(賦)上納引續年々出産丈之漆を以致返上候様可仕候
朝務ニ差掛外ニ調達之手段無之、必至と行

れ候間、願い奉る趣御座候ところ、京都移住仰せ付けられ候につき、またまた別紙の通り歎願仕り候ところ、御付紙の通り暫時《ざんじ》御暇《おいとま》くだされ、先月二十一日帰邑《きゆう》仕り候えども、何《いず》れ遠からず上京致さず候てはあい済まずこと候ところ、全体困窮の小身者、旅中用途《ようと》あい調わず心痛致しおり候。ついては去春上京の砌《みぎり》より、在京中万《ばん》端《たん》御世話に預かり候ゆえを以て滞京あい調え居り、御高恩のほど謝し申し難き仕合《しあい》に御座候。右首尾合《しゅびあい》もあい済まずうち、打ち重ねて申し上げかね候えども、又候《またぞろ》上京の上は、何卒《なにとぞ》このうち在京の節通り御取替《おとりか》えを以て、御救助成し下されたく仰せ付けられ下されたく願い奉り候。左《さ》候わば、山中出産の漆、追々出し増しあい成り候よう手を付け候間、これを以て前の拝借銀を年賦《ねんぷ》上納、引続き年々出産だけの漆を以て返上致し候よう仕るべく候。

朝務《ちょうむ》に差し掛り、ほかに調達の手段これなく、必至と行《ゆ》き迫《せま》り候につき、旁《かたがた》御憐察を以て、

迫候付、旁御憐察を以、願通被仰付被下度、
私事下着涯より所労ニ付、罷出候儀不相叶
候間、悴亀之助を以此旨奉歎願候、以上

巳
五月　菊池主膳

願い通り仰せ付けられ下されたく、私こと下着
の涯《きわ》より所労につき、罷り出で候儀あい叶《かな》わず
候間、悴亀之助を以てこの旨歎願奉り候。以上

（明治二年）巳
五月　菊池主膳

※鹿児島藩へ差し出した援助の願書

【史料48】五ヶ年一度の出京奉公につき歎願書（写）

西米良村所蔵史料目録No.151

写

私事当春於京都、東京定府被仰付候間、奉
願趣御座候処、京都移住被仰付候付、又々
歎願仕候処、一先御暇下賜候間、帰邑之上
取締相附ケ、直様上京可致、其上何分之御
沙汰可被為在旨、御付紙を以被仰渡、当夏

（読み下し）

写

私こと、当春京都において、東京定府仰せ付け
られ候間、願い奉る趣御座候ところ、京都移住
仰せ付けられ候につき、またまた歎願仕り候と
ころ、ひとまず御暇《おいとま》下し賜い候間、帰邑《きゆう》のうえ
取締りあい附け、直様《じきさま》上京致すべく、そのうえ

帰邑仕候得共、何れ上京不仕候而ハ不相済事故、旅用金手を尽才覚仕候得共、全躰究迫之小身者、去春上京より在京中、都而他借を以用弁仕候末之事ニ而一円調達不仕、此涯上京相調候丈無之、必至と行迫罷在候、就而ハ此内奉願候通、従来之通五ヶ年目ニ三四十日位出府之振合を以上京被仰付被下候様、乍恐重而奉歎願候、山中産物迚も僅計之事ニ而今日之経営ニさへ不行足位故、何様算段仕候而も迚も往々在京相調候途無御座候間、旁御憐愍を以歎願通被仰付被下候様、再往謹而奉願候、以上

十二月　菊池主膳

何分《なにぶん》の御沙汰《ごさた》あらせらるべき旨、御付紙を以て仰せ渡され、当夏帰邑仕り候えども、何《いず》れ上京仕らず候てはあい済まずこと故、旅用金手を尽し才覚仕り候えども、全体究迫《きゅうはく》の小身者、去春上京より在京中、すべて他借を以て用を弁じ仕り候すえのことにて、一円調達仕らず、この涯《きわ》上京あい調い候だけこれなく、必至と行き迫り罷りあり候。ついてはこの内《うち》願い奉り候とおり、従来の通り五ヶ年目に三、四十日くらいの出府の振合《ふりあ》いを以て上京仰せ付けられ下され候よう、恐ながら重ねて歎願奉り候。山中産物とても僅《わず》かばかりのことにて、今日の経営にさえ行き足らずくらい故、何様《いかよう》算段仕り候ても、迚《とて》も往々《ゆくゆく》在京あい調い候途《みち》御座なく候間、旁《かたがた》御憐愍を以て歎願通り仰せ付けられ下され候よう、再往《さいおう》謹んで願い奉り候。以上

（明治二年）十二月　菊池主膳

【史料49】菊池主膳歎願の件につき執奏

西米良村所蔵史料目録No.157

〔端裏書〕「鹿児島藩」
菊池主膳ゟ別紙之通藩知事江依頼申越、右
者此内同人ゟ茂再往申上候通之義ニ而、同
家菊池没落後絶而人跡無之深山江潜居、
追々山野踏開唯今以諸雑穀相混シ漸百石余
之出来高ニ而、其餘櫓木材木等纔計之産物
賣出し極々可也ニ家従等撫育相調候事ニ付、
於舊幕府茂格別之會釈を以五ヶ年目出府三
四拾日滞府致し来、外々中下大夫江難引競
者勿論ニ而、去春御暇之節御達之品も候得
共、旅用金之目的茂一圓無之處ゟ延引仕、
甚當惑之由御座候、殊更當代ニ至候而茂乍
微力祖先之遺志を忘却不仕癸亥以来方向を

（読み下し）

〔端裏書〕「鹿児島藩」
菊池主膳より別紙の通り藩知事《はんちじ》へ依頼申し越す。
右は、このうち同人よりも再往《さいおう》申し上げ候通り
の義にて、同家菊池没落後、絶えて人跡これな
き深山へ潜居《せんきょ》、追々山野踏み開き、ただいま以
て諸雑穀あい混じ、ようやく百石余りの出来《でき》
高《だか》にて、その余は櫓木《ろぎ》材木等纔《わずか》ばかりの産物
を売り出し、極々《ごくごく》可也《かなり》に家従《かじゅう》等撫育《ぶいく》あい調え候
ことにつき、旧幕府においても格別の会釈を以
て、五ヶ年目に出府、三、四十日滞府致し来た
り、外々の中下大夫へ引き競い難くは勿論にて、
去春御暇《おいとま》の節に御達の品も候えども、旅用金の
目的も一円これなくところより延引仕り、甚《はなは》だ
当惑の由御座候。ことさら当代に至り候ても微
力ながら祖先の遺志を忘却仕らず、癸亥《きがい》以来方

定、蜜々(マヽ)出京、戊辰ニ者當藩と盟約、兵を京師ニ出し固有之基業を不堕義ニ御座候間、数代之名家前件旁被為在御垂憐、出格之以御廟議、願意御許容被成下候様可奉願旨、知事申付越候間、別紙相添申上候、宜御執奏奉仰候、以上

鹿児島藩
公用人
正月廿二日　田中清之進

辨官
御役所

〔付紙〕「菊池主膳歎願之趣、無餘儀次第、追而御沙汰之品茂可有之ニ付、同人祖先以来之由緒取調、早々可差出候事」

向を定め、密々《ひそかに》出京、戊辰《ぼしん》には当藩と盟約、兵を京師《けいし》に出し、固有の基業を堕《こぼた》ず義に御座候間、数代の名家、前件旁《かたがた》御垂憐《ごすいれん》あらせられ、出《しゅっ》格《かく》の御廟議《ごびょうぎ》を以て、願意御許容成し下され候よう願い奉るべき旨、知事申し付け越し候間、別紙あい添え申し上げ候。宜しく御執奏《ごしっそう》仰ぎ奉り候。以上

鹿児島藩
公用人
(明治三年)正月二十二日　田中清之進

弁官御役所

〔付紙〕「菊池主膳歎願の趣、余儀なき次第、追て御沙汰《ごさた》の品もこれ有るべくにつき、同人祖先以来の由緒を取り調べ、早々差し出すべく候こと。」

2　旧旗本層の禄制改革と米良菊池氏

①京都府貫属《かんぞく》仰付と免除願

【史料50】菊池助右衛門ほか宛小河小藤太書状

西米良村所蔵史料目録No.180

二月四日御達之寫

　但在坂中ニ付、一昨十三日帰京之上

　承之

先般中下大夫士之称被廢総而士族及卒と相唱へ、其地方官貫属被仰付候ニ付、則京都住居之士族卒留守官より引渡ニ相成、追々取調候処、以前願済之上当府江住居之ものも有之、或者京都詰願済之上息子又ハ弟家

（読み下し）

二月四日御達の写

　ただし在坂中につき、一昨十三日帰京の

　うえこれを承る。

先般、中下大夫士の称を廃され、総て士族《しぞく》及び卒《そつ》とあい唱え、その地方官貫属《かんぞく》に仰せ付けられ候につき、則《すなわ》ち、京都住居の士族・卒、留守官《るすかん》より引き渡しにあい成り、追々取り調べ候ところ、以前願い済ましのうえ当府へ住居のものもこれあり、あるいは京都詰願い済ましのう

来等為名代差出、当主ハ旧領知ニ罷在候向も有之、完永住ニ無之一時勤番之心得ニも可有之様相見へ候分間々有之、右等者確と判然不至而者戸籍編束不相整訳ニ付、各心得方篤と取調早々可申出候、此段相達候事

二月　　京都府

去ル四日御達之次第ニ付而者、京都住居願済時日并上京月日家族引纏之有無銘々取調、来ル十五日迄ニ差出可申旨、且其節東京住居又ハ旧知行所住居致し度向ハ其段願書相添可申旨杉原作十郎相達ス

右之通両度ニ被仰出、今十五日無遅延御届書御願書差出候様被仰出候ニ付、

一、以前主人在京中巳正月四日進達之願書

え、息子または弟・家来などを名代として差し出し、当主は旧領知に罷りあり候向きもこれ有り、完《まったく》の永住にこれなく、一時《いっとき》勤番の心得にもこれあるべくの様《よう》あい見え候分《ぶん》、間々《まま》これあり、右などは、確《しか》と判然《はんぜん》至《いた》らずては、戸籍編束《へんそく》あい整わず訳につき、各《おのおの》心得方篤《とく》と取り調べ、早々申し出るべく候。この段あい達し候こと。

（明治三年）二月　京都府

去る四日御達しの次第につきては、京都住居願い済まし時日ならびに上京月日、家族引《ひ》き纏《まと》めの有無、銘々《めいめい》取り調べ、来る十五日までに差し出し申すべき旨、かつ、その節、東京住居または旧知行所住居致したき向きは、その段、願書あい添え申すべき旨、杉原作十郎あい達す。

右の通り両度に仰せ出され、今十五日遅延なく御届書・御願書差し出し候よう仰せ出され候につき、

一、以前主人在京中巳（明治二年）正月四日進達の願書。た

但し前略東京定府ニ付御免被仰付、旧幕府之節五ヵ年目ニ一度三四十日出府仕来候振合ヲ以、出京御奉公向被仰付被下候得者難有奉存候ト被差出候処、御附紙京都移住被仰付候事ト有之

一、同二月進達之御願書、在所江御暇被仰出候御附紙之写、略

一、同九月四日米良故吾八郎鹿児嶋より仕出之来状、但し前略扨上様御上京之儀旧幕江五ヶ年ニ一度三四十日位御参府之御振合ヲ以、以来其通被仰付度趣薩州様より御取持ヲ以無御拠御願立相成居候間、何れ不遠内御報知可相成、其内者御上京先御見合相成候間、左様御心得可被成候、就而者御方儀も於其表右五ヶ年一度御上

ただし前略東京定府につき御免《ごめん》仰せ付けられ、旧幕府の節五ヵ年目に一度、三、四十日の出府仕来《しき》たり候振合《ふりあい》を以て出京御奉公向き仰せ付けられ下され候えば、有難《ありがた》く存じ奉り候と差し出され候ところ、御附紙、京都移住仰せ付けられ候こととこれあり。

一、同二月進達の御願書、在所へ御暇《おいとま》仰せ出だされ候御附紙の写し。略す。

一、同九月四日、米良故《こ》吾八郎、鹿児島より仕出《しだ》しの来状。ただし前略さて上様御上京の儀、旧幕へ五ヶ年に一度、三、四十日位の御参府の御振合《ふりあい》を以て、以来その通り仰せ付けられたき趣、薩州様より御取り持ちを以て、御拠《よんどころ》なく御願い立てあい成り居り候間、いずれ遠からずうち、御報知あい成るべく、そのうちは、御上京先《まず》は御見合わせあい成り候間、左様《さよう》御心得成さるべく候。ついては御方儀も、その表において右五ヶ年一度の御上京御願い立ての一条、御免にあい成り候義、あ

京御願立之一条御免ニ相成候義相知候ハヽ公務方之義、薩州様御役々江相願置帰郷被致方可然と存候云々
一、同十月廿六日東京内田仲之助殿より知政所江御申越被成候写、十一月十日菊池藤様伊集院助様より在所主膳へ御遣被下候写
右主人在京中之歎願書并故吾八郎より之来状彼是見合候処、主人素志ニ於而も是迠之領地ニ住居、五ヶ年目ニ一度上京之振合ニ被仰付度趣ニ而有之、且又事情ニ於而も領地相離レ、先般被仰出候禄制之通り蔵米十三石内外之高ヲ以京都ニ移住、十人内外之家内召列、家来下人等を養ひ奉公致し候ハ決而難成訳ニ有之候處、今般前文之通、京

い知れ候わば、公務方の義、薩州様御役々へあい願い置き、帰郷致され方可然《しかるべし》と存じ候云々《うんぬん》。
一、同十月二十六日、東京内田仲之助殿より知《ち》政所《せいじょ》へ御申し越しなされ候写し。十一月十日、菊池藤（右衛門）様、伊集院助（六）様より、在所主膳へ御遣わし下され候写し。
右、主人在京中の歎願書ならびに故《こ》吾八郎よりの来状、彼是《かれこれ》見合せ候ところ、主人の素志《そし》においても、これまでの領地に住居、五ヶ年目に一度上京の振り合いに仰せ付けられたき趣にてこれあり、かつまた、事情においても領地をあい離れ、先般仰せ出され候禄制の通り、蔵米十三石内外の高を以て京都に移住、十人内外の家内を召し列れ、家来・下人等を養い奉公致し候は、決して成り難く訳にこれあり候ところ、今般前文の通り、京都府より戸籍編束あい整わず訳につき、心得方取り調べ、早々申し出るべし、か

都府より戸籍編束不相整訳ニ付心得方取調早々可申出、且其節東京住居又ハ旧知行所住居致し度者者其段願書相添可申被仰出候ニ付、左之通御届書并願書共弐通差出置申候、右者在所江問越候上弐通共可申出儀ニも可有之候得共、是迠段々之儀在所江申越置候得共、尓今何等之義も不相分、此節之義ハ事情判然相分り左なら而不済義と愚考仕、左之通申出候

御届書写

今般被仰出候御沙汰之趣奉拝承候、次郎儀昨巳年二月、依願在所江一先御暇下賜、尓今帰邑仕居候、右者小身者在京仕候家力無御座候ニ付、旧幕府之節五ヶ年目ニ一度三四十日出府仕来候振合ヲ以出京御奉公向被

つその節、東京住居または旧知行所に住居致したき者は、その段願書あい添え申すべく仰せ出され候につき、左の通り御届書ならびに願書とも二通、差し出し置き申し候。右は、在所へ問い越し候うえ二通とも申し出るべき儀にもこれあるべく候えども、これまで段々の儀、在所へ申し越し置き候えども、今に何らの義もあい分らず、この節の義は、事情判然《はんぜん》あい分り、左《さ》ならで済まず義と愚考仕り、左の通り申し出で候。

御届書写

今般、仰せ出され候御沙汰の趣、拝承奉り候。次郎儀、昨巳年二月、願いにより在所へひとまず御暇《おいとま》下し賜わり、今に帰邑《きゆう》仕り居り候。右は小身者、在京仕り候家力御座なく候につき、旧幕府の節、五ヶ年目に一度、三、四十日出府仕《し》来《き》たり候振り合いを以て出京御奉公向き仰せ付けられ下されたき趣、鹿児島藩に依頼、東京へ歎願仕り候につき、東京において何分の御沙汰

仰付被下度趣、鹿児嶋藩ニ依頼、東京江歎願仕候ニ付、東京ニ於而何分之御沙汰有之候迠、先上京見合候段在所より申越候得共、明細之儀相分不申候付精々問越置申候、右之段乍恐従私謹而御届奉申上候、以上

畠山従五位觸下

菊池次郎家来

二月十五日

小河小藤太

右ニ添へ願書写

別紙之通次郎儀旧知行所住居被仰付、旧幕府江五ヶ年目ニ一度出府仕来候振合ヲ以、出京御奉公向被仰付候得者難有仕合奉存候、右之段次郎在邑中ニ付、乍恐従私謹而奉申上候、何分御沙汰被成下候様奉願候、以上

二月十五日

畠山――

これあり候まで、まずは上京見合わせ候段、在所より申し越し候えども、明細の儀あい分り申さず候につき、精々《せいぜい》問い越し置き申候。右の段、恐れながら私より謹んで御届け申し上げ奉り候。以上

畠山従五位触下

菊池次郎家来

二月十五日

小河小藤太

右に添え、願書写

別紙の通り、次郎儀、旧知行所住居仰せ付けられ、旧幕府へ五ヶ年目に一度出府仕来《しき》たり候振り合いを以て、出京御奉公向き仰せ付けられ候えば、有難く仕合《しあわ》せに存じ奉り候。右の段、次郎在邑中につき、恐れながら私より謹んで申し上げ奉り候。何分《なにぶん》御沙汰成し下され候よう願い奉り候。以上

二月十五日

畠山――

菊池――

菊池――
小河――
但弐通共用紙奉書半切美濃帋折掛美濃紙
竪、扣三枚ッヽ、
右之通於当方京都府江申出置申候間、内田仲之助殿より御掛合ニ而東京江猶又歎願ニ相成候廉と自然相違仕候而者不相済訳御座候間、東京江願出之趣、其御許ニ而相知候丈近便御知らせ可被下候、尤今朝限り届出之儀ニ付、殊之外繁多罷在、別段在所役人方江も手紙認兼申候付、御免之上在所へ其趣ヲ以御掛合被下候様乍憚奉頼上候、以上

小河小藤太

二月十五日

菊池助右衛門様

小河――

ただし、二通とも用紙は奉書半切美濃紙《ほうしょはんせつみのがみ》、折掛美濃紙竪、扣《ひかえ》三枚ずつ。

右の通り当方において京都府へ申し出置き申し候間、内田仲之助殿より御掛合《おかけあい》にて東京へなおまた歎願にあい成り候廉《かど》と、自然相違仕り候ては、あい済まず訳御座候あいだ、東京へ願い出の趣、その御許《おんもと》にて、あい知れ候だけ近便御知らせ下さるべく候。もっとも今朝限り届出の儀につき、殊のほか繁多《はんた》罷りあり、別段在所役人方へも手紙認めかね申し候につき、御免のうえ、在所へその趣を以て御掛け合い下され候よう、憚《はばか》りながら頼み上げ奉り候。以上

小河小藤太

（明治三年）二月十五日

菊池助右衛門様
伊集院助六様
菊池藤右衛門様

伊集院助六様
菊池藤右衛門様

【史料51】浜砂兵衛ほか宛小河小藤太書状

西米良村所蔵史料目録No.182

〔端裏書〕「濵砂様
同様
那須様」

一筆啓上仕候、餘寒強御座候得共、先以上々様益御機嫌克被遊御座奉恐悦候、伺御機嫌宜被仰上可被下候、将又各様弥御堅勝被成御奉職奉珍重候、然者京都府より御取調之義、昨年正月二月上様御在京中御進達ニ相成候歎願書并故吾八郎鹿児嶋より九月仕出候来状、彼是見合、東京ト鹿児嶋藩ト

（読み下し）

〔端裏書〕「浜砂様
同様
那須様」

一筆啓上仕り候。余寒強く御座候えども、先《まず》以て上々様ますます御機嫌よく御座遊ばされ恐悦に奉り候。御機嫌伺い宜しく仰せ上げられ下さるべく候。はたまた、各様いよいよ御堅勝に御奉職なされ珍重に奉り候。しからば、京都府より御取り調べの義、昨年正月、二月に上様《うえさま》御在京中御進達《ごしんたつ》にあい成り候歎願書ならびに故《こ》吾八郎鹿児島より九月に仕出し候来状、かれこれ見

依頼御歎願之趣考合セ、御届書御願書等弐通取仕立、私より同府江申出置候、何分遠路隔絶、先般より段々御伺申上越置候事ニも何たる事も報知無之、東京江御歎願相成候義も明細ニ相分り不申、右ニ付、自然不都合之義到来候而、東京へ御歎願之趣と今般御取調ニ付京都府へ私より申出候趣と趣意違等いたし候義も御座候ハヽ、京都府者勿論東京ニ而も私差越候而出頭明詳ニ申分ケ可仕候、則今般申出候届書等者昨十五日仕出、助右衛門様、助六様江差立候、御覧之上其御地江御遣し被下候様申上越候、今日より東京内田仲之助様へも一封差立申候、下地趣意柄写置、是者助右衛門様、助六様江差立申候、御覧之上ハ其御地へ御遣し被

合わせ、東京と鹿児島藩とに依頼の御歎願の趣考え合わせ、御届書、御願書など二通取り仕立て、私より同府へ申し出置き候。何分遠路隔絶、先般より段々御伺い申し上げ越し置き候ことにも、何たることも報知これなく、東京へ御歎願あい成り候義も明細にあい分り申さず、右につき、自然《おのずから》不都合の義到来候て、東京へ御歎願の趣と、今般御取り調べにつき京都府へ私より申し出候趣と趣意違い等いたし候義も御座候わば、京都府は勿論、東京にても私差し越し候て、出頭し明詳に申しわけ仕るべく候。則《すなわち》、今般申し出候届書などは昨十五日仕出し、(菊池)助右衛門様、(伊集院)助六様へ差し立て候。御覧のうえ、その御地へ御遣わし下され候よう申し上げ越し候。今日より東京内田仲之助様へも一封差し立て申し候。下地《したじ》の趣意柄《しゅいがら》写し置き、これは助右衛門様、助六様へ差し立て申し候。御覧の上は、その御地へ御遣わし下され候よう申し上げ越し候。御承知下さるべく候。

下候様申上越候、御承知可被下候
一、公用方遣金、松屋方仕拂、桜井醫生江之御薬代金、早々御登セ可被下候、随而私事無恙相勤申候、乍憚御降心可被下候、右之段公用迠如此御座候、恐惶謹言
二月十六日　小河小藤太
濵砂兵衛様
濵砂伊三太様
佐藤升一郎様
那須民三様
猶以、当分殊之外多用ニ而不文御免可被下候、民三殿江委細申上候通り石高御年齢宗門帳等、早々御上セ可被下候、先比安藤殿東郷殿御帰国便より手紙差立申上、定而相達候半

一、公用方《こうようかた》遣わし金、松屋方仕払い、桜井医生への御薬代金、早々御登《おのぼ》せ下さるべく候。したがって、私こと恙《つつが》なくあい勤め申し候。憚《はばか》りながら御降心下さるべく候。右の段、公用まで、かくのごとくに御座候。恐惶謹言
（明治三年）二月十六日　小河小藤太
浜砂兵衛様
浜砂伊三太様
佐藤升一郎様
那須民三様
なお以て、当分殊《こと》のほか多用にて不文御免《ふぶんごめん》下さるべく候。民三殿へ委細申し上げ候通り、石高・御年齢・宗門帳など、早々御上《おのぼ》せ下さるべく候。さきごろ安藤殿、東郷殿御帰国便より手紙差し立て申し上げ、定めてあい達し候わん。

【史料52】浜砂兵衛ほか宛小河小藤太書状

西米良村所蔵史料目録No.186

〔包紙〕「米良小川
　濱砂兵衛様
　佐藤升一郎様　　小河小藤太
　〆　二月廿一日出自京　」

乍恐伺御機嫌宜被仰上可被下候、奉頼上申候、以上
　二月廿一日
猶以明日進達之届書に認中、多用ニ而不文御免可被下候、尤届面本紙外ニ扣三枚ッ、差出事御座候、尤今日中
正月十三日於鹿児嶋被成下候御自書、過ル十九日夕京着、謹而奉拝見候、先以、上様若殿様奉始益御機嫌好被為遊御座奉恐悦候、

（読み下し）

〔包紙〕「米良小川
　浜砂兵衛様
　佐藤升一郎様　　小河小藤太
　〆　二月二十一日出、京より」

恐れながら御機嫌伺い宜しく仰せ上げられ下さるべく候。頼み上げ奉り申し候。以上
　二月二十一日
猶以《なおもっ》て、明日進達の届書に認め中、多用にて不《ふ》文《ぶん》御免下さるべく候。もっとも届面《とどけづら》本紙ほかに扣《ひかえ》三枚ずつ差し出すこと御座候。もっとも今日中。
正月十三日鹿児島において成し下され候御自書、過る十九日夕京着、謹んで拝見奉り候。まず以て、上様、若殿様始め奉り益《ますます》御機嫌好《よ》く御座

上様ニ者鹿児嶋江御越之段奉拝承、段々御心痛被遊候御儀奉恐入候、併先般より毎々奉申上越候通、朝廷政府ニ於而も皇国中遠邇萬古不抜之規則被為建、萬民其所を得候様との思召より萬機出候事とハ奉存候得とも、乍恐一昨年来今日迠甲と被仰出候も乙ニなり、子と御布令も丑ニ御取消シ相成候御模様替り之御事、毎々御座候間、先般御沙汰之領地召上ケ禄制等之事も、又々何と欤御模様替申候者案中可有之と奉存候付、上様ニ於てハ同列中ニ御構ひ無之、卒尓周章御上京者先御見合ニ而領地御離無之様、従来通五ヶ年一度之上京ニ御願之義、鹿児島藩江御依頼被遊候方と奉存候、左候而御沙汰之模様ニ寄り藩々之例ニ御任せ土地人

遊ばしなされ恐悦に奉り候。上様には鹿児島へ御越しの段、拝承《はいしょう》奉り、段々に御心痛に遊ばされ候御儀と恐れ入り奉り候。あわせて先般より毎々《いつもいつも》申し上げ越し奉り候通り、朝廷政府においても、皇国中遠邇万古不抜《えんじばんこふばつ》の規則を建てなされ、万民その所を得《え》候様《よう》との思し召しより、万機出《ばんきい》で候こととは存じ奉り候えども、恐れながら一昨年来今日まで、甲《こう》と仰せ出され候も乙《おつ》になり、子《ね》と御布令も丑《うし》に御取り消しにあい成り候御模様替りの御事、毎々御座候間、先般御沙汰の領地召し上げ禄制《ろくせい》等の事も、またまた何とか御模様替え申し候は、案中《あんちゅう》これあるべきと存じ奉り候につき、上様においては、同列中に御構いこれなく、卒尓周章《そつじしゅうしょう》御上京はまず御見合わせにて領地御離れこれなきよう、従来通り五ヶ年一度の上京に御願いの義、鹿児島藩へ御依頼遊ばされ候方と存じ奉り候。左候《さそうろう》て御沙汰の模様に寄り、藩々の例に御任《おまか》せ、土地人民返上遊ばされ、諸藩の通りに御願い、藩知事

民返上被遊、諸藩之通ニ御願藩知事之向ニ旧領地取締之役人と歟、何ニしても御地面御離不被遊、従来通無之而者決而不相済事と奉存候、御同列之旧幕譜代之家来旗本と者抜群違候訳ニ御座候歟、勿論御領地ハ旧幕より開拓して宛行置候土地ニ無之、御祖先様御入山追々と相開ケ候事ニ而、御自力ニ而出来候地面と可申歟、且又今日領地御離候而者御内情も鹿児嶋藩江御借財并人吉藩江御借用之社倉元米等、其外何以御返弁之途可相立哉、右ニ付当時急速御上京無之候而者御不都合と申訳決して無之候事ニ御座候間、何分鹿児嶋江御依頼ニ而前文之通ニ御領地御離無之様東京江御歎願ニ而、先般申上候通御家事向専一ニ而御領地へ生育

の向に旧領地取締りの役人とか、何にしても御地面御離れ遊ばされず、従来通りこれなくては、決してあい済まず事と存じ奉り候。御同列の旧幕譜代の家来旗本とは、抜群に違い候訳に御座候か、勿論、御領地は旧幕より開拓して宛行《あてがい》置き候土地にこれなく、御祖先様御入山、追々とあい開け候ことにて、御自力にて出来《でき》候地面と申すべきか、かつまた今日領地御離れ候ては、御内情も鹿児島藩へ御借財、ならびに人吉藩へ御借用の社倉元米等、そのほか何を以て御返弁の途あい立つべきや。右につき、当時急速御上京これなく候ては御不都合と申す訳は、決してこれなき候ことに御座候間、なにぶん鹿児島へ御依頼にて、前文の通りに御領地御離れこれなきよう東京へ御歎願にて、先般申し上げ候通り御家事向き専一《せんいつ》にて、御領地へ生育の産物、何品も精々御取り建て、御蔵元御丈夫《ごじょうぶ》にあい成り候よう、御吟味専務と存じ奉り候。京都へは、先般申し上げ候石高と御年齢、人別帳、そのほ

之産物何品も精々御取建、御蔵元御丈夫ニ相成候様御吟味専務と奉存候、京都へ者先般申上候石高と御年齢人別帳、其外信衛へ申付候事と民三江申含候事等、早便より御知らせ被下候へ者、何も不都合無御座候、申上候迠も無御座候へ共、当時京都御留守次官兼京都権知事の岩下様其外御役人も、上様之御事ハ皆々御承知ニ而決而御懸念ニ者及申間敷候、扨去ル十五日進達之書面ニ付、今又一昨十九日到来之東京へ歎願書ニ別紙添書いたし、明廿二日京都府江御届可申上候、下地ハ菊池助様、以十院（伊集院）助様江御覧之上御届被下候様頼上越候間、御覧可被下候、岩下様へも昨朝参り委細談候處、右之通ニ而可然と申事也、御上京御見合ニ而

か信衛へ申し付け候ことと、民三へ申し含め候こと等、早便より御知らせ下され候えば、何も不都合は御座なく候。申し上げ候までも御座なく候えども、当時京都御留守次官兼京都権知事《ごんちじ》の岩下様（岩下方平《まさひら》・旧鹿児島藩士）そのほか御役人も、上様の御事は皆々御承知にて、決して御懸念には及び申し間敷《まじく》候。さて去る十五日進達の書面につき、今また一昨十九日到来の東京へ歎願書に別紙添書きいたし、明二十二日京都府へ御届申し上ぐべく候。下地《したじ》は菊池助（右衛門）様、伊集院助（六）様へ御覧の上、御届け下され候よう頼み上げ越し候間、御覧下さるべく候。岩下様へも昨朝参り委細談じ候ところ、右の通りにて可然《しかるべし》と申すことなり。御上京御見合わせにて、東京へ歎願は御もっともに致され候由に御座候。もっともこれ以後とても、東京へ歎願遊ばされ候とも、京都へもその趣御届けこれなくてはあい済み申さず由御座候間、御願いの向きは、一々御しらせ下さるべく候。まずは、多

東京江歎願者御尤ニ被致候由ニ御座候、尤此以後迚も東京江歎願被遊候共、京都へも其趣御届無之而者相済不申由御座候間、御願之向ハ一々御しらせ可被下候、先ハ多用ニ而不文乱筆御仁免奉願上候、将又各様愈御堅勝被成御奉職奉珍賀候、随而私事無異事事務仕候、御降心可被下候、恐惶謹言

小河小藤太

二月廿一日　（花押）

濱砂兵衛様

濱砂伊三太様

佐藤升一郎様

那須民三様

用にて不文乱筆御仁免《ごにんめん》願い上げ奉り候。はたまた各様いよいよ御堅勝御奉職成され珍賀奉り候。したがって私こと、異事なく事務仕り候。御降心下さるべく候。恐惶謹言

小河小藤太

（明治三年）二月二十一日　（花押）

浜砂兵衛様

浜砂伊三太様

佐藤升一郎様

那須民三様

【史料53】浜砂兵衛ほか宛小河小藤太書状（内田仲之助書状写）　西米良村所蔵史料目録No.188③

〔端裏書〕「兵衛様
　　　伊三太様」
　　写
尊翰被下辱拝見仕候、如貴命いまた緩々不得貴意候処、弥以御安祥被成御奉職奉敬賀候、然者於其御許御達之儀ニ付、御当府ニ而御願之趣御見合相成候御願面等巨細可申上趣被仰越、則写三通、且御付紙之通朱書入差上申候付、御落手可被下候、就而者御在邑表江相達御承知之上者御代々御家譜御取調之上可被仰越候間、形行申上候様可仕候、実以無類之御家筋ニ候得者何と可被仰出候御儀も可被為在哉と恐悦奉存事ニ御

（読み下し）
〔端裏書〕「兵衛様
　　　伊三太様」
　　写
尊翰下され辱く拝見仕り候。貴命《きめい》の如くにいまだ緩々《ゆるゆる》貴意をえず候ところ、いよいよ以《もっ》て御安《ごあん》祥《しょう》御奉職成され敬賀に奉り候。しからば、その御許《おんもと》において御達しの儀につき、御当府にて御願いの趣、御見合わせにあい成り候御願面《ごがんめん》等、巨細《こさい》申し上ぐべき趣を仰せ越され、すなわち写し三通、かつ御付紙の通り朱書入り差し上げ申し候につき、御落手《ごらくしゅ》下さるべく候。ついては、御在邑表《ございゆうおもて》へあい達し、御承知のうえは、御代々御家譜《ごかふ》御取り調べのうえ仰せ越さるべく候間、形行《けいぎょう》申し上げ候よう仕るべく候。実に以て、無類の御家筋に候えば、何と仰せ出ださ

座候、於其御許被仰立候趣、一々御尤之御儀と奉存候、齟齬仕居候儀も無之と奉存候、今日幸便御座候付、先者御返言御伺旁奉得貴意度、如是御座候、恐惶謹言

三月朔日　　内田仲之助

小河小藤太へ

貴下

右之通御告越被下候付、一昨年来両三度当表へ御届相成居候御由緒等写取、為念当方よりも尚又内田様迠差上候様可仕候、此段御含置可被下候

三月十五日　　小河小藤太

濵砂兵衛様

濵砂伊三太様

其外様

るべく候御儀も在りなさるべくやと恐悦に存じ奉ることに御座候。その御許において、仰せ立てられ候趣、一々御尤《ごもっとも》の御儀と存じ奉り候。齟《そ》齬《ご》仕り居り候儀もこれなくと存じ奉り候。今日幸便《こうびん》御座候につき、まずは御返言御伺い旁《かたがた》貴《き》意《い》を得《え》奉りたく、かくのごとくに御座候。恐惶謹言

三月朔日《ついたち》　　内田仲之助

小河小藤太へ

貴下《きか》

右の通り御告げ越し下され候につき、一昨年来両三度《りょうさんど》当表へ御届けあい成り居り候御由緒等写し取り、念のため当方よりも、なおまた内田様まで差し上げ候よう仕るべく候。この段、御含み置き下さるべく候。

（明治三年）三月十五日　　小河小藤太

浜砂兵衛様

浜砂伊三太様

そのほか様

猶々御厭専要奉存候、此末何様之儀ニ而も拝承可仕候付、無御腹臓(ママ)可被仰聞候、且御別帋之儀ハ則国元江申遣、同所ゟ御在邑表へ者相達筈ニ付、疾御承知相成居候儀と奉存候

猶々《なおなお》御厭《いと》い専要と存じ奉り候。この末、何様の儀にても拝承仕るべく候につき、御腹蔵なく仰せ聞かさるべく候。かつ御別紙の儀は、則《そく》国元へ申し遣わし、同所より御在邑表《ざいゆうおもて》へは、あい達す筈につき、疾《と》く御承知あい成り居り候儀と存じ奉り候。

②系図由緒書の差し出し

【史料54】小川知事局宛浜砂兵衛書状

西米良村所蔵史料目録No.189

以宿次啓上仕候、先以御惣容様益御機嫌好可被遊御座恐悦御同慶奉存候、然者下拙儀去月廿八日暁鹿児嶋着、直ニ伊集院助六殿へ参上、下地書御系図差出申し候処、菊池氏父子京師向関係ニも候間、彼方示談之上

（読み下し）

宿次《やどつぎ》を以て啓上仕り候。まず以て御惣容様《ごそうようさま》ますます御機嫌《ごきげん》よく御座遊ばさるべく恐悦御同慶に存じ奉り候。しからば下拙儀《げせつぎ》去月二十八日暁、鹿児島着、直《じき》に伊集院助六殿へ参上、下地書の御系図を差し出し申し候ところ、菊池氏父子京《けい》

取仕立方可然御差図ニ付、其侭ニ菊池氏へ罷越候処、明日立月次便ニ者認メ難出来、尤大久保一蔵殿御方へ喜之介殿より御申込被置候儀も有之ニ付、此節ハ無残得と調べ之上、御指出可然御評判被下、下地喜之介殿御取仕立可被下之処、一昨十三日下書出来ニ付、昨今下拙清書仕候、此間ゟ御系図所々相違之処有之、是又写直し仕、旁隙《ヒマ》入ニ相成滞在仕申事ニ御座候、併明後十七日ニ者是非とも出立之賦りニ御座候

一、京都表ゟ公務方指下シ候書状三通指上申候間、夫々御推覧御手賦御伺可被下候

一、東京へ御歎願之件々者於当地茂認メ、両三日中ゟ黒岡匠内様京都表へ御先祖御参詣御暇ニて御発足之由ニ付、此便ニ御

師《し》向き関係にも候間、彼方へ示談のうえ取り仕立て方しかるべき御差図《おさしず》につき、そのままに菊池氏へ罷り越し候ところ、明日立ちの月次便《つきなみびん》には認《したた》め出来難く、もっとも大久保一蔵殿御方へ喜之介殿より御申し込み置かれ候儀もこれあるにつき、この節は残らず得《とく》と調べのうえ、御指《さ》し出《だ》し、しかるべき御評判下され、下地は喜之介殿御取り仕立て下さるべくのところ、一昨十三日下書き出来るにつき、昨今下拙《げせつ》清書仕り候。この間より御系図所々相違のところこれあり、これまた写し直し仕り、かたがた隙《ひま》入りにあい成り、滞在仕り申すことに御座候。しかしながら、明後十七日には、是非とも出立の賦《つも》りに御座候。

一、京都表より公務方指し下し候書状三通、指し上げ申し候間、それぞれ御推覧、御手賦《おてづも》り御伺い下さるべく候。

一、東京へ御歎願の件々は、当地においても認め、両三日中より黒岡匠内様京都表へ御先祖

頼申上差遣し可申候、右之段申上越候、
謹言
三月十五日　濱砂兵衛
小川
知事局
尚々荒武清蔵儀一昨十三日帰着之由御座候

御参詣御暇《おいとま》にて御発足の由につき、この便に
御頼み申し上げ、差し遣わし申すべく候。右
の段申し上げ越し候。謹言
（明治三年）三月十五日　浜砂兵衛
（米良）小川
知事局《ちじきょく》
尚々《なおなお》、荒武清蔵儀一昨十三日帰着の由に御座候。

西米良村所蔵史料目録No.228

【史料55】浜砂兵衛宛菊池助右衛門書状

〔包紙〕「濱砂兵衛様　菊池助右衛門
内用」
明日御出立之由、此節者長御滞在ニ而御退
屈被為在候半、然とも京都ゟ被仰出候一条
ニ付而者、御願意筋符合いたし候訳ニ而御
願達ニ者相違有御座間敷、猶又、掛而奉祈

（読み下し）
〔包紙〕「浜砂兵衛様　菊池助右衛門
内用」
明日御出立の由、この節は、長の御滞在にて御
退屈ありなされ候わん。しかれども京都より仰
せ出され候一条につきては、御願意筋符合いた
し候訳にて、御願達には相違御座あるまじく、

上居候事ニ御座候、御帰着之上者、旦那様亀之助様者勿論、御惣容様方江宜しく被仰上被下度、尤別紙壱通御上ケ可被下候、御暇乞旁御参候之筈御座候得とも、誠乍大畧萬事奉得御意候、以上

三月十九日

なおまた、掛《かけ》て祈り上げ奉り居り候ことに御座候。御帰着のうえは、旦那様、亀之助様は勿論、御惣容様方へ宜しく仰せ上げられ下されたく、もっとも別紙一通、御上げ下さるべく候。御暇《おいとま》乞《ごい》かたがた御参候《ごさんこう》のはずに御座候えども、誠に大略ながら万事御意《ぎょい》を得《え》奉り候。以上

三月十九日

【史料56】菊池次郎宛菊池助右衛門書状

西米良村所蔵史料目録No.192

〔包紙〕「次郎様
尊下　菊池助右衛門」

一筆奉呈上候、弥以御機嫌能可被遊御座目出度恐悦之御儀奉存上候、此節兵衛様ゟ御懇志被仰下、難有奉存候、御惣容様被為揃御機嫌能被為御座候由、千萬恐悦奉祝上候、

（読み下し）

〔包紙〕「次郎様
尊下　菊池助右衛門」

一筆呈上奉り候。いよいよ以て御機嫌よく御座遊ばさるべく目出度く恐悦の御儀と存じ上げ奉り候。この節、兵衛様より御懇志《ごこんし》仰せ下され、有難く存じ奉り候。御惣容様《ごそうようさま》揃いなされ御機嫌

此度御願意云々之儀ニ付而者、京都ニ而朝廷ゟ被仰出候一条、小河氏ゟ被遣候御書付之写を以てハ御願意筋ニ符合仕候訳ニ而、十ニ八九者御願達相違有御座間敷、乍恐奉管察御歓申上候而、折角奉祈居申候、何分ニ茂早目御願達之所、幾重ニ茂奉待上候、且又、民三様清蔵ニ茂帰着ニ而、然処御存知通ニ者参兼候由、宗兵衛ニ茂此度ハ折角相働申候得共、片一方調達出来兼、夫故當春者迚茂罷出候儀不相叶段承申候、伊織様御内之小城正次郎茂近比五嶋表ゟ罷帰候由、是者随分繰廻し茂出来候者之由御座候得共、五嶋表仕入之所、大ニ損失ニ相成候由ニ御座候、然処正次郎ニ者いまた非分之事ニ御座候間、不遠内ゟ其御方様江罷出候含之由

よく御座なされ候由、千万恐悦に祝い上げ奉り候。このたび御願意云々の儀につきては、京都にて朝廷より仰せ出され候一条、小河氏より遣わされ候御書き付けの写しを以ては、御願意筋に符合《ふごう》仕り候訳にて、十に八九《はっく》は御願達は相違御座ありまじく、恐れながら管察奉り御歓び申し上げ候て、折角《せっかく》祈り奉り居り申し候。何分《なにぶん》にも早目の御願達のところ、幾重にも待ち上げ奉り候。かつまた、民三様清蔵にも帰着にて、しかるところ、御存知通りには参り兼ね候由。宗兵衛にもこのたびは折角あい働き申し候えども、片一方は調達は出来かね、それゆえ当春は、とても罷り出で候儀、あい叶《かな》わず段承り申し候。伊織様御内の小城正次郎も、近ごろ五島表より罷り帰り候由。これは随分繰廻《くりまわ》しも出来《でき》候者の由に御座候えども、五島表仕入れのところ、大いに損失にあい成り候由に御座候。しかるところ、正次郎には、いまだ非分《ひぶん》のことに御座候間、遠からず内より、その御方様へ罷り出で候

承申候、何れ追々御産物御商法之道茂、猶又相立候様有御座度奉念願候、此度兵衛様江相付、相良垂（カ）太郎と申者罷出筈御座候、何茂兵衛様ゟ御聞取被遊可被下候、先比御越之砌者無存掛御叮嚀被仰付、誠以難有仕合奉存候、厚御禮奉申上候、随而私初家内無異罷在申候間、乍恐御降意被遊可被下候、私ニ者頓と身軽に罷成、兼而好ミ之作職者勿論、植物等仕候而實ニ安気身茂強く罷成申候、未奉申上度候得共、先者御機嫌伺、且右旁乍恐麁筆奉呈上候、恐惶謹言

三月十九日　菊池助右衛門

次郎様

尊下

追啓、助三郎様ニ茂不遠御越可被成と折角

含みの由、承り申し候。いずれ追々御産物御商法の道も、なおまたあい立ち候よう御座ありたく念願奉り候。このたび兵衛様へあい付け、相良垂（カ）太郎と申す者、罷り出る筈に御座候。いずれも兵衛様より御聞き取り遊ばされ下さるべく候。さきごろ御越しの砌《みぎり》は、存《ぞん》じ掛《か》けず御叮嚀仰せ付けられ、誠に以て有難く仕《し》合《あわ》せに存じ奉り候。厚く御礼申し上げ奉り候。したがって私初め家内、異なく罷り在り申し候間、恐れながら御降意遊ばされ下さるべく候。私には頓《とん》と身軽に罷り成り、かねて好みの作職《さくしき》は勿論、植物《うえもの》などし候て、じつに安気《あんき》、身も強く罷り成り申し候。いまだ申し上げ奉りたく候えども、まずは御機嫌伺い、かつ右かたがた、恐れながら麁《そ》筆《ひっ》呈上奉り候。恐惶謹言

三月十九日　菊池助右衛門

次郎様

尊下

追啓、助三郎様にも遠からず御越し成さるべく

奉待上居候、猶後音ニ申上残候、以上

【史料57】系図由緒書差出の事

一、系圖　　一巻
一、由緒書　　一冊
右ハ菊池主膳祖先以来之由緒等取調早々可差出旨被仰渡置候、然ル處此節本行之通差越候付、相添此段申上候、
以上
但、當分次郎ト改名之段申越候
鹿児島藩
公用人　田中清之進
四月十五日
辨官
系図一巻
由緒書一冊　別ニ載ス

と折角《せっかく》待ち上げ奉り居り候。なお後音《こういん》に申し上げ残し候。以上

「公文録」国立公文書館

（読み下し）
一、系図　　一巻
一、由緒書　　一冊
右は、菊池主膳祖先以来の由緒等取り調べ早々差し出すべき旨、仰せ渡され置き候。しかるところ、この節、本行の通り差し越し候につき、あい添え、この段申し上げ候。
以上
ただし、当分、次郎と改名の段、申し越し候。
鹿児島藩
公用人　田中清之進
（明治三年）四月十五日
弁官御役所

御役所

―

系図一巻由緒書一冊、別に載す

③家臣の奔走　京都詰小河小藤太

【史料58】浜砂兵衛宛小河小藤太書状

西米良村所蔵史料目録No.233

〔包紙〕「濵砂兵衛様　京より
小河小藤太」

一楮奉拝呈候、時是梅雨中鬱陶鋪御座候得共、於其御地、殿様若殿様御惣容様被為遊御揃、益御機嫌好可被遊御座恐悦至極奉謹賀候
於快様ニ茂昨秋目出度御入殿、当二月十六日乃至十八日御婣儀御祝式御執行被為在、殊ニ旧臘ヨリ御妊躰之御模様ニ被為在候段、千亀萬鶴奉恐悦候、伏而願ハ尊容御加養被為在、

（読み下し）

〔包紙〕「浜砂兵衛様　京より
小河小藤太」

一楮《いっちょ》拝呈《はいてい》奉り候。時に是《これ》梅雨中鬱陶しく御座候えども、その御地においては、殿様、若殿様、御惣容様《ごそうようさま》御揃い遊ばされ、ますます御機《ごき》嫌《げん》よく御座遊ばさるべく、恐悦至極謹みて賀し奉り候。
於快様にも、昨秋目出度く御入殿、当二月十六日乃至《ないし》十八日、御婣儀御祝式御執行《ごしゅぎょう》ありなされ、ことに旧臘《きゅうろう》より御妊躰《ごにんたい》の御模様に

目出度御誕生被為在候様日夜奉謹祈候、右等之趣ヲ以、上様院様奉始御惣容様へ伺御機嫌、且ハ恐賀之段宜御取繕、御序ニ言上奉頼上候、将亦尊兄様益御剛健被遊御奉職、且又御挙家始御一類中実家ニも於いち其外共惣堅固之段奉承知、萬々喜入申候、宿元ニも無事龍蔵様ニも御堅勝之由大悦仕候、御老身之事御座候へ者折角御身大事ニ御保養有之候様御鳳声可被下候、二ニ小身ニ於而も存外無恙微風之邪気ニも不被侵、至而元気ニ相務居申候間、御懸念被下間敷候、先般も申上越候通、当月初ヨリ學僕一人遣置申候、是ハ薩州谷山之士族佐藤友助ト申人ニ而齢二十二、文學修行トシテ憤發出京之仁ニ而誠ニ正腸之人ニ御座候、夫故私ニも当時自炊ニも不及、餘程手助ニ而

ありなされ候段、千亀万鶴《せんきばんかく》恐悦奉り候。伏して願わくは、尊容《そんよう》御加養ありなされ、目出度く御誕生ありなされ候よう、日夜謹みて祈り奉り候。右などの趣を以て、上様、院様を始め奉り、御惣容様へ御機嫌伺い、且は恐賀の段宜しく御取り繕ろい、御序《おつい》でに言上頼み上げ奉り候。はたまた尊兄様、ますます御剛健御奉職遊ばされ、かつまた御挙家《ごきょか》始め御一類中、実家にも、於《お》いちそのほかども惣《すべ》て堅固の段承知奉り、万々喜び入り申し候。宿元《やどもと》にも無事、龍蔵様にも御堅勝の由、大悦び仕り候。御老身のこと御座候えば、折角《せっかく》御身大事に御保養これあり候様、御鳳声《ごほうせい》下さるべく候。二に小身においても、存外恙《つつが》なく微風の邪気にも侵されず、至って元気にあい務め居り申し候間、御懸念下され間敷《まじく》候。先般も申し上げ越し候通り、当月初めより学僕一人遣い置き申し候。これは薩州谷山の士族、佐藤友助と申す人にて、齢二十二、文学修行として

安心仕居申候、萬事御心易被為思召可被下候、此段ハ姉上ヲ始家内夫々へも御傳へ置可被下候

一、則忠公正月四日ヨリ御出麑、桂氏及黒田新納両氏へ御面謁、諸事御頼被遊候上東京へ御出願之由、又尊兄ニも昨十一月乃至十二月御在麑、復々当二月ヨリ三月迠御在薩之段拝承、重大之御出役嘸々御苦心被遊候半と奉察、時躰柄臣子之分竭力致身報効、御互ニ勵精可仕ハ勿論、左候而上之為メ盡候事之成不成、世ニ合不合ハ天ニ在りて人之可為得事ニあらす奉存候、何分ニも僅ニ半百之生涯、夢之浮世ニ御座候間、御互ニ成丈相勤申候而亡父君へ地下へ土産話仕候ヲ相待申候、餘ハ後雁ニ可申上候、御

憤発出京の仁《じん》にて、誠に正腸の人に御座候。それ故、私にも当時自炊にも及ばず、余程手助けにて安心仕居《しお》り申し候、万事御心易く思し召しなされ下さるべく候。この段は姉上を始め家内それぞれへも御伝え置き下さるべく候。

一、則忠《のりただ》公は、正月四日より御出麑《ごしゅつげい》、桂氏及び黒田新納両氏へ御面謁、諸事御頼み遊ばされ候うえ東京へ御出願の由。また尊兄にも昨十一月乃至《ないし》十二月御在麑《ございげい》、復々《またまた》当二月より三月まで御在薩の段拝承《はいしょう》、重大の御出役、嘸々《さぞさぞ》御苦心遊ばされ候わんと察し奉り、時体柄《じたいがら》臣子の分《ぶ》、竭力致身報效《けつりょくちしんほうこう》、御互いに励精《れいせい》仕るべきは勿論、左《さ》候て、上のため尽し候ことの成る成らず、世に合う合わずは天に在りて、人の得事《とくじ》たるべきにあらずと存じ奉り候。何分にも僅《わずか》に半百の生涯、夢の浮世に御座候間、御互いになるだけあい勤め申し候て、亡き父君へ地下へ土

訶笑々々、扨私ニ者先便より嶋津内匠様御帰便、其外便申上候通り、御家族并家来人数帳へ願書相添、京府へ指出、府より管轄所へ御添書相渡候へ者当方引拂申候而も宜御座候得とも、癸亥以来勤王之御志業ヲ被為立、戊辰ニ者御父子様共御出京、以来今日まて入費若干ニ及候事ニ而、只今此形ニ主従共元之山中ニ引籠り候而ハ、両京官府之御布告御模様等、世事之躰態も、山中へハ先々取次ニ而者急ニ者相分り申間敷、就而者一人ニ而も在京仕候へ者夫丈之入費ニ及候事ニ而誠ニ以奉恐入候、殊ニ私ニ者格外御寵遇ヲ奉受候而、愚盲ヲ忘れ、近年引續き多勤ニ而難有奉存候のミニ而何一ツ奉公之効無之、実ニ奉恐入候、然處、当時御

産話仕り候をあい待ち申し候。余《よ》は後《のち》の雁《かり》（便り）に申し上ぐべく候。御訶笑《おかし》々々。さて私には、先便より嶋津内匠様御帰り便、そのほかの便に申し上げ候通り、御家族ならびに家来人数帳へ願書あい添え京府へ指し出し、府より管轄所へ御添書あい渡し候えば、当方引き払い申し候ても宜しく御座候えども、癸亥《きがい》以来、勤王の御志業を立てなされ、戊辰《ぼしん》には御父子様とも御出京、以来今日まで入費若干に及び候事にて、ただ今この形に主従とも元の山中に引き籠り候ては、両京官府の御布告御模様等、世事の躰態《ていたい》も山中へは先々取り次ぎにては急にはあい分り申すまじく、ついては、一人にても在京仕り候えば、それだけの入費に及び候事にて、誠に以て恐れ入り奉り候。殊《こと》に私には、格外の御寵遇を受け奉り候て、愚盲を忘れ、近年引き続き多勤にて有難く存じ奉り候のみにて、何一つ奉公の効これな

所内宮内省中へ、私へ相当之官員欠候場所有之ニ付、出仕為致候様周旋いたし度申被呉候仁も御座候、就而者時宜ニ寄候而者当分入官仕居、前文ニ申上候通り官府之御布告両京之形勢等、時々其御表へ御通信奉申上候様ニ可仕哉と奉存居候へと、いまた能相分り不申候、此段御聞置被下、自然右様ニ仕候而者上之思召其外御地ニ而御不都合之廉も御座候ハ、早々御しらせ可被下候、両三年も右様入官仕居候内ニ者世躰も定り、上様御家事も何とか目出度御成立之御場合ニ相分り可申哉と乍恐奉存候、御家来一人も出京なしニ惣引取ニ而ハ以前ニ不替世躰も不相分、いつ〳〵迄も府縣等之士族ニ而人の下ニ被為在候様ニ而者有之間敷候へ共、

く実に恐れ入り奉り候。しかるところ、当時御所内の宮内省中へ、私へ相当の官員欠け候場所これあるにつき、出仕《しゅっし》致させ候よう周旋いたしたく申し呉《くれ》られ候仁《じん》も御座候。ついては、時宜《じぎ》により候ては当分入官仕居《しお》り、前文に申し上げ候通り、官府の御布告、両京の形勢等、ときどきその御表へ御通信申し上げ奉り候ように仕るべきやと存じ奉り居り候えど、いまだよくあい分り申さず候。この段、御聞き置き下され、自然、右《みぎ》様《よう》に仕り候ては、上の思し召しそのほか、御地にて御不都合の廉《かど》も御座候わば、早々御しらせ下さるべく候。両三年も右様入官仕居《しお》り候内には世体《せたい》も定まり、上様御家事も何とか目出度く御成立の御場合にあい分り申すべくやと恐れながら存じ奉り候。御家来一人も出京なしに惣《すべ》て引き取りにては、以前に替《かわ》らず世体もあい分らず、いついつまでも府県等の士族にて人の下に在りなさ

外々の元旗本とハ違ヒ、御名家之御事数代恩遇ヲ受来候私ニおゐて、いつれ千年万歳奉公仕度、尤薩藩より御取持ニ而東京よりハ目出度御沙汰可被為在候へ者、臣子之分夫のミヲ相待、是まて入費ヲ懸申候甲斐もなく引取申上も残念ニ御座候間、時宜ニ寄候而者何れへか入官、当時在京ニ而夫々両京官府之御布令及世之有様等一々可奉申上候、此段御聞置可被下候

一、東京へ御調出し御由緒之義奉拝承候、御吉兆奉待候

一、那須民三殿ニ者旧臘御着坂、両度御出京、二月十三日兵庫出航ニ而城ヶ崎住久丸より御下り相成り申候、定而御着邑相成候半、右便り御送被下候品々、難船ニ而入水之段、

れ候ようにては、これありまじく候えども、外々の元旗本《はたもと》とは違い御名家の御事、数代恩遇《おんぐう》を受け来たり候私において、いずれ千《せん》年万歳《ねんまんさい》奉公仕度《したく》、もっとも薩藩より御取り持ちにて、東京よりは目出度く御沙汰ありなさるべく候えば、臣子の分、それのみをあい待ち、これまで入費を懸《か》け申し候甲斐《かい》もなく引き取り申しあげるも残念に御座候間、時宜《じぎ》により候ては何《いず》れへか入官、当時在京にて、それぞれ両京官府の御布令及び世の有様《ありさま》等、一々申し上げ奉るべく候。この段、御聞き置き下さるべく候。

一、東京へ御調べ出し御由緒の義、拝承奉り候。御吉兆待ち奉り候。

一、那須民三殿には、旧臘《きゅうろう》(昨十二月)御着坂、両度御出京、二月十三日兵庫出航にて城ヶ崎住久丸より御下りあい成り申し候。定めて御着邑《ごちゃくゆう》あい成り候わん。右便り御送り下され候品々、難船にて入水の段、民三殿よ

民三殿より承り申候、富山信平旧臘着之由御苦労之義存候、宜御傳へ可被下候

一、駒三郎様鹿児島藩地へ御遊学之段奉恐悦候、貫一郎様ニも御出精之段、奉恐賀候

一、養老之典被執行候段拝承、御尤之御義奉存候

一、要人殿御処分之義、御尤奉存候、追々鹿児嶋藩へ管轄相分り可申候、左候ハヽ、彼藩、表向御伺ニ而、尚又御取計之義と奉存候、此方へハ何様ニ而も差支へ無御座候、段々聞合候処、事之旨意違之事も有之、夫々申分ケ置申候、以後何も差支故障ハ出来申間敷候

一、当春椎茸ハ細島紀伊国屋へ御任之段拝承仕候、中之又槙山、美々津の大坂や源七郎

り承り申し候。富山信平、旧臘着のよし、御苦労の義に存じ候。宜しく御伝え下さるべく候。

一、駒三郎様鹿児島藩地へ御遊学の段、恐悦に奉り候。貫一郎様にも御出精の段、恐賀奉り候。

一、養老の典執り行なわれ候段拝承、御もっともの御義と存じ奉り候。

一、要人《かなめ》殿御処分の義、御もっともと存じ奉り候。おいおい鹿児嶋藩へ管轄あい分り申すべく候。左候わば、彼の藩、表向き御伺いにて、なおまた御取り計らいの義と存じ奉り候。この方へは何様《いかよう》にても差し支え御座なく候。段々聞き合い候ところ、事の旨意違いの事もこれあり、それぞれ申し分け置き申し候。以後、何も差し支え故障は出来申しまじく候。

一、当春、椎茸は細島紀伊国屋《きのくにや》へ御任《おまか》せの段、拝承仕り候。中之又《なかのまた》槙山、美々津の大

へ御任之段、是亦拝承仕候、右両人江大坂へ為替金之義、御決議之段奉拝承候、松や栄七方諸取替拂精々申出候付、何分急場仕候様御取計可被下候、松や取替之義ハ別帋ニ申遣候通、内ニハ喜之介様御借用之分も有之、彼是入組居申候、委細松やへ拂方吟味繋代も餘り高直ニ御座候へ共、拂方致候砌ニ段々引かせ可申候、其上夫々仕分ケ委細御届可申上候、左なくてハ只今ニ而者何も松やの世話ニ相成り居候而金無ニ而拂之義色々吟味ハ出来不申候、御推察可被下候、大坂や源七并紀伊国や口等夫々御催促、急場仕候様御吟味可被下候

一、公用方給金之義も何の規則もなしニ今日迠相勤申候、月々何程とか御極りも被為在

坂屋源七郎へ御任せの段、これまた拝承仕り候。右両人へ大坂へ為替金《かわせきん》の義、御決議の段、拝承奉り候。松屋栄七方、諸取り替え払い、精々申し出候につき、何分急場仕り候よう御取り計らい下さるべく候。松屋取り替えの義は、別紙に申し遣わし候通り、内には喜之介様御借用の分もこれあり、彼《かれ》是《これ》入り組み居り申し候。委細松屋へ払い方吟味《ぎんみ》、繋代《つなぎだい》も余り高直《たかね》に御座候えども、払い方致し候砌《みぎり》に、段々引かせ申すべく候。その上それぞれ仕分け、委細御届け申し上ぐべく候。左《さ》なくては、ただ今にては、何も松屋の世話にあい成り居り候て、金なきにて、払いの義、色々吟味は出来申さず候。御推察下さるべく候。人坂屋源七ならびに紀伊国屋口等、それぞれ御催促、急場仕り候よう御吟味下さるべく候。

一、公用方《こうようがた》給金の義も、何の規則もなしに今日まであい勤め申し候。月々何程とか御極《おきま》り

不申事ニ御座候や、何方様御勤ニ而も右様不極りニ而者如何可被思召候哉、尤私ニおゐてハいつれ何トか相決し当分在京仕候而竭力相勤可申候、且又段々遣金之義、御苦心被下候段難有奉謝候、何分思召ニ而御才覚可被下奉願上候、先般より度々申上候通、当夏茶山中加勢之義宜御肝煎可被下候

一、上様御愛妾小柳事御暇被下候段、先便御直ニ被仰越候間、直様申聞越拝承仕候、併是迠彼是と入費ニ及、殊ニ長病相煩ひ薬代その他飯代等衣装抔入質彼是ニ而殊之外迷惑之段申出候ニ付、旧冬喜之介殿より御取替ニ而拾五両、右ハ喜之介殿へ直様私より返済ス、其後両度小柳及父同道ニ而上り候節十五両、此節離縁御暇被下候ニ付而質受

りも在りなされ申さず事に御座候や、何方《いずかた》様《さま》御勤めにても、右様《みぎよう》不極《ふぎま》りにては如何《いかが》思し召さるべく候や。もっとも私においては、いずれ何とかあい決し、当分在京仕り候て竭力《けつりょく》あい勤め申すべく候。かつまた段々遣わし金の義、御苦心下され候段、有難く謝し奉り候。何分思し召しにて御才覚下さるべく願い上げ奉り候。先般よりたびたび申し上げ候通り、当夏の茶、山中加勢の義、宜しく御肝煎《きもいり》下さるべく候。

一、上様御愛妾《ごあいしょう》小柳こと、御暇《おいとま》下され候段、先便御直《おんじき》に仰せ越され候間、直様《じきさま》申し聞き越し拝承仕り候。あわせて、これまで彼是《かれこれ》と入費に及び、殊に長病あい煩い、薬代その他飯代等、衣装など入質彼是にて、殊のほか迷惑の段申し出で候につき、旧冬喜之介殿より御取り替えにて十五両、右は喜之介殿へ直様私より返済す。その後、両度小柳及び父同道にて上り候節十五両、この節

薬代彼是と難題申出候、右へ望ミニ不應候而者跡ニ而他へ上様之御事悪様ニ相聞へ共仕候而者御不徳ニ相係り可申と奉存候間、三十両丈相渡申候、右ニ而御暇之義奉承知候、尤彼方より申出候ハ大惣之金高ニ御座候、段々と取組候義御座候へ共、筆ニ而者申上がたく御座候、此段ハ兄様迠申上候間、御含置可被下候、右ニ付高鍋公用方へ相談、当公用方入用金トシテ五十両丈借用之由ニ而相済し置申候

右ハ公私彼是書雑ニ而定而御難拝と奉存候へ共、多用中早畧不文乱筆御免可被下候、誠ニ留守中段々尊兄様奉始、其外一類中夫々外々へも御世話相成候半と万々難有奉存候、尚又よろしく御配慮可被下候、奉頼上候、何卒御

離縁御暇下され候につきて、質受け薬代彼是と難題申し出候。右へ望みに応ぜず候ては、跡《あと》にて他へ上様の御事悪様《あしざま》にあい聞こえども仕り候ては、御不徳にあい係り申すべくと存じ奉り候間、三十両だけあい渡し申し候。右にて御暇の義承知奉り候。もっとも彼方より申し出候は大惣《たいそう》の金高に御座候。段々と取り組み候義御座候えども、筆にては申し上げがたく御座候。この段は兄様まで申し上げ候間、御含み置き下さるべく候。右につき、高鍋公用方へ相談、当公用方入用金として五十両だけ借用の由にてあい済まし置き申し候。

右は公私彼是《かれこれ》書雑にて、定めて御難拝と存じ奉り候えども、多用中早略不文乱筆御免下さるべく候。誠に留守中段々尊兄様始め奉り、そのほか一類中それぞれ外々へも御世話あい成り候わんと、万々有難く存じ奉り候。なおまたよろしく御配慮下さるべく候。頼み上げ

序ニ夫々宜御礼御傳へ可被下候、余ハ后雁ニ
可奉申上候、誠恐誠惶謹言、敬白
五月廿六日書　小河小藤太
濵砂尊兄上様
尚以時下御自愛専一奉祈候、拝

奉り候。何卒《なにとぞ》御序《つい》でに、それぞれ宜しく御礼
御伝え下さるべく候。余《よ》は后《のち》の雁《かり》に申し上げ
奉るべく候。誠恐誠惶謹言、敬白
（明治三年）五月二十六日書　小河小藤太
浜砂尊兄上様
なお以て時下《じか》御自愛専一《せんいつ》祈り奉り候。拝

【史料59】（小河小藤太）覚書

西米良村所蔵史料目録No.131

覺　那須氏へ委細申上候得共、愚頭之
侭、尚又早略相認御頼申上置候、
失敬ハ御仁免
一、亥年ヨリ卯年迄諸上納高年々仕分諸品運
上等迄御賦り之事、但辰年巳年御改正ニ付
相増候ハヽ、現実之処別段御掛合可被下候
一、諸遺金御屋敷御取替御願并御登金可被下

（読み下し）
覚　那須氏へ委細申し上げ候えども、愚
頭のまま、なおまた早略あい認め御
頼み申し上げ置き候。失敬は御仁免。
一、亥年より卯年まで諸上納高年々仕分《しわ》け、
諸品運上等まで御賦《みつも》りのこと。ただし、辰
年巳年御改正につき、あい増し候わば、現
実のところ、別段御掛《か》け合《あ》い下さるべく候。

候
一、別紙写之通り御惣容様御年齢、御家来中同断、士足軽百姓仕分之事、宗門帳形ニ御遣被成候付、名字無之足軽丈名字御脇付被下候ハヽ、都合ニ寄、此方ニ而認替へ可申哉
一、高之儀ハ有形ニ諸上納高品数不残運上迄、辰巳年御改正之現実ヲ以、御申越被下候ハヽ、京都府へ持参、口上ニ而委曲申傳へ、其上ニ而御届可申上哉
一、薩州へ依頼、東京へ歎願之趣、御歎願書不残写、薩州へ御頼之願書も御座候ハヽ、御遣し可被下候
一、西郷要人御処分之義、御しらせ可被下候
一、石高ハ前文之通有形ニ御届ニ而、又何方様ニも御旧領ハ縣貫轄ニ付而者、縣之義も

一、諸遣わし金、御屋敷御取り替え御願、ならびに御登金《おのぼせきん》、下さるべく候。
一、別紙写しの通り御惣容様《ごそうようさま》御年齢、御家来中同断《どうだん》、士・足軽・百姓仕分けのこと、宗門帳の形に御遣わし成され候につき、名字これなき足軽だけ、名字御脇付《わきづけ》下され候わば、都合《つごう》により、この方にて認め替え申すべくや。
一、高の儀は、有形に諸上納高、品数残らず運上まで、辰巳年御改正の現実を以て、御申し越し下され候わば、京都府へ持参、口《こう》上《じょう》にて委曲《いきょく》申し伝え、そのうえにて御届け申し上ぐべきや。
一、薩州へ依頼、東京へ歎願の趣、御歎願書残らず写し、薩州へ御頼みの願書も御座候わば、御遣わし下さるべく候。
一、西郷要人御処分の義、御しらせ下くださるべく候。
一、石高は、前文の通り有形に御届けにて、

御伺ニ相成者ニ而者無御座候哉、鹿児嶋ニ而之御吟味者如何や御しらせ可被下候、貫轄之縣なしニ別紙之通り旧土旧民取締委任被仰付候知藩事之例ニ御願候而者如何、同列衆も御心配之由御座候

　此一条者思召も奉恐入候得共申上候

諸侯ニモ何レモ御領地返上ノ処、改テ何々藩知事被仰付、今ハ領主ニ非ス、藩取締之役ト申様之事ニ御座候哉、尤家臣士ハ何藩士族ト申候由、就而者

一、御旧領十四村、村々人別年齢帳、寺数、社数

一、村々上納高

一、御領内絵図、今形十四村ニ書直し

右二帳并絵図共〆三通ヲ以御書付御添へ

また何方様《いずかたさま》にも御旧領は県貫轄につきては、県の義も御伺いにあい成るものにては御座なく候や。鹿児島にての御吟味《ごぎんみ》は、如何《いかが》や御しらせ下さるべく候。貫轄の県なしに、別紙の通り旧土旧民取締り委任仰せ付けられ候知藩事《ちはんじ》の例に御願い候ては如何《いかが》。同列衆も御心配の由に御座候。

　この一条は、思し召しも恐れ入り奉り候えども申し上げ候。

諸侯《しょこう》にも何《いず》れも御領地返上のところ、改めて何々藩知事仰せ付けられ、今は領主にあらず、藩取締りの役と申す様のことに御座候や。もっとも家臣士は何藩士族《しぞく》と申し候由。ついては、

一、御旧領十四村、村々人別年齢帳、寺数、社数

一、村々上納高

一、御領内絵図、今の形十四村に書き直し

右二帳ならびに絵図とも、しめて三通を以

一、先便両度ニ近衛殿、久我殿、画讃指上申候、一便ハ上村藤兵衛帰り便、一便ハ鎌田清五郎殿帰便、定而相届御入手被遊被下候半と奉存候、又々跡ニて華族方名誉之御方詩歌画書等相集め候書画幅一巻、相始置申候、成就之上ハ直様差上可申候

一、後便ニハ乍恐鎌田十郎太殿迠、私扼害ニ相成候御礼トシテ御書御送り被下、近衛殿、久我殿、長谷殿、押小路殿江も十郎太殿より御礼被仰上可被下と御頼越可被下候、誠ニ鎌田十郎太殿へ扼害ニ相成り、右之四卿よりも御懸命ヲ蒙り申候、小五郎よりも一封鎌田氏へ御礼同様申越候様御傳へ可被下候、公之御書ヲ奉願候ハ恐多奉存候得共、ヤハリ公之御為メニ宜敷御座候間奉申上候、

一、先便両度に近衛殿、久我殿、画讃《がさん》さし上げ申し候。一便は上村藤兵衛帰り便、一便は鎌田清五郎殿帰り便、定《さだ》めてあい届き御入手遊ばされ下され候わんと存じ奉り候。またまた跡にて華族方名誉の御方の詩歌画書等あい集め候書画幅一巻、あい始め置き申し候。成就の上は直様《すぐさま》差し上げ申すべく候。

一、後便には恐れながら鎌田十郎太殿まで、私扼害《やくがい》にあい成り候御礼として御書御送り下され、近衛殿、久我殿、長谷殿、押小路殿へも、十郎太殿より御礼仰せ上げられ下さるべくと御頼み越し下さるべく候。誠に鎌田十郎太殿へ扼害にあい成り、右の四卿よりも御懸命を蒙り申し候。小五郎よりも一封鎌田氏へ御礼、同様申し越し候よう御伝え下さるべく候。公の御書を願い奉り候は恐れ多くと存じ奉り候えども、やはり公の御ために宜しく御座候間、申し上げ奉り

餘ハ後便ニ奉申上候、誠恐謹言

小河小藤太

八月十八日　重任（花押）

則忠公

則之公

御執事御披露

二言、時下専一御自愛奉祈候、宮之八重様奉始御物容様へ宜被仰上可被下候、扨別紙久我家早川ト御座候ハ、正二位殿直筆ニ御座候、押小路殿直筆書面共、前文奉申上候通、彼卿方より蒙恩命申候證據ニ奉入尊覧候、敬白

候。余は後便に申し上げ奉り候。誠恐謹言

小河小藤太

（明治四年カ）八月十八日　重任（花押）

則忠公

則之公

御執事御披露

二言、時下専一《せんいつ》御自愛祈り奉り候。宮の八重様始め奉り御物容様へ宜しく仰せ上げられ下さるべく候。さて、別紙久我家早川と御座候は、正二位殿直筆に御座候。押小路殿直筆書面とも、前文申し上げ奉り候通り、彼卿方より恩命を蒙り申し候証拠に尊覧に入れ奉り候。敬白

（解説）

小河小藤太が華族触頭書記となったのは明治四年一月九日で、長谷信篤が京都府知事であったのは、明治元年閏四月から明治八年七月までの間である。富高県は、日向国内の旧幕府直轄地が慶応四年四月に「県」となった際に設置された。慶応四年八月十七日には日田県に編入され、明治四年十一月十四日、日田県廃止にともない、旧富高県地域は美々津県に移管

された。

　この書状が書かれたと思われる明治四年八月には、富高県はすでに日田県に併合されており、文中「富高県知事にても御望みの段云々」は、府県統合の著しい時期ゆえの齟齬と思われる。ほかの交代寄合の旧所領は最寄りの府県管轄となっていくなか、米良山も幕府御料として「県」の管轄となり、則忠が知事として、そのまま米良山を治めることができないだろうか、という意と思われる。

3　菊池氏の鹿児島移住

①鹿児島藩貫属《かんぞく》

【史料61】菊池次郎宛菊池助右衛門・喜之介書状　　西米良村所蔵史料目録No.197

一翰呈上仕候、暑気甚敷御座候得共、先以
益御機嫌克被遊御座恐賀之至、目出度御儀

（読み下し）
一翰呈上仕り候。暑気甚《はなはだし》く御座候えども、

奉恐悦候、於爰許七郎様無御障御壮健被為入、升一郎殿、準治殿、弥元氣無異御座候間、乍恐御晴念可被成下候、扨先日者御飛脚便ゟ尊書被成下、難有拝誦仕候而、伊集院助六殿方江相廻申候、将亦鹿児嶋藩江管轄之一条、知政所傳事方江形行願立候處、此御方何そ御差支無之と之趣を以、去ル五四便ゟ東京江申越相成申候間、不遠何分西京之方ゟ可申参候間、左様御聞済被遊可被下候、随而私共無異罷在申候間、乍恐尊意易思召可被下候、尚委細奉申上度奉存候得共、急便故餘者期後音之時候、恐惶謹言

午七月十六日　菊池助右衛門

菊池喜之介

次郎様

先ず以てますます御機嫌よく御座遊ばされ、恐賀の至り目出度き御儀と恐悦奉り候。爰許《ここもと》において七郎様（菊池次郎三男）御障《おさわ》りなく御壮健に入りなされ、升一郎殿、準治殿、いよいよ元気、異《い》なく御座候間、恐れながら御晴念《せいねん》成し下さるべく候。さて先日は御飛脚便より尊書成し下され、有難く拝誦《はいしょう》仕り候て、伊集院助六殿方へあい廻し申し候。はたまた、鹿児島藩へ管轄の一条、知政所《ちせいじょ》伝事方へ形行《けいぎょう》願い立て候ところ、この御方何ぞ御差し支えこれなくとの趣を以て、去る五四便より東京へ申し越しあい成り申し候間、遠からず何分《なにぶん》西京の方より申し参るべく候間、左様《さよう》御聞き済まし遊ばせ下さるべく候。したがって、私ども異なく罷り在り申し候間、恐れながら尊意易く思し召し下さるべく候。なお委細申し上げ奉りたく存じ奉り候えども、急便ゆえ余は後音《こういん》の時を期し候。恐惶謹言

（明治三年）午七月十六日　菊池助右衛門

菊池喜之介

参人々御中

【史料62】京都御政府宛進達書（写）

御當府御貫属之士族菊池次郎儀、當藩江貫
属被仰付度被願出付、御引渡差支有無之儀、
先達而御問合之趣、早速本藩江中越候処、
何モ差支之儀無御座旨、此節申越候、此段
申上候、以上

鹿児島藩
小野半左衛門

庚午
八月十二日

京都
御政府

次郎様
参人々《まいるひとびと》御中

西米良村所蔵史料目録No.152⑰

（読み下し）

御当府御貫属《かんぞく》の士族菊池次郎儀、当藩へ貫属仰せ付けられたく願い出られるにつき、御引き渡し差し支え有無の儀、先達て御問い合わせの趣、早速本藩へ申し越し候ところ、何も差し支えの儀御座なき旨、この節申し越し候。この段申し上げ候。以上

鹿児島藩
小野半左衛門

（明治三年）庚午八月十二日

京都御政府

【史料63】菊池次郎鹿児島藩貫属願

西米良村所蔵史料目録No.198

今般願之通旧領地居住被仰付、難有仕合奉
存候、就而者兼而出願之通、鹿児嶋藩へ管
轄被仰付度奉願候、何分之儀御沙汰可被成
下候、以上

印（割） 庚午

八月十七日 菊池次郎

関 次郎
村越 三十郎 觸下

京都
御府

（読み下し）

今般願いの通り旧領地居住仰せ付けられ、有難く仕合せに存じ奉り候。ついては、兼《かね》て出願の通り、鹿児島藩へ管轄仰せ付けられたく願い奉り候。何分の儀御沙汰成し下さるべく候。以上

（明治三年）庚午

八月十七日 菊池次郎

関 次郎
村越 三十郎 触下《ふれした》

京都御府

【史料64】菊池次郎鹿児島藩貫属聞届（写）

西米良村所蔵史料目録No.199

一、高百二石三斗三升八合
旧領肥後国球麻郡小川

（読み下し）

一、高百二石三斗三升八合

之御吟味者如何、早々御掛合可被下候、
一、兵隊御差出之義ハ、諸色高直之砌、食料朝廷より被下候共、銘々小遣用意も出来申候哉、是迄之御借財ハ如何

のまま恐れながら早略伺い奉り候。もっとも、鹿児島藩にての御吟味は如何、早々御掛《か》け合《あ》い下さるべく候。
一、兵隊御差し出しの義は、諸色高直《しょしきこうじき》の砌《みぎり》、食料は朝廷より下され候とも、銘々小遣い用意も出来申し候や、これまでの御借財は如何。

西米良村所蔵史料目録No.209

【史料60】菊池則忠・則之宛小河小藤太書状

一翰謹而奉拝呈候、則忠公、則之公奉始御惣容様益御機嫌克被為遊御座奉恐悦候、近来ハ打絶郷信モ無御座尊慮如何被為在候哉、日夜苦思焦心仕居申候、愚上京以来旦暮両公之御勤王之志業貫徹仕候様ニと先般より毎度奉言上候通尽力仕候得共、尓今効ヲ報シ奉候場合ニ至り不申、深ク奉恐縮候、誠ニ不忠之至ハ

（読み下し）

一翰謹て拝呈奉り候。則忠公、則之公始め奉り、御惣容様ますます御機嫌よく御座遊ばしなされ恐悦に奉り候。近来は打ち絶えて郷信も御座なく尊慮いかが在りなされ候や、日夜苦思焦心仕り居り申し候。愚（愚生《ぐせい》）上京以来、旦暮《たんぼ》（朝夕）に両公（則忠・則之）の御勤王の志業《しぎょう》貫徹仕り候ようにと、先般より毎度言

今般士族一同知行所上地被仰付候段、謹而奉敬承候、即領地村々人員収納高土地絵図面三通之通謹而奉返上候、左候而奉出願候ハ奉恐入候得共、元来遠国僻地之小身、旧民共土地柄困窮ニ付、他江借財之米、元金貸渡、為永久社倉之法取建置候儀も有之、従来旧幕府へも出産之物ヲ目当ニシテ五ヶ年目一度宛出府之用度モ弁候位ニ御座候へ者、俄ニ旧領相離候事者前文之通入込之義も有之、殊ニ京師ヨリハ弐百里餘僻遠之地御座候得者諸取締難出来候ニ付、奉恐入候得共、旧士旧民取締委任被仰付、五ヶ年目一度宛上京、朝観述職仕候様被仰付度趣ヲ以、御歎願相成候而者如何可有御座候哉、愚頭之侭乍恐早畧奉伺候、尤鹿児嶋藩ニ而

て御書付御添え今般士族一同知行所上地《あげち》仰せ付けられ候段、謹んで敬承奉り候。すなわち、領地村々人員、収納高、土地絵図面、三通の通り謹んで返上奉り候。左候て出願奉り候は恐れ入り奉り候えども、元来遠国僻地の小身、旧民どもも土地柄困窮につき、他へ借財の米、元金貸し渡し、永久社倉《しゃそう》の法として取り建て置き候儀もこれあり、従来旧幕府へも出産の物を目当てにして、五ヶ年目一度宛出府の用度も弁じ候くらいに御座候えば、俄《にわか》に旧領あい離れ候ことは、前文の通り入り込みの義もこれあり、ことに京師《けいし》よりは二百里余り僻遠《へきえん》の地に御座候えば、諸取締り出来難《できがた》く候につき、恐れ入り奉り候えども、旧士旧民取締り委任仰せ付けられ、五ヶ年目一度宛上京、朝観述職《ちょうかんじゅつしょく》仕り候よう仰せ付けられたき趣を以て、御歎願あい成り候ては如何《いかが》御座あるべく候や。愚頭

御仁免可被遊可被下候、併先般も申上候通、當今ハ華族觸頭書記被仰付、正二位近衛忠熙卿、正二位久我建通卿、正四位押小路殿其外宮上之御方々へも毎々咫尺拝謁仕候間、毎々御忠心之御事申上、先頃正二位建通殿より東京三條太政大臣殿へ委細御申越被下、私よりも三條殿家扶丹羽貫之助へ参り委細申入、同人よりも三條殿へ被申越候間、いつれ近々何と歟御吉左右可奉申上候、当地ニ而も押小路殿より知事長谷信篤殿へ御申入被下候處、御同官よりも当時御記録編輯中ニ付委曲申出可然との事故、先年御勅書御賜以来御上京之次第并御一新後御願書御附紙等取調、久我殿より一通、三条家扶丹羽より一通、東京へ相廻し申候

上奉り候通り尽力仕り候えども、今に効を報し奉り候場合に至り申さず、深く恐縮奉り候。誠に不忠の至りは御仁免遊ばされ下さるべく候。併せて先般も申し上げ候通り、当今は華族触頭書記仰せ付けられ、正二位近衛《このえ》忠熙《ただひろ》卿、正二位久我《こが》建通《たけみち》卿、正四位押小路《おしのこうじ》殿そのほか宮上の御方々へも、毎々咫尺《しせき》拝謁仕り候間、毎々御忠心の御事申し上げ、先頃、正二位建通殿より東京三條太政大臣殿へ委細御申し越し下され、私よりも三條殿家扶《かふ》丹羽貫之助へ参り委細申し入れ、同人よりも三條殿へ申し越され候間、いずれ近々何とか御吉左右《きっそう》申し上げ奉るべく候。当地にても押小路殿より知事長谷信篤《ながたにのぶあつ》殿へ御申し入れ下され候ところ、御同官よりも、当時御記録編輯《へんしゅう》中につき委《い》曲《きょく》申し出可然《しかるべし》との事ゆえ、先年御勅書御賜以来の御上京の次第ならびに御一新後の御願書御附紙など取り調べ、久我殿より一通、三条家扶丹羽より一通、東京へあい廻し申し候。

一、当正月之御書ニ富高縣知事ニ而も御望之段御書被下候ニ付、其侭押小路殿へ差上申候、尤押小路殿ハ私事ニ就而者内外公私之差別無之御談合被下候事故、公より御書小五郎より之手紙も一々入御覧置申候、此以来も勤王之思召等御書被下候ハヽ、其思召ニて御認メ被遊頂戴仕度、小五郎より之書類も同様ニ御申聞可被下候

一、右御吉左右之模様ニ寄候てハ私直様下向言上可仕候得共、東京より直ニ鹿児嶋縣へ御達相成候も難計御座候間、此段も御含可被遊候、誠ニ私上京以来今日迠遷延仕候段ハ幾重ニも御仁免可被下候、いつれ此節ハ速ニ何と欤被仰出候半と上方よりも承及、日々心待仕申候

一、当正月の御書に富高県知事にても御望みの段、御書下され候につき、そのまま押小路殿へ差し上げ申し候。もっとも押小路殿は私事については内外公私の差別これなく御談合下され候ことゆえ、公よりの御書、（浜砂）小五郎よりの手紙も一々御覧に入れ置き申し候。これ以来も勤王の思し召し等の御書下され候わば、その思し召しにて御認め遊ばされ頂戴仕りたく、小五郎よりの書類も同様に御申し聞き下さるべく候。

一、右御吉左右の模様により候ては、私直様《すぐさま》下向、言上仕るべく候えども、東京より直《じき》に鹿児島県へ御達あい成り候も計り難く御座候間、この段も御含み遊ばさるべく候。誠に私上京以来今日まで遷延《せんえん》仕り候段は、幾重《いくえ》にも御仁免下さるべく候。いずれこの節は速やかに何とか仰せ出だされ候わんと、上方よりも承《う》け及び、日々心待ち仕り申し候。

元中太夫　菊池次郎

右者旧領地居住致度段願出候付、辨官江相伺候處、於当府取行、夫々管轄之府縣江引渡候様御沙汰有之取行候處、無余義情実ニ相聞候間、願之通聞届、当府貫属差除候、就而者旧領御管内近傍候付、先般御懸合及候通、別紙人員付候（ママ）添致御引渡候、則来ル十一日致出足候付着之上、可然御駆引被下度、依而此段申進候也

庚午九月四日　京都府　印

鹿児島藩
御中

追而家禄之義ハ未禄製（制）御規則ニ引当不分、従前之侭申被遣候付、此様御承知被置可被下候也

旧領肥後国球麻郡《くまぐん》小川

元中太夫　菊池次郎

右は旧領地居住致したく段、願いで候につき、弁官《べんかん》へあい伺い候ところ、当府において取り行ない、それぞれ管轄の府県へ引き渡し候よう御沙汰これあり、取り行ない候ところ、余義《よぎ》なき情実にあい聞こえ候間、願いの通り聞き届け、当府貫属差し除き候。ついては、旧領御管内近《きん》傍《ぼう》に候につき、先般御懸合《おかけあい》に及び候通り、別紙人員付添え御引き渡し致し候。則《すなわち》、来る十一日出足致し候につき、着のうえ、しかるべく御《お》駆引《かけひ》き下されたく、依ってこの段申し進ぜ候なり。

（明治三年）庚午九月四日　京都府　印

鹿児島藩御中

追って、家禄の義は未だ禄制《ろくせい》御規則に引当《ひきあて》分らず、従前のまま申し遣わされ候につき、このよう御承知置かれ下さるべく候なり。

【史料65】浜砂小五郎ほか宛小河小藤太書状

〔包紙〕「濵砂小五郎様
濵砂猪三太様　小河小藤太
〆
」

一筆啓上仕候、當表静謐於其御地上々様益御機嫌好被為遊御座奉恐悦候、乍恐御機嫌伺宜御取成奉頼上候、将又各様ニも愈御堅勝被成御奉職候半と珍重奉存候、次ニ小生事無恙在京仕候、御安心可被下候、然者濵砂唯一郎上京ニ而巨細被仰越被下候件者具ニ奉承知候、就而者東京へ御願立之義、如何之御事哉と朝暮御吉左右奉待候、扨当地京都府へ出願之次第、唯一郎へ委細申含差下申上、御聞取可被下候

西米良村所蔵史料目録No.200

（読み下し）

〔包紙〕「浜砂小五郎様
浜砂猪三太様　小河小藤太
〆
」

一筆啓上仕り候。当表静謐《せいひつ》その御地においても上々様ますます御機嫌よく御座遊ばしなされ恐悦に奉り候。恐れながら御機嫌伺い宜しく御取り成し頼み上げ奉り候。はたまた、各様にも、いよいよ御堅勝御奉職成され候わんと珍重に存じ奉り候。次に小生事、恙《つつが》なく在京仕り候。御安心下さるべく候。しからば、浜砂唯一郎上京にて、巨細仰せ越され下され候件は、具《つぶさ》に承知奉り候。ついては、東京へ御願立の義、如何《いかが》の御事やと朝暮《ちょうぼ》御吉左右待ち奉り候。さて当地京都府へ出願の次第、唯一郎へ委細申し含め差し下し申し上げ、御聞

一、旧領御住居願済御附紙者嶋津内匠様へ御頼申上候而差下申候、御受取被下候半

一、鹿児嶋藩管轄願済御付紙ハ唯一郎へ相渡差下し申候

一、管轄所へ御添書御引渡之御封書ハ村越三十郎殿より御渡ニ付、直様鹿児嶋藩公用方小野半左衛門殿へ御渡申候処、廿六日出艦之三邦丸より藩知政所へ御下候之由承知仕候而願書下地ハ唯一郎へ渡置申候、御家族并人数帳ハ後便下地相認メ差下し可申候、名字有之分御届、尤女名前不相分、兎角六ケ敷手数ニ及候付、不相分丈皆々作名仕申候、藩へハ別段御届ニも相成り可申哉、何分藩之御差図次第ニ可被成候

一、御同席ニも旧領地御住居之仁も御座候へ

き取り下さるべく候。

一、旧領御住居願い済ましの御附紙は、島津内匠様へ御頼み申し上げ候て差し下だし申し候。御受け取り下され候わん。

一、鹿児島藩管轄願い済ましの御付紙は、唯一郎へあい渡し差し下し申し候。

一、管轄所へ御添書、御引き渡しの御封書は、村越三十郎殿（元旗本・京都府士族触頭）より御渡しにつき、直様《じきさま》、鹿児島藩公用方小野半左衛門殿へ御渡し申し候ところ、二十六日出艦の三邦丸より藩知政所へ御くだし候の由承知仕り候て、願書下地《したじ》は唯一郎へ渡し置き申し候。御家族ならびに人数帳は後便に下地あい認め差しくだし申すべく候。名字これある分は御届け、もっとも女名前あい分らず、兎角《とかく》六ヶ敷《むつかしく》手数に及び候につき、あい分らずだけ皆々名を作り仕り申し候。藩へは別段御届けにもあい成り申すべきや。何分藩の御差図次第に成さるべく候。

共、家来丈ハ御残之由御座候付、相残居申候、何分御差図次第可仕、早々御報知可被下候

一、為替金之義、美々津口間違申候付、彼是と苦心仕申候、委細唯一郎より御聞取早目御都合之程、伏而奉願上候、誠ニ私ニも栄七方へ段々借用仕候処、是又同口ニ書出申候付、其侭惣〆高唯一郎へ相渡申候、何卒〆高内外之処、御登金奉願上候、巨細後便取調差立可申候、其節喜之助殿借用等、具ニ取調可申上候

右之段、多用中取紛不文なから御届申上候、何も唯一郎へ申含候付御聞取被下、何分早々御沙汰可被下候、恐惶謹言

庚午

一、御同席にも旧領地御住居の仁《じん》も御座候えども、家来だけは御残りの由御座候につき、あい残り居り申し候。何分御差図次第仕るべく、早々御報知下さるべく候。

一、為替金の義、美々津《みみつ》口、間違い申し候につき、彼是《かれこれ》と苦心仕り申し候。委細唯一郎より御聞き取り、早目の御都合の程、伏《ふし》て願い上げ奉り候。誠に私にも栄七方へ段々借用仕り候ところ、これまた同口に書き出し申し候につき、そのまま惣〆高《そうしめだか》唯一郎へあい渡し申し候。何卒《なにとぞ》〆高内外のところ、御登金《おのぼせきん》願い上げ奉り候。巨細は後便に取り調べ差し立て申すべく候。その節、喜之助殿借用等、具《つぶさ》に取り調べ申し上ぐべく候。

右の段、多用中に取紛《とりまぎ》れ不文なから御届け申し上げ候。何《いず》れも唯一郎へ申し含め候につき、御聞き取り下され、何分早々御沙汰下さるべく候。恐惶謹言

（明治三年）庚午

九月廿八日　　小河小藤太

濵砂小五郎様
濵砂猪三太様
佐藤升一郎様
那須民三様

尚々日志其外段々差立申候、餘ハ后雁ニ差立可申候、以上

覺

巳三月より午二月迄諸賣揚、喜之助殿分混し

一、金百拾九両
　　外四百七拾弐文
同｜　宿料、喜之助殿分打混し
一、〃　四拾弐両

九月二十八日　　小河小藤太

浜砂小五郎様
浜砂猪三太様
佐藤升一郎様
那須民三様

尚々《なおなお》、日志（日誌）そのほか段々差し立て申し候。余は后《のち》の雁《かり》（便り）に差し立て申すべく候。以上

覚《おぼえ》

巳《（明治二年）》三月より午《（明治三年）》二月まで諸売揚げ、喜之助殿分混じ

一、金百十九両
　　外《ほか》に四百七十二文
同｜　宿料、喜之助殿分打ち混じ
一、〃　四十二両
同｜　米代、喜之助殿分、同断《どうだん》
一、〃　五十両

同一　米代、喜之助殿分同断
一、〃　五拾両
同一　金子取替、喜之助殿分込高
一、〃　三百七拾七両弐分
〆金五百八拾八両弐分
　　四百七拾弐文
午三月より諸品賣揚等込高
一、金拾九両三歩壱朱
　　外弐百四拾弐貫七百文
　　　此金弐拾四両三朱三百文
同一
一、〃　弐拾弐両　米代
〆金六拾六両三百文
二口〆金六百五拾四両二分
　　七百七拾弐文

同一　金子取替《とりかえ》、喜之助殿分込高《こみだか》
一、〃　三百七十七両二分
〆金五百八十八両二分
　　四百七十二文
午三月より諸品売揚げ等込高
一、金十九両三歩一朱
　　外に二百四十二貫七百文
　　　この金二十四両三朱三百文
同一
一、〃　二十二両　米代
〆金六十六両三百文
二口〆金六百五十四両二分
　　七百七十二文
　内、金二百五十両払い
　残、四百四両二分
　　外に七百七十二文

内　金弐百五拾両払
残　四百四両弐分
　　外七百七拾弐文
右大凡〆高ニ御座候、尤喜之助分ハ後便ニ
篤と取調御届可申上候以上
　庚午
九月廿四日　　小河小藤太

右大凡《おおよそ》の〆高《しめだか》に御座候。もっとも喜之助分は後便に篤《とく》と取り調べ御届け申し上ぐべく候。以上
　（明治三年）庚午
九月二十四日　　小河小藤太

「太政類典」国立公文書館

【史料66】菊池主膳転籍並元知行所処分

四年五月
京都府貫属中大夫菊地（ママ）主膳轉籍並元知行所
處分
　民部省問合　辨官宛
士族菊地主膳元知行肥後國求麻郡米良山地所、

（読み下し）
四年五月
京都府貫属中大夫菊池主膳転籍並びに元知行所処分
　民部省問合せ　弁官《べんかん》宛
士族菊池主膳元知行、肥後国求《く》麻《ま》郡《ぐん》米良山地

當分取締可致旨人吉藩へ相達、地所村高等巨細取調可申立旨申渡候ニ付、同藩ヨリ主膳相糺候處、當九月中京都府於テ鹿児島藩貫属へ申渡候趣申立候、右ハ御官ヨリ御達ニテ申渡候儀ニ有之候哉、至急承知仕度存候、此段申進候也　三年十一月廿九日　民部

民部省へ回答　辨官

士族菊地次郎鹿児島藩貫属申渡之儀ニ付御問合ニ付、京都府へ及問合候處、別紙之通申越候間、則差進申候、右ニテ御承知可有之候、此段相進候也　四年四月二日

京都府回答　辨官宛

士族菊地次郎鹿児島藩貫属申渡候儀ハ其御官へ相伺候上ニ候哉否至急可申進旨致承知候、右ハ人別ニ當り相伺候儀ニハ無之候得共、元

所、当分取締り致すべき旨、人吉藩へあい達し、地所村高等巨細取り調べ申し立てるべき旨申し渡し候につき、同藩より主膳あい糺し候ところ、当九月中、京都府において鹿児島藩貫属《かんぞく》へ申し渡し候趣申し立て候。右は御官より御達にて申し渡し候儀にこれあり候や、至急承知仕りたく存じ候。この段申し進め候なり。　三年十一月二十九日　民部

民部省へ回答　弁官

士族菊池次郎、鹿児島藩貫属申し渡しの儀につき御問い合せにつき、京都府へ問い合わせに及び候ところ、別紙の通り申し越し候間、すなわち差し進め申し候。右にて御承知これあるべく候。この段あい進め候なり。　四年四月二日

京都府回答　弁官宛

士族菊池次郎鹿児島藩貫属申し渡し候儀は、その御官へあい伺い候うえに候や否や、至急申し進ずべき旨承知致し候。右は人別《にんべつ》に当り、

中下太夫士當府貫属被仰付候節、右居住地素願之儀差免不苦哉相伺申候處、於當府篤ト取糺シ素願之處へ引渡可申トノ御附紙有之候付、鹿児島打合ニ及ヒ候處、差支無之旨ニ付、聞届候事ニ御座候、此段御答ニ及候也　四年三月廿七日

鹿児島藩へ問合書　京都府

當府貫属之士族菊地次郎儀、舊領居住致シ度願出候ニ付、辨官へ相伺候處、於當府取糺何レ之府縣ニテモ引渡候様御差図有之候、就テハ次郎儀ハ従来其藩へ依頼致シ候ニ付、何卒御藩へ貫属被仰付度願出候間、聞届御引渡致候テモ御差支無之哉、御答被下度候也　三年四月廿四日

右ニ付同藩ヨリ回答　京都府宛

あい伺い候儀にはこれなく候えども、元中・下太夫士、当府貫属仰せ付けられ候節、右居住地素願《そがん》の儀、差しゆるし苦しからずや、あい伺い申し候ところ、当府において篤《とく》と取糺《とりただ》し、素願のところへ引き渡し申すべしとの御附紙これあり候につき、鹿児島へ打ち合わせに及び候ところ、差し支えこれなき旨につき、聞き届け候事に御座候。この段、御答に及び候なり。　四年三月二十七日

鹿児島藩へ問合せ書　京都府

当府貫属の士族菊池次郎儀、旧領居住致したく願い出候につき、弁官へあい伺い候ところ、当府において取り糺し、何《いず》れの府県にても引き渡し候よう御差図《おさしず》これあり候。ついては、次郎儀は従来その藩へ依頼致し候につき、何卒《なにとぞ》御藩へ貫属仰せ付けられたく願い出候間、聞き届け御引き渡し致し候ても御差し支えこれなくや、御答え下されたく候なり。　三年四月廿四日

御當府貫属之士族菊地次郎儀、舊領地居住致度候ニ付、當藩へ貫属被仰付度願出候由ニ付、御引渡被下候テモ差支無之哉、御達之趣承知仕候、然ル處、右御引渡差支有無、爰許ニテ何様共御請難仕候ニ付、本藩へ申越候上、何分之儀可申上候、其内御猶豫可被成下候、此段申上候、以上　三年四月廿四日

京都府掛合　鹿児島藩宛

一、高百貳石三斗三升八合

舊領肥後國求麻郡小川、元中太夫

菊地次郎

右ハ舊領地居住致度段願出候付、辨官へ相伺候處、於當府取行、夫々管轄之府縣へ引渡候様御沙汰有之取行候處、無余儀情實ニ相聞候間、願之通聞届、當府貫属差除候、就テハ舊

右につき同藩より回答　京都府宛

御当府貫属の士族菊池次郎儀、旧領地居住致したく候につき、当藩へ貫属仰せ付けられたく願い出候由につき、御引き渡し下され候ても差し支えこれなきや、御達の趣承知仕り候。しかるところ、右御引き渡し差し支え有無、爰許《ここもと》にて何様共《いかようとも》御請け仕難《しがた》く候につき、本藩へ申し越し候うえ、何分の儀申し上ぐべく候。その内御猶予《ごゆうよ》成し下さるべく候。この段申し上げ候。以上。　三年四月二十四日

京都府掛合《かけあ》い　鹿児島藩宛

一、高百二石三斗三升八合

旧領肥後国求麻郡小川、元中太夫

菊池次郎

右は、旧領地居住致したき段、願い出候につき、弁官へあい伺い候ところ、当府において取り行ない、それぞれ管轄の府県へ引き渡し候よう御沙汰これあり、取り行ない候ところ、余儀なき情実にあい聞こえ候間、願いの通り

領御管内近傍候間、先般御掛合及ヒ候通、別紙人員付相添致御引渡候、則来ル十一日致出足候間、着之上可然御駈引被下度、依テ此段申遣候也　三年九月四日

追テ家禄之儀ハ未禄製(ママ)御規則ニ引當不申、従前之儘申進候間、左様御承知被置可被下候也

民部省上申　辨官宛

士族菊地主膳元知行肥後國村々去午五月中人吉藩へ當分取締、當省ヨリ申達候ニ付、同藩より主膳相糺候處、同人ハ京都府於テ鹿児島藩貫属申渡請候段申立候ニ付、元知行取締之儀ハ被免候儀ト相心得可申哉之旨、人吉藩伺書差出、右鹿児島藩貫属相成候儀、當省へ御達無之難相分候間、御官へ及御問合候ニ付、

聞き届け、当府貫属差し除き候。ついては旧領御管内近傍に候間、先般御掛け合いに及び候通り、別紙人員付あい添え御引き渡し致し候。すなわち、来る十一日出足致し候間、着のうえは可然《しかるべく》御駈け引き下されたく、よって、この段申し遣わし候なり。　三年九月四日

追って家禄の儀は未だ禄制御規則に引き当て申さず、従前のまま申し進め候間、左様《さよう》御承知置かれ下さるべく候なり。

民部省上申　弁官宛

士族菊池主膳元知行肥後国村々、去る午の五月中、人吉藩へ当分取締り、当省より申し達し候につき、同藩より主膳あい糺し候ところ、同人は京都府において鹿児島藩貫属申し渡し請け候段、申し立て候につき、元知行取締りの儀は免ぜられ候儀とあい心得申すべきやの旨、人吉藩伺書差し出す。右鹿児島藩貫属あい成り候儀、当省へ御達しこれなくあい分り難く候間、御官へ御問い合せに及び候に

猶同府へ御掛合相成候處、同藩貫属之儀ハ主膳素願之趣ニ付、願之通申渡候段申越候趣御申越有之、然ル上ハ鹿児島藩貫属相成候儀無相違候得共、舊籏下采地ハ一般上地相成候儀ニ付、主膳采地之儀最前人吉藩へ當省於テ取締申渡候儀ハ被免、更ニ別紙仮高帳之通同藩管轄所ニ被仰付縣並取扱、主膳へハ地所可引渡旨被仰渡可然ト存候、尤同人禄高之儀ハ先般京都府へ書出候分ト天保度舊幕へ書出候分ト采地高區々ニテ禄制難相定候ニ付、同人相糺可申出旨鹿児島藩へ申談置候間、禄高之儀ハ追テ取調相伺候様有之候、依之両藩へ御達案並高帳村名書付共相添此段申進候也　四年五月廿四日

右申立之末七月十四日、辨官廃止ニ付、書

つき、なお同府へ御掛け合いあい成り候ところ、同藩貫属の儀は、主膳素願《そがん》の趣につき、願いの通り申し渡し候段申し越し候趣、御申し越しこれあり。しかる上は、鹿児島藩貫属あい成り候儀は相違なく候えども、旧旗下《はたもと》采地は一般上地《あげち》にあい成り候儀につき、主膳采地の儀、最前人吉藩へ当省において取締り申し渡し候儀は免ぜられ、さらに別紙仮高帳の通り同藩管轄所に仰せ付けられ、県なみの取り扱い、主膳へは地所引き渡すべき旨仰せ渡され可然《しかるべく》と存じ候。もっとも、同人禄高の儀は、先般京都府へ書き出し候分と、天保度《ど》旧幕へ書き出し候分と、采地高区々《まちまち》にて禄制あい定め難く候につき、同人あい糺し申し出るべき旨鹿児島藩へ申し談じ置き候間、禄高の儀は、追って取り調べあい伺い候ようこれあり候。これにより、両藩へ御達案、並びに高帳村名書付ともあい添え、この段申し進め候なり。　四年五月二十四日

類民部省へ下附、同省ヨリ藩へ達ス
人吉縣
士族菊地主膳元知行肥後國球麻郡村々、其縣當分取締之儀、庚午六月中相達候儀ハ被免、主膳ハ鹿児島縣貫、元知行所ハ別紙仮高帳之通、更ニ其縣管轄被仰付候條、地所請取可申候、尤右高帳ハ追テ本帳引替可相渡事
鹿児島縣
其縣貫属菊地主膳元知行所肥後國球麻郡村々、別紙村名書付之通人吉縣管轄被仰付候間、同縣へ地所可引渡、且同人禄高之儀ハ取調之上、追テ可相達候事
肥後國球麻郡
一、高拾八石五升　小川村
一、高貳石六斗五升六合　越野尾村

右申し立ての未の七月十四日、弁官廃止につき、書類は民部省へ下附、同省より藩へ達す。
人吉県
士族菊池主膳元知行肥後国球麻郡村々、その県当分取締りの儀、庚午六月中あい達し候儀は免ぜられ、主膳は鹿児島県貫（属）、元知行所は別紙仮高帳の通り、さらにその県管轄仰せ付けられ候条、地所請け取り申すべく候。もっとも、右高帳は追って本帳引き替えあい渡すべきこと。
鹿児島県
その県貫属菊池主膳元知行所肥後国球麻郡村々、別紙村名書付の通り人吉県管轄仰せ付けられ候間、同県へ地所引き渡すべし。かつ同人禄高の儀は取り調べのうえ、追ってあい達すべく候こと。

一、高拾石五斗四升九合　銀鏡村
一、高六石六斗八升壹合　上揚村
一、高四石壱斗三升七合　八重村
一、高三石三斗貮升六合　中尾村
一、高拾三石三斗七升四合　村所村
一、高五石六斗三合　竹原村
一、高五石七升三合　勘米来村
一、高拾壹石四斗三升五合　板谷村
一、高貮石三斗壹升四合　横野村
一、高三石三斗五升八合　寒川村
一、高壹石七斗五升　中之又村
一、高八石九斗九升壹合　尾八重村
〆　高百貮石三斗三升八合
掛紙　合高九拾七石貮斗九升七合
右之通御座候、以上

肥後国球麻郡
一、高十八石五升　小川村
一、高二石六斗五升六合　越野尾村
一、高十石五斗四升九合　銀鏡村
一、高六石六斗八升一合　上揚村
一、高四石一斗三升七合　八重村
一、高三石三斗二升六合　中尾村
一、高拾三石三斗七升四合　村所村
一、高五石六斗三合　竹原村
一、高五石七升三合　勘米来村
一、高十一石四斗三升五合　板谷村
一、高二石三斗一升四合　横野村
一、高三石三斗五升八合　寒川村
一、高一石七斗五升　中之又村
一、高八石九斗九升一合　尾八重村
〆　高百二石三斗三升八合
掛紙《かけがみ》　合高九十七石二斗九升七合
右の通りに御座候。以上
明治元（年）辰十一月　中太夫

明治元辰十一月　　中太夫

菊地主膳

會計官御役所

会計官御役所

菊池主膳

②鹿児島移住と城下方限《ほうぎり》・組編入

【史料67】御用状（写）

西米良村所蔵史料目録No.152⑭

菊池次郎

右者依願御當藩貫属被仰付候旨京都府ヨリ被仰渡候間、其段在所へ早々可越候、尤諸事取扱向之儀者、追而可被仰達候条、此旨可申渡候

十月　　知政所

（読み下し）

菊池次郎

右は、願いに依り御当藩貫属《かんぞく》に仰せ付けられ候旨、京都府より仰せ渡され候間、その段在所へ早々越すべく候。もっとも諸事取り扱い向きの儀は、追って仰せ達せられるべく候条、この旨申し渡すべく候。

（明治三年）十月　　（鹿児島藩）知政所《ちせいしょ》

【史料68】仮屋敷仰付願

天神馬場通
高野吉次郎殿屋敷
弐百四拾五坪
右者悴亀之助學問武藝為修行、去ル亥年より御當地江罷出、旧大乗院坊中威光院江旅宿被仰付候得共、不弁利之訳有之、翌子年依願御免之上、右家屋敷相對ニ致附属一往旅宿被仰付置候、然處此度御當藩貫属被仰付候ニ付者伺願等ニ付、以来私并家来共、折節御當地江罷出儀ニ可有之候間、右旅宿私假屋敷ニ被仰付置被下度奉願候、此旨宜御取成奉頼候、以上
閏十月　菊池次郎

（読み下し）
天神馬場《てんじんばば》通り
高野吉次郎殿屋敷
二百四十五坪
右は、悴《せがれ》亀之助学問武芸修行のため、去る亥年より御当地へ罷り出、旧大乗院坊中威光院へ旅宿仰せ付けられ候えども、不弁利《ふべんり》の訳これあり、翌子年、願いに依り御免のうえ右家屋敷相《あい》対《たい》に附属致し、一往《いちおう》旅宿仰せ付け置かれ候。しかるところ、このたび、御当藩貫属《かんぞく》仰せ付けられ候については、伺・願等につき、以来私ならびに家来ども、折節《おりふし》御当地へ罷り出る儀にこれあるべく候間、右《みぎ》旅宿、私仮屋敷に仰せ付け置かれ下されたく願い奉り候。この旨宜しく御取り成し頼み奉り候。以上
（明治三年）閏《うるう》十月　菊池次郎

西米良村所蔵史料目録No.202

〔上部付紙〕「可為願之通事」
〔下部付紙〕「本文民事局屋敷方江も申渡相
済、取次者上村休介殿下候事
閏十月廿五日　清蔵
助六殿
」

〔上部付紙〕「願の通りたるべきこと。」
〔下部付紙〕「本文、民事局屋敷方へも申し渡し
あい済む。取次《とりつぎ》は、上村休介殿下
し候こと。
閏十月二十五日　（荒武）清蔵
（伊集院）助六殿
」

【史料69】菊池次郎貫属仰付御礼登城之次第

菊池次郎殿、御当藩貫属被仰付為御礼被差越、
来ル廿八日四時登城ニ付御次第、左之通
一、御桜門開扉ニ而同所より高欄階通行
一、虎之間江書記両人出迎、同所より御一門
方扣所江案内
一、於扣所、茶たはこ盆差出
但、道具方頭受持

西米良村所蔵史料目録No.201

（読み下し）
菊池次郎殿、御当藩貫属《かんぞく》仰せ付けられ御礼の
ため差し越され、来る二十八日四時《よつどき》登城につ
き御次第、左の通り。
一、御桜門開扉にて同所より高欄階通行。
一、虎の間へ書記両人出迎え、同所より御一
門方扣所《ひかえしょ》へ案内。
一、扣所において、茶・たはこ盆差し出す。

一、大参事、権大参事、監察総裁、傳事、
　夫々之席江相詰
一、御書院御上段江御出座
　　　　　　　　菊池次郎殿
右御上段御敷居内下一畳目ニ而御礼
御意御會釈有而同御座御縁頬付一畳目江着座
　御土器　三方
　御肴　三方
　御銚子
　　但、御給仕侍直勤之
右上而御酌御前江一献差上、其時次郎殿最前之御礼席江被相進、御酌江會釈ニ而自身御土器被相受、御肴被進、加有而相滴侍直滴持出之又御酌江會釈有而御返盃、御肴被差上、御加有而御土器御取揚之所ニ而御目録傳事より引渡、

　ただし、道具方頭《かしら》受持ち。
一、大参事《だいさんじ》、権《ごん》大参事、監察総裁、伝事、それぞれの席へあい詰める。
一、御書院御上段へ御出座。
　　　　　　　　菊池次郎殿
右、御上段御敷居内《しきいうち》下一畳目にて御礼。
御意《ぎょい》、御会釈ありて、同御座《ぎょざ》御縁頬《えんがわ》付き一畳目へ着座。
　御土器《かわらけ》　三方《さんぼう》
　御肴《さかな》　三方
　御銚子
　　ただし、御給仕の侍、これを直勤《ちょっきん》
右上りて御酌、御前《ごぜん》へ一献《いっこん》差し上げる。その時、次郎殿最前の御礼席へあい進まれ、御酌へ会釈にて、自身御土器《かわらけ》あい受けられ、御肴進ぜられ、加《くわ》えありて、あいそそぐ侍、じきそそぎ、これを持ち出す。また御酌へ会釈ありて御返盃。御肴差し上げられ、御加《くわ》えありて、御土器御取り揚げの所にて、御目録を伝事より引き渡す。お

畢而御礼退座、直ニ御入、最前之通下城
右之通可承向江可申渡
閏十月　知政所
御取次傳事
上村休介
明治三年午閏十月廿四日

わりて、御礼、退座。直《じき》に御入り。最前の通り下城。
右の通り承るべき向へ申し渡すべし。
閏《うるう》十月　（鹿児島藩）知政所
御取次伝事
上村休介
明治三年午閏十月二十四日

「旧記雑録追録八」

【史料70】使節往来につき須木山中通行許可の件

一、菊池次郎事先達而當縣貫屬被仰付候處、舊領米良邑士民共恩義追謝之為、以来邑内村所より使節差立度候付、須木山路通行被差免度旨願出趣有之、邊路之事ニ者候得共、願意無餘儀候付願之通差免候條、米良より使節往来之節

（読み下し）
一、菊池次郎こと、先達って当県貫属《かんぞく》仰せ付けられ候ところ、旧領米良邑《むら》の士民ども恩義追謝のため、以来、邑内村所《むらしょ》より使節差し立てたく候につき、須木《すき》山路を通行差しゆるされたき旨、願い出の趣これあり。辺路の事には候えども、願いの意、余儀なく候につき、願いの通り差し

者彼方印鑑見届可差通、其他通行之者
者諸事是迄之通相心得厳重可致取締候、
此旨地頭江申渡、可承向江も可申渡候
辛未十二月晦日　鹿児島縣廳

ゆるし候条、米良より使節往来の節は、彼方《かのかた》の印鑑見届け、差し通すべし。その他、通行の者は、諸事これまでの通り相《あい》心得、厳重取り締まりいたすべく候、この旨、地頭へ申し渡し、承るべき向へも申し渡すべく候。

（明治四年）辛未十二月晦日《みそか》　鹿児島県庁

（大意）　菊池次郎は、さきに鹿児島県貫属となったが、旧領の米良の者たちが、旧領主から受けた恩義を感謝するため、村所から使者を遣わしたいとのことで、鹿児島県領須木の山中の通行を許してほしいと願い出ている。辺路（山路という意ではなく、旧領境で、出入りを厳しくしなければならないところ）のことではあるが、その気持ちは特別なものであるので、許すことにした。米良から使者が通る時には、米良の身分を確認して通すこと。その他の通行者については、すべてこれまでの通りと心得て、厳しく取り締まること。このことを須木郷の最高責任者である地頭へ申し伝え、必要なところへは申し伝えるようにすること。

【史料71】菊池次郎鹿児島県士籍召入

西米良村所蔵史料目録No.218

〔包紙〕「菊池次郎殿　二番方限七番

——（読み下し）

徇達」

別紙弐通、昨十五日傳事ヨリ被相渡候付、御方事二番方限七番江方限入申渡候間、御通達等御承知可成候、此旨御問合申進置候、以上

二番方限七番
徇達
石原正兵衛

申正月十六日

菊池次郎殿

菊池次郎事当縣貫属被仰付置、家内別紙之通ニ而、此節当地江引越相成候ニ付、当縣士籍被召入候条、可承向江可申渡候

壬申正月　鹿児島縣廳

（別紙家族書略）

〔包紙〕「菊池次郎殿　二番方限《ほうぎり》七番
徇達《じゅんたつ》」

別紙二通、昨十五日伝事《でんじ》よりあい渡され候につき、御方こと、二番方限七番へ方限入り申し渡し候間、御通達等御承知成るべく候。この旨御問い合わせ申し進め置き候。以上

二番方限七番
徇達
石原正兵衛

（明治五年）申正月十六日

菊池次郎殿

菊池次郎事、当県貫属仰せ付け置かれ、家内別紙の通りにて、この節当地へ引越しあい成り候につき、当県士籍に召し入れられ候条、承るべき向へ申し渡すべく候。

（明治五年）壬申正月　鹿児島県庁

（別紙家族書略）

③上地《あげち》と廩米《りんまい》の支給

【史料72】知行高齟齬につき照会

西米良村所蔵史料目録No.205

民部省ヨリ御呼出之上地理掛石賀大丞ヨリ相違候趣者、菊池次郎知行高之義、去ル辰年会計官江差出候書付者百石余ニ而、天保五午年差出候書面ゟハ大キ致齟齬居候間、何様之間違候哉之旨、別紙相渡候付、右等之義一か条不相分、勿論家従邊之者も御当府江ハ詰合無之候付、早々申遺候様可致旨申出置候間、何分被仰渡度奉存、此段申上越候、以上

東京詰
上原藤十郎

（読み下し）

民部省より御呼び出しのうえ、地理掛《かかり》石賀大丞《だいじょう》よりあい達し候趣は、菊池次郎知行高の義、去る辰年会計官へ差し出し候書付は百石余りにて、天保五午年差し出し候書面よりは大きく齟齬《そご》致し居り候間、何様《いかよう》の間違い候やの旨、別紙あい渡し候につき、右等の義、一か条あい分らず、勿論、家《かじ》従《ゆう》辺の者も御当府へは詰合いこれなく候につき、早々申し遣わし候よう致すべき旨申《もう》し出《い》で置き候間、何分仰せ渡されたく存じ奉り、この段申し上げ越し候。以上

東京詰
上原藤十郎

未五月十六日
知政所

【史料73】知事局宛菊池十郎書状（写）

別紙之通民部省ヨリ御掛合段、知政所ヨリ菊池藤七ヲ以御渡相成候ニ付、家従之者モ御當藩江ハ詰合無之候間、早々申遣候様可致旨申出置候間、早々御決断有之、於京都府御差出ニ相成候書付等御持参有之、御役人之内ヨリ御出頭有之度奉存、此段申上越候、以上

未六月六日　菊池十郎

知事局

（明治四年）未五月十六日
（鹿児島藩）知政所

西米良村所蔵史料目録No.152⑩

（読み下し）

別紙の通り民部省より御《お》掛《かけ》合《あい》の段、知政所より菊池藤七を以て御渡しにあい成り候につき、家従の者も御当藩へは詰合いこれなく候間、早々申し遣わし候よう致すべき旨申し出置き候間、早々御決断これあり、京都府において御差し出しにあい成り候書付など御持参これあり、御役人の内より御出頭これありたく存じ奉り、この段、申し上げ越し候。以上

（明治四年）未六月六日　菊池十郎
※菊池次郎嫡子

（米良小川）知事局

【史料74】知行高齟齬の件につき御答（控）

西米良村所蔵史料目録No.206

知行高天保五午年旧幕江之申出と去ル辰年會計官江差上候御届と致齟齬候ニ付、何様之間違ニ候哉、可申出旨仰達之趣承知仕候、抑在所之儀者東肥之僻地ニ而、皆高山深谷故、私始人家之儀者山林之巌穴ヲ開、相住居、田地と申者纔計故、午年旧幕江之書出者山中櫓木并小物賣拂高迠茂目當ニ四百弐拾壱石余と申出置候得共、新田高取調御届奉申上候様御沙汰ニ付、去ル辰年御届者材木其外之小物相除、米麦大豆小豆稗等相混し、現石百弐石三斗三升八合と御届申上候ニ付、先年之申出と致齟齬候間、此段被仰上可被下候、以上

（読み下し）

知行高天保五午年旧幕への申し出と、去る辰年会計官へ差し上げ候御届けと齟齬《そご》致し候につき、何様《いかよう》の間違いに候や、申し出るべき旨仰せ達しの趣、承知仕り候。そもそも在所の儀は、東肥の僻地にて、みな高山深谷ゆえ、私を始め人家の儀は、山林の巌穴を開き、あい住み居り、田地と申すは纔《わず》か計り故、午年旧幕への書出しは山中の櫓木ならびに小物売払い高までも目当に、四百二十一石余と申し出置き候えども、新田高取り調べ御届け申し上げ奉り候よう御沙汰《ごさた》につき、去る辰年の御届けは材木そのほかの小物をあい除き、米麦大豆小豆稗等あい混じ、現石百二石三斗三升八合と御届け申し上げ候につき、先年の申し出と齟齬致し候間、この段仰せ上げられ下さるべく候。以上

辛未
六月　　　　　菊池次郎

【史料75】石高差出（案文）

去ル巳八月現石高至急取調可差出旨御沙汰ニ付、京都詰公務人方ヨリ甲子年ヨリ戊辰年迄五ヶ年平均ヲ以不取敢御請申上置、猶亦於在所元銘々戸籍収納元高帳ヲ以的実取調候処、左之通御座候

癸亥年高百〇壱石貳斗八升八合
　　米五拾四石三斗四升
内　雑穀三分一
　現米ニシテ四拾六石九斗四升八合
甲子年高百〇壱石八斗弐升五合

（明治四年）辛未
六月　　　　菊池次郎

西米良村所蔵史料目録No.152⑧

（読み下し）

去る巳（明治二年）八月、現石高至急取り調べ差し出すべき旨御沙汰につき、京都詰公務人方より甲子年より戊辰年まで五ヶ年平均を以て、取敢《とりあ》えず御請け申し上げ置き、なおまた在所元《ざいしょもと》において銘々戸籍収納元高帳を以て的実《てきじつ》取り調べ候ところ、左の通り御座候。

癸亥年（文久三年）、高百〇一石二斗八升八合
　　米五十四石三斗四升
内　雑穀三分一
　現米にして四十六石九斗四升八合

米五拾五石六斗三升三合
内
雑穀三分一
現米ニシテ四拾六石壱斗九升二合
乙丑年高百〇七石五斗壱升六合
米六拾石
内
雑穀三分一
現米ニシテ四拾七石五斗壱升六合
丙寅年高百〇七石五斗九升七合
米五拾九石四斗六升四合
内
雑穀三分一
現米ニシテ四拾八石五斗五升壱合
丁卯年高百〇八石七斗貳升六合
米五拾八石九斗七升七合
内
雑穀三分一
現米ニシテ四拾九石七斗四升九合

甲子年(元治元年)、高百〇一石八斗二升五合
米五十五石六斗三升三合
内
雑穀三分一
現米にして四十六石一斗九升二合
乙丑年(慶応元年)、高百〇七石五斗一升六合
米六十石
内
雑穀三分一
現米にして四十七石五斗一升六合
丙寅年(慶応二年)、高百〇七石五斗九升七合
米五十九石四斗六升四合
内
雑穀三分一
現米にして四十八石五斗五升一合
丁卯年(慶応三年)、高百〇八石七斗二升六合
米五十八石九斗七升七合
内
雑穀三分一

五ヶ年
合而高五百貳拾六石九斗五升貳合
此平均
百〇五石三斗九升四合
収納永
癸亥年納永貳千八百四拾貫〇〇五拾壱文
甲子年納永貳千三百〇六貫七百八拾八文
乙丑年納永貳千七百〇三貫八百弐拾八文
丙寅年納永貳千貳百〇五貫六百九拾文
丁卯年納永弐千三百弐拾壱貫四百〇三文
五ヶ年
合而壱万弐千三百七拾七貫七百六拾八文
此平均
貳千四百七拾五貫五百五拾三文
拾貫文定

現米にして四十九石七斗四升九合
五ヶ年
合せて高五百二十六石九斗五升二合
この平均
百〇五石三斗九升四合
収納、永《えい》
癸亥年納、永二千八百四十貫〇〇五十一文
甲子年納、永二千三百〇六貫七百八十八文
乙丑年納、永二千七百〇三貫八百二十八文
丙寅年納、永二千二百〇五貫六百九十文
丁卯年納、永二千三百二十一貫四百〇三文
五ヶ年
合せて一万二千三百七十七貫七百六十八文
この平均
二千四百七十五貫五百五十三文
十貫文定《さだめ》
金にして二百四十七両二歩と

金ニシテ弐百四拾七両弐歩ト
　　　　永五百五拾三文
右之旨、當正月在所へ相達急速取調、同四月京都表江差出候処、達延（ママ）相成、其節觸頭衆御替合之折柄ニ付、御受納難相成旨奉恐入候、仍之此節御届奉申上候、以上
　辛未六月　　　菊池次郎

　　　　永五百五十三文
右の旨、当正月在所へあい達し急速取り調べ、同四月京都表へ差し出し候ところ、達延（ママ）（遅延）あい成り、その節触頭衆《ふれがしらしゅう》御替わり合いの折柄《おりがら》につき、御受納あい成り難く旨、恐れ入り奉り候。これにより、この節御届け申し上げ奉り候。
以上
（明治四年）辛未六月　　菊池次郎

（解説）明治二年に京都の留守官より提出を求められていた現石高につき、正確なところを在所で調べ、求められた様式にそって報告したもの。触頭の交代により取次に支障ができて、なお提出が遅れた。

石高は、文久三年（一八六三）から慶応三年（一八六七）の五ヶ年平均で百五石三斗九升四合、さらに収納高（年貢高）は計算単位である「永《えい》」高で示されている。五ヶ年平均は、永二千四百七十五貫五百五十三文で、永十貫文を金一両として換算し、二百四十七両二歩と永五百五十三文となっている。

【史料76】菊池次郎稟米渡高の件

西米良村所蔵史料目録No.211

鹿児島縣貫属士族

菊池次郎

右者旧採地高四百弐拾壱石余上地被仰付候ニ付、右元高より去ル巳十二月御布告禄制定額江引当、家禄現米四拾五石稟米ヲ以下賜、昨午年分より被渡下候間、其段可申渡、尤渡方之儀者追而一定之規則相立候迄於東京御蔵可相渡候間、請取方之儀ハ猶可申出候、此段相達候也

未八月　　大蔵省

鹿児島縣

（読み下し）

鹿児島県貫属《かんぞく》士族

菊池次郎

右は、旧採地《さいち》高四百二十一石余、上地《あげち》仰せ付けられ候につき、右元高より去る巳の十二月御布告の禄制定額へ引き当て、家禄現米四十五石稟《りん》米《まい》を以て下賜《かし》、昨午年分より渡し下され候間、その段申し渡すべし。もっとも渡し方の儀は、追って一定の規則あい立て候まで、東京において御蔵あい渡すべく候間、請取方の儀は、なお申し出るべく候。この段あい達し候なり。

（明治四年）未八月　　大蔵省

鹿児島県

鹿児島縣

其縣貫属士族菊池次郎旧採地高四百弍拾壱石余上地、元人吉縣管轄被仰付候間、去ル午年より物成郷村等同縣江可引渡旨、去未年中相達置候処、御詮議之次第も在之、去午年分租税被相下候間、去未年物成より引渡可申、尤定額之禄制四拾五石者、午年分租税被下候ニ付、同年分者不被下、未年分より下し賜候間、請取方之儀、都而去未八月中相達置候趣ニ相心得可申旨可申達事

申二月十五日　大蔵大輔　井上馨

切紙御達写

真米三拾石六斗　起

外ニ

鹿児島県

その県貫属士族菊池次郎、旧採地高四百二十一石余は上地、元人吉県管轄仰せ付けられ候間、去る午年より物成《ものなり》郷村等同県へ引渡すべき旨、去る未年中あい達し置き候ところ、御詮議の次第もこれあり、去る午年分租税あい下され候間、去る未年物成より引き渡し申すべし。もっとも定額の禄制四十五石は、午年分租税下され候につき、同年分は下されず、未年分より下し賜わり候間、請取方の儀、すべて去る未の八月中あい達し置き候趣にあい心得申すべき旨、申し達すべきこと。

（明治五年）申二月十五日

大蔵大輔　井上《いのうえ》　馨《かおる》

切紙《きりがみ》御達の写

真米三十石六斗　起

外に真米十四石四斗

右、時々御申し受けあい成り候。

真米拾四石四斗
　右時々御申受相成候
右申七月廿三日、日高新兵衛殿ヲ以、鎌田
仙十郎殿江御持参、拝受仕候事

本文ニ付
真米三拾石六斗　起
　外拾四石四斗　起
　　右時々被相渡置候
右者去ル未年中被渡分本行之通相残居申候
間、此節都而可相渡哉と吟味仕候、以上
　申七月廿二日　　　　出納調役

右、申の七月二十三日、日高新兵衛殿を以て鎌
田仙十郎殿へ御持参、拝受仕り候こと。

本文につき
真米三十石六斗　起
　外に十四石四斗　起
　　右、時々あい渡し置かれ候。
右は、去る未年中渡される分、本行の通りあい
残り居り申し候間、この節すべてあい渡すべき
やと吟味仕り候。以上
（明治五年）申七月二十二日　　　　出納調役

4　家臣の処遇

【史料77】米良世襲并一代卒調書進達書

宮崎県文書センター所蔵「士族家禄調」

米良世襲并一代卒調□伺

割印

世襲卒之儀、自今士族ニ可被仰付□□調書ヲ以可伺出、一代抱之分者平民江復籍致候□去壬申正月被仰渡候、然処米良之儀、今般当縣江管轄替被仰付候ニ付相糺候処、未御届仕段申出候□即取調別帳二冊相添奉□候間、至急御指図相成度、此段□出候也

　但、一代卒之分者御布告之通平民ニ復籍致候間、此段茂御届申出候也

（読み下し）

米良世襲ならびに一代卒《そつ》調べ（につき）伺

世襲卒の儀、今より士族に仰せ付けらるべく（候につき）調書を以て伺い出るべし。一代抱えの分は平民へ復籍《ふくせき》致し候（よう）去る壬申（明治五年）正月仰せ渡され候。しかるところ、米良の儀は、今般当県へ管轄替え仰せ付けられ候につきあい糺《ただ》し候ところ、未だ御届け仕らず段申し出候（につき）即取り調べ、別帳二冊あい添え（伺い）奉り候間、至急御指図《おさしず》あい成りたく、この段（申し）出候なり。

ただし、一代卒の分は、御布告の通り平民

明治六年二月（ママ）二日　美々津縣
権参事　古澤直行（印）
参事　福山健偉（印）
大蔵大輔　井上　馨殿

に復籍致し候間、この段も御届け申し出候なり。
明治六年二月（ママ）二日　美々津県
権参事《ごんのさんじ》　古澤直行（印）
参事　福山健偉（印）
大蔵大輔　井上《いのうえ》　馨《かおる》殿

※明治六年一月十五日には美々津県は廃され宮崎県となっている。

宮崎県文書センター所蔵「支庁掛合案（二）」

【史料78】米良世襲卒取調につき第三大区正副区長宛通達案伺

八月廿九日廻　山下権少属
参事　九等出仕
庶務課

米良世襲卒之義御伺相成候処、大蔵省ゟ別紙之通御指令有之候ニ付、取調方左之通御達相成候而者如何

（読み下し）

八月二十九日廻　山下権少属
参事　九等出仕
庶務課

米良世襲卒の義、御伺いあい成り候ところ、大蔵省より別紙の通り御指令これあり候につき、取り調べ方、左の通り御達しあい成

第三大區　正副區長江
米良ニテ従前士族又は卒ト唱候者共士族編入
之義、旧美々津縣ゟ大蔵省江□御指
令相成候□己巳十二月二日□御布告写一
通、庚午五月廿三日之御沙汰書写一通、米良
士族家禄調帳一冊取添下渡候間、右御規則ニ
照シ従前ゟ士族卒と称シ来候者三代以上以下
人名并家禄出兵等之有無、詳細取調早々可差
出候、尤右下渡シ候御布告御沙汰書并家禄帳
共調濟之上取添可差出候也

明治六年八月三十一日

宮崎縣権参事　上村行徴

（別紙）

書面旧旗下陪臣者己巳十二月二日并庚午
五月廿三日被仰出候御規則之通、夫々御

割印

り候てはいかが。

第三大区　正副区長へ
米良にて従前士族または卒と唱え候者ども、士族編入の義、旧美々津県より大蔵省へ（伺い候ところ、別紙の通り）御指令あい成り候。（去る）己巳《明治二年》十二月二日（仰せ出され候）御布告写し一通、庚午《明治三年》五月二十三日の御沙汰書写し一通、米良士族家禄調帳一冊取り添え下し渡し候間、右御規則に照らし、従前より士族卒と称し来たり候者、三代以上以下人名ならびに家禄出兵等の有無、詳細取り調べ、早々差し出すべく候。もっとも右さげ渡し候御布告御沙汰書ならびに家禄帳とも、調べ済ましのうえ、取り添え差し出すべく候なり。

明治六年八月三十一日

宮崎県権参事　上村行徴

（別紙）

書面旧旗下《はたもと》の陪臣《ばいしん》は、己巳《明治二年》十二月二日ならびに庚午《明治三年》五月二十三日仰せ出され候御規則

扶助金被下民籍編入可致之處、今日迄士
卒之称ヲ存シ、家禄ヲ給シ候儀ハ不都合
ニ付、右両度之公布ニ照シ早々取調可申
出事

大蔵省事務総裁

明治六年七月五日　参議　大隈重信 印

の通り、それぞれ御扶助金下され、民籍編入
致すべくのところ、今日まで士卒《しそつ》の称を存し、
家禄を給し候儀は不都合につき、右両度の公
布に照らし早々取り調べ申し出るべきこと。

大蔵省事務総裁

明治六年七月五日　参議　大隈重信 印

【史料79】大蔵省へ提出の米良士族取調書への添書案につき伺

宮崎県文書センター所蔵「支庁掛合案（二）」

十（カ）月廿二日廻　　山下権少属

参事

庶務課

米良ニテ従前士族卒ト唱候者編籍等之義、
別帋之通大蔵省ヨリ御指令有之候ニ付、取
調書左之通ニ而可然哉

（読み下し）

十（カ）月二十二日廻　　山下権少属

参事

庶務課

米良にて従前士族卒と唱え候者、編籍等の義、
別紙の通り大蔵省より御指令これあり候につき、
取調書左の通りにて可然《しかるべき》や。

米良ニテ従前士族ト唱候者世代禄高出
兵等取調添書

當縣管内米良ニテ従前士族ト唱候者禄高帳、旧美々津縣ヨリ及御届候處、旧旗下陪臣者己巳十二月二日并庚午五月廿三日被仰出候御規則之通、夫々御扶助金被下民籍編入可致之処、今日迄士卒之称ヲ存シ家禄ヲ給シ候儀ハ不都合ニ付、右両度之公布ニ照シ取調可申出旨御達之趣「致承達（付紙あり）、即篤ト照合之上別紙之通取調申出候間、不都合之儀可有之候得共、夫々御成規之通御處分有之度、且同所世襲卒士族編入之儀モ、兼テ御伺申出置候得共、何レモ無禄之者ニテ、御規則之通其儘民籍ェ致編入候ニ付、世代出兵等之調書別段不及御届、此段申出候也

米良にて従前士族と唱え候者、世代禄高出
兵等取調添書

当県管内米良にて従前士族と唱え候者の禄高帳、旧美々津県より御届けに及び候ところ、旧旗下《はたもと》の陪臣《ばいしん》は、(明治二年)己巳十二月二日ならびに(明治三年)庚午五月二十三日仰せ出され候御規則の通り、それぞれ御扶助金下され民籍に編入致すべくのところ、今日まで士卒の称を存し家禄を給し候儀は不都合につき、右両度の公布に照らし取り調べ申し出るべき旨御達の趣「承達致し（修正の付紙あり）、即篤《とく》と照合の上、別紙の通り取り調べ申し出候間、不都合の儀これ有るべく候えども、それぞれ御成規の通り御処分これ有りたく、かつ同所世襲卒士族編入の儀も、かねて御伺い申し出置き候えども、何れも無禄の者にて、御規則の通り、そのまま民籍へ編入致し候につき、世代出兵等の調書は別段御届に及ばず、この段申し出候なり。

明治六年十月　宮崎県参事　福山健偉
大蔵省事務総裁

明治六年十月

宮崎縣参事　福山健偉

大蔵省事務総裁

参議　大隈重信殿

〔付紙〕「致承達取調候處、別紙之通候ニ付、此段御届申出候也

明治六年十一月五日

宮崎縣参事　福山健偉

大蔵省事務総裁

参議　大隈重信殿」

右米良士族取調書別紙之通第三大區ヨリ差出候処、繁雑ニ付朱書ヲ以添削致し候通ニ而可然哉、且無禄世襲卒取調書も差出候得共、無禄ニ候ヘ者御扶助金等も無之、御規則之通其侭民籍編入之者ニ付、右調書別段

参議　大隈重信殿」

〔付紙〕※本文カギかっこ「　」の部分をこの付紙の文と差し替え

「承達致し取り調べ候ところ、別紙の通り候につき、この段御届け申し出候なり。

明治六年十一月五日

宮崎県参事　福山健偉

大蔵省事務総裁

参議　大隈重信殿」

右米良士族取り調べ書、別紙の通り第三大区より差し出し候ところ、繁雑につき朱書を以て添削致し候通りにて可然《しかるべき》や、かつ無禄世襲卒取り調べ書も差し出し候えども、無禄に候えば御扶助金等もこれなく、御規則の通り、そのまま民籍編入の者につき、右調書、別段御届けにも及ぶ間敷《まじき》か、なお御高評を仰ぐ。

御届ニも及間敷欤、尚仰御高評

（別紙）

別冊之通申出候付差上申候也

第三大区

区長

明治六年十月五日　森権十郎（印）

宮崎縣参事　福山健偉殿

（別冊略）

（別紙）

別冊の通り申し出候につき差し上げ申し候なり。

第三大区

区長

明治六年十月五日　森権十郎（印）

宮崎県参事　福山健偉殿

（別冊略）

【史料80】民籍編入扶助金下賜につき達（写）

宮崎県文書センター所蔵「士族家禄調」

書面米良重央始三十四人共民籍編入可致、尤孰レモ三代以上之者ニ付、庚午五月被仰出候成規ニ照シ一員江金百圓ツヽ被下候条、庚午正月以降相渡候米高ヲ壬申貢納相場ヲ

（読み下し）

書面米良重央始め三十四人とも民籍編入致すべし。もっとも孰《いず》れも三代以上の者につき、庚午（明治三年）五月仰せ出だされ候成規《せいき》に照らし、一員へ金百円ずつ下され候条、庚午正月以降あい渡

以、右被下金ノ内ニ而引去、残金取調更ニ
請取方可申出事
明治六年十二月十二日
大蔵卿　大隈重信

し候米高を、壬申(明治五年)貢納《こうのう》相場を以て、右下され
金の内にて引き去り、残金取り調べ、更に請け
取り方申し出るべきこと。
明治六年十二月十二日　大蔵卿　大隈重信

【史料81】米良重央ほか民籍編入申付け通達案伺（写）

宮崎県文書センター所蔵「士族家禄調」

写

第一月十五日

長倉権中属

常務掛
戸籍掛

第三大區
正副區長
正副戸長

其區内米良重央始メ三十四人、別紙大蔵省

（読み下し）

写

第一月十五日

長倉権中属《ごんのちゅうぞく》

常務掛《かかり》
戸籍掛《かかり》

第三大区
正副区長
正副戸長

その区内、米良重央始め三十四人、別紙大蔵省
御指令の通り民籍編入申し付け候。この段あい

御指令之通民籍編入申付候、此段相達候事

但、御手当金之義請取方申出致候ニ付、

追而可相渡候

明治七年一月十七日　参事

世襲卒之分左之通

第三大區

正副區長

正副戸長

其區内米良山世襲卒上米良長平始外□※原文空欄人、

民籍編入申付候事

明治七年一月十七日　参事

達し候こと。

ただし、御手当金の義、請け取り方、申し出致し候につき、追ってあい渡すべく候。

明治七年一月十七日　参事

世襲卒の分、左の通り

第三大区

正副区長

正副戸長

その区内米良山世襲卒、上米良長平始め外□※原文空欄人、民籍編入申し付け候こと。

明治七年一月十七日　参事

Ⅳ　米良山の新体制への移行

1　鹿児島藩への領分支配替願と人吉藩への地所取締民部省達

【史料82】弁事御役所宛相良遠江守家来伺書（写）

西米良村所蔵史料目録No.166

伺書

支配米良山之儀、是迄於旧幕府願伺届総而遠江守ゟ差出来候處、先達而願伺届之儀者當主米良主膳ゟ差出候様御沙汰被為在候旨申聞奉承知候、向後遠江守ゟ別段差出候ニ者不及儀ニ御座候哉、此段奉窺之候、以上

（読み下し）

伺書

支配米良山の儀、これまで旧幕府において願・伺・届、総て遠江守《とおとうみのかみ》より差し出し来たり候ところ、先達て願・伺・届の儀は、当主米良主膳より差し出し候よう御沙汰《ごさた》ありなされ候旨申し聞き、承知奉り候。向後《こうご》は遠江守より別段差し

六月廿七日　相良遠江守家来
西　伴輔
辨事　御役所
〔付紙〕「伺之通願窺届等遠江守ゟ別段差出
ニ不及事」

出し候には及ばず儀に御座候や、この段これを
窺い奉り候。以上
（慶応四年カ）六月二十七日
相良遠江守家来
西　伴輔
弁事御役所
〔付紙〕「伺の通り願・窺《うかがい》・届等、遠江守より
別段差し出しに及ばずこと。」

【史料83】鹿児島藩への領分支配替願（写）

今般中大夫以下之領地、最寄之府縣ニ而管轄被仰出候処、私領地之儀者、最寄府縣無御座候ニ付、當分之処人吉藩ニ而支配被仰付候旨、御口達ヲ以被仰渡奉敬承候、然ル処、弊邑之儀者、従来薩藩江依頼仕、第一旧幕府之節、参勤之用度等、万端薩藩之

西米良村所蔵史料目録No.追録17

（読み下し）
今般、中大夫以下の領地、最寄りの府県にて管轄仰せ出され候ところ、私の領地の儀は、最寄り府県御座なく候につき、当分のところ人吉藩にて支配仰せ付けられ候旨、御口達《ごこうたつ》を以て仰せ渡され敬承奉り候。しかるところ、弊邑《へいゆう》の儀は、従来薩藩へ依頼仕り、第一、旧幕府の節、参勤

取賄ヲ受来、領内人民之内情モ御座候ニ付、此上奉恐入候得共、従前之續ヲ以、不相替依頼仕度奉存候ニ付、何卒領分支配之儀モ、右藩江御操替被仰付被下候得者、私始領民共一同、冥加至極難有奉存候、此段謹而奉歎願候、誠恐謹言

正月四日　　　　　　菊池主膳

辨事　御役所

の用度《ようど》等、万端《ばんたん》薩藩の取り賄いを受け来たり、領内人民の内情も御座候につき、このうえ恐れ入り奉り候えども、従前の続きを以て、あい替わらず依頼仕りたく存じ奉り候につき、何卒《なにとぞ》領分支配の儀も、右藩へ御操り替え仰せ付けられ下され候えば、私始め領民ども一同、冥加至極《みょうがしごく》有難く存じ奉り候。この段、謹んで歎願奉り候。誠恐謹言

（明治二年カ）正月四日　　　　菊池主膳

弁事御役所

西米良村所蔵史料目録No.196

【史料84】人吉藩宛地所取締民部省達（写）

〔包紙〕「御書付写」

人吉藩

士族菊池主膳元知行、肥後國球麻郡之内、其藩當分取締所ニ被仰付候間、地所請取、

（読み下し）

〔包紙〕「御書付の写」

人吉藩

士族菊池主膳元知行、肥後国球磨郡の内、その藩

村高等巨細取調、早々可申出候事
庚午
六月十二日
民部省

当分取締り所に仰せ付けられ候間、地所請取り、村高等巨細取り調べ、早々申し出るべく候こと。
（明治三年）庚午
六月十二日
民部省

2 「藩」から「県」へ

①人吉県管轄

【史料85】菊池主膳元知行所人吉県管轄一件

西米良村所蔵史料目録No.214
※人吉藩罫紙

東京民部省より別紙之通御達相成候、右ニ付申談儀有之候間、元御役人之内壱人当県江至急出頭候様、御申達可被成候也

（読み下し）

東京民部省より別紙の通り御達あい成り候。右につき、申し談ず儀これあり候間、元御役人の内一

九月　　　　　　　　　　　　　　　　人吉縣廳 印

菊池次郎殿

(別紙)　　　　　　　　　　　　　　　人吉縣

士族菊池主膳元知行肥後国球麻(球磨)郡村々、其縣当分取締之儀、庚午六月中相達候儀ハ被免、主膳ハ鹿児嶋縣貫属、元知行所ハ別紙仮高帳之通、更ニ其縣管轄被仰付候条、地所請取可申候、尤右高帳ハ追而本帳引替可相渡事

辛未七月　　　　　　　　　　　　　民部省

別紙之通、其村々今般人吉縣管轄被仰付候條、地所請取之者追而可差遣、村高帳并戸籍帳、其外取揃可被置候、猶御用掛、別紙之通申達置候間、委曲可申談候事

人、当県へ至急出頭候よう、御申し達し成さるべく候なり。

(明治四年)九月　　　　　　　　　人吉県庁(印)

菊池次郎殿

(別紙)　　　　　　　　　　　　　　　人吉県

士族菊池主膳元知行肥後国球麻(球磨)郡村々、その県当分取締りの儀、庚午六月中あい達し候儀は免ぜられ、主膳は鹿児島県貫属《かんぞく》、元知行所は別紙仮高帳の通り、さらにその県管轄に仰せ付けられ候条、地所請け取り申すべく候。もっとも右高帳は、追って本帳引き替えあい渡すべきこと。

(明治四年)辛未七月　　　　　　　民部省

別紙の通り、その村々今般人吉県管轄に仰せ付けられ候条、地所請け取りの者、追って差し遣わすべし。村高帳ならびに戸籍帳、そのほか取り揃え置かれるべく候。なお御用掛《ごようがかり》、別紙の通り申し達し置き候間、委曲《いきょく》申し談ずべく候こと。

辛未九月十五日　人吉縣廳

米良山村々当縣管轄被仰付候付而者、追テ及沙汰候迄役々之者、是迄通事務取扱候様可致候事

辛未九月　人吉縣廳

菊池次郎

今般旧領地當縣管轄被仰付候處、當分鹿児嶋縣ゟ取扱向被申渡候儀も有之候ニ付、同縣江相越、右之趣申通候上奉戴仕度、夫迄之處猶豫之儀、願之通承届候事

辛未九月廿四日　人吉縣廳

辛未九月十五日　人吉県庁

米良山村々、当県管轄に仰せ付けられ候につきては、追って沙汰におよび候まで、役々の者、これまで通り事務取り扱い候よう致すべく候こと。

辛未九月　人吉県庁

菊池次郎

今般旧領地、当県管轄に仰せ付けられ候ところ、当分鹿児島県より取り扱い向き申し渡され候儀もこれあり候につき、同県へあい越し、右の趣申し通し候うえ奉戴《ほうたい》したく、それまでのところ猶予の儀、願いの通り承《う》け届け候こと。

辛未九月廿四日　人吉県庁

【史料86】引渡書類請書

西米良村所蔵史料目録No.215

記

一、村高帳　壱冊
一、御立山并田反別帳　壱冊
一、戸籍人別帳　四冊
一、邑内繪圖　一
一、元陣屋繪圖　一
一、職制　壱通
一、諸役人附　壱冊
一、俸禄帳　壱冊
一、諸拂帳　壱冊
右御引渡ニ相成、正変(受)取候也
辛未
十二月九日　元人吉縣

（読み下し）

記

一、村高帳　一冊
一、御立山《おたてやま》ならびに田反別《たんべつ》帳　一冊
一、戸籍人別帳　四冊
一、邑内絵図　一
一、元陣屋絵図　一
一、職制　一通
一、諸役人附　一冊
一、俸禄帳　一冊
一、諸払帳　一冊
右、御引き渡しにあい成り、正《まさ》に受取り候なり。
（明治四年）辛未
十二月九日　元人吉県史生《ししょう》　東　充
監察掛《かんさつかかり》　高橋主敬
菊池次郎様

史生
東　充

監察掛
高橋主敬

菊池次郎様
鹿児嶋縣
民事奉行
大河平　勝　様

鹿児島県民事奉行
大河平《おこびら》　勝　様

※「元人吉県」とあるのは、明治四年十一月に大規模な府県統合が行なわれ、人吉県は八代県に組み入れられたため。

【史料87】会計懸《かか》り目通り懸合《かけあい》

西米良村所蔵史料目録No.216

〔包紙〕「菊池次郎様
御随従御中　東　充」

愈御壮健可被成御奉職奉恭賀候
陳者、此節次郎様御通行ニ付、會計懸り
之者御目通り致度儀御座候間、此段被仰

（読み下し）

〔包紙〕「菊池次郎様
御随従《ごずいじゅう》御中　東　充」

いよいよ御壮健御奉職成さるべく恭賀奉り候。
陳《のぶれ》ば、この節、次郎様御通行につき、会計懸《かか》り
の者御目《おめ》通《どお》り致したく儀御座候間、この段、仰せ

上可被下候、右之段、御懸合申上度如此
御座候也
十二月十五日　東　充
次郎様
　御随従御中

上げられ下さるべく候。右の段、御懸合《おかけあい》申し上げたく、かくのごとくに御座候なり。
（明治四年）十二月十五日　東　充
次郎様
　御随従御中

【史料88】租税上納免除嘆願書（控）

西米良村所蔵史料目録No.217

私元知行所肥後國球麻郡米良山人吉縣管轄被仰付候条、地所並去午年ゟ物成郷村等引渡候様御達之趣奉畏候、然處、御達之儀ハ当拾月承知仕、去秋以来諸役給料其他別紙諸拂帳之通為仕、残分無御座奉恐入候、依之去午年租税上納之儀者、御免除被成下候様奉歎願候、宜御執成被下候様奉頼候、以上

（読み下し）

私元知行所、肥後国球麻郡米良山、人吉県管轄に仰せ付けられ候条、地所並びに去る午年よりの物成《ものなり》郷村等引き渡し候よう御達しの趣、畏み奉り候。しかるところ、御達しの儀は、当十月に承知仕り、去る秋以来、諸役給料そのほか別紙諸払帳の通り仕《し》なし、残分御座なく恐れ入り奉り候。これにより、去る午年（明治三年）の

辛未
十二月　　菊池次郎
元
人吉縣御中
〔添書〕「未十二月十八日、本文、東謙蔵、東
充ゟ相談被相成候事」

租税上納の儀は、御免除成し下され候よう歎願奉り候。宜しく御執《と》り成《な》し下され候よう頼み奉り候。以上
（明治四年）辛未十二月　　菊池次郎
元人吉県御中
〔添書〕「未十二月十八日、本文、東謙蔵、東充より相談、あい成され候こと。」

②八代県から美々津県へ

【史料89】口上覚（写）

宮崎県文書センター所蔵「支庁来翰（2）」

口上覚
臣民等不顧恐懼左ニ奉難《本ノママ》願候、抑今般従来之被廢諸縣、更新縣御取立付而者、當邑内之儀者、別紙繪圖之通、周回二十八里余

（読み下し）
口上の覚
臣民ら恐懼を顧みず左に難願奉り候。そもそも今般従来の諸県を廃され、さらに新県御取り立

ニシテ内二十三里余者日州ニ境、西之方纔ニ五里程肥後ニ境、地形向於東谷水亦総日州ニ流、自往古日州兒湯郡之内ニ御座候處、旧幕爾来人吉藩最寄ニ付、求麻郡ニ編入有之候得共、即今御新制ニ付而者、球麻郡者肥後國八代縣管轄被仰出候由御座候、然處當地ヨリ八代江者行程二十有九里ニシテ御當縣江者纔ニ十有五里ニ相過不申、加之當邑内之儀者、深山幽谷之瘠土ニ而、椎茸、楮、茶、菜種等之以生産、今日之衣食ニ給、活路生計仕候儀ニ而、租税賦役者勿論、運輸等之途ニ至迠、盡以便利之場所ニ御座候間、何卒御當縣江管轄被仰付候得者、難有仕合之事と、邑内一般擧而帰望仕候儀ニ付、格別之以御取分、無餘儀情態御憐察在而願

てについては、当邑内《むらうち》の儀は、別紙絵図の通り、周回二十八里余りにして、内二十三里余りは日州に境し、西の方、纔《わずか》に五里ほど肥後に境す。地形向きは、東の谷水においては、また総て日州に流れ、往古より日州児湯郡の内に御座候ところ、旧幕爾来《じらい》人吉藩最寄りにつき、球磨郡に編入これあり候えども、即今御新制につきては、球磨郡は肥後国八代県《やつしろけん》管轄に仰せ出でられ候由に御座候。しかるところ、当地より八代へは行程二十有《ゆう》九里にして、御当県へは纔に十有五里にあい過ぎ申さず、しかのみならず、当邑内の儀は、深山幽谷の瘠土《せきど》にて、椎茸、楮、茶、菜種等の生産を以て、今日の衣食に給し、活路生計仕り候儀にて、租税賦役《ふえき》は勿論、運輸等の途に至るまで、ことごとく以て便利の場所に御座候間、何卒《なにとぞ》御当県へ管轄仰せ付けられ候えば、有難く仕合せの事と、邑内一般あげて帰望（希望）仕り候儀につき、格別の御取分を以て、余儀なき情態《じょうたい》を御憐察ありて願意御許容成し下

意御許容被成下度、伏而奉懇願候、誠惶誠
懼頓首
　壬申三月　　米良邑内
日州美々津御縣廳　　臣民中

されたく、伏して懇願奉り候。誠惶誠懼頓首
（明治五年）壬申三月　米良邑内
日州美々津御県庁　臣民中

西米良村所蔵史料目録No.追録20
※添書き部分

【史料90】米良山絵図添書（写）

旧中太夫席菊池次郎管轄元日向國児湯郡
米良、旧幕爾来肥後國求麻郡米良ト改
周廻　貳拾八里拾貳町三拾四間
道法
　従小川人吉縣境横谷迠五里貳拾七町貳
　間
従同所延岡縣境五郎越迠三里三拾貳町

（読み下し）
旧中太夫席菊池次郎管轄、元日向国児湯郡米良、
旧幕爾来《じらい》肥後国球磨郡米良と改む。
周廻《しゅうかい》　二十八里十二町三十四間
道法《みちのり》
　小川より人吉県境横谷まで五里二十七町二間
同所より延岡県境五郎越まで三里三十二町十二
　間

拾貮間
従同所佐土原縣境杉之元迠三里拾貮間
村數　拾四
戸數　八百六
人口　三千九百五拾七
　内　男　貮千四百拾三
　　　女　千九百拾四
明治四年辛未十一月
肥後國求麻郡
米良士族
濱砂重倫
佐藤元正
敬再考

同所より佐土原県境杉之元まで三里十二間
村数　十四
戸数　八百六
人口　三千九百五十七
　内　男　二千四百十三
　　　女　千九百十四
明治四年辛未十一月
肥後国球磨郡
米良士族
浜砂重倫
佐藤元正
敬再考

※絵図正本は国に提出され、現在国立公文書館に保存されている。

【史料91】八代県管内肥後国求摩郡米良村当県へ管轄換の願につき伺（案文）

宮崎県文書センター所蔵「支庁来翰（2）」

八代縣管内肥後國求摩郡米良村、当縣江管轄換之願ニ付伺

（読み下し）
八代県管内肥後国求摩郡米良村、当県へ管轄《かんかつ》

別紙之通八代縣管内肥後國求摩郡米良村、当縣江管轄換願出、尤八代縣江も相就願書差出候由、同村之儀、書面之通従来運輸旁日州江辨利を取り候地之由ニ而、実着無餘義相見得候間、願通り管轄替被仰付候ハヽ、士民難有可奉存、此段奉伺候也

但繪圖之儀者八代縣江差廻置候

壬申　七月　　美々津縣

大蔵省

御中

換《がえ》の願いにつき伺

別紙の通り八代県管内肥後国求摩郡米良村、当県へ管轄換の願い出、もっとも八代県へもあい就《つ》き願書差し出し候由。同村の儀、書面の通り従来運輸かたがた日州へ弁利《べんり》を取り候地の由にて、実《じつ》着《ちゃく》余義《よぎ》なくあい見え候間、願い通り管轄替《かんかつがえ》仰せ付けられ候わば、士民有難く存じ奉るべく、この段伺い奉り候なり。

ただし、絵図の儀は、八代県へ差し廻し置き候。

（明治五年）壬申七月　　美々津県

大蔵省御中

【史料92】米良管轄替願につき引合（案文）

宮崎県文書センター所蔵「東京支庁掛合案」

米良当縣内管轄懇願之事件ニ付、八代縣大属江御引合後、今以返答無之哉、当所

（読み下し）

米良、当県内管轄懇願の事件につき、八代県大属《たいぞく》

江も為何掛合も無之候處、追々米良より
催促承趣有之候間、此方より致催促候訳
ニ者無之候得共、右形行ニ付、都合を以、
右大属迠程能御引合、何分可被申越候也
壬申七月廿九日　美々津縣廳
平田大属殿

へ御引き合い後、今以て返答これなきや、当所へ
も何たる掛け合いもこれなき候ところ、追々米良
より催促承る趣これあり候間、この方より催促
致し候訳にはこれなく候えども、右形行《けいぎょう》につき、
都合を以て、右大属まで程よく御引き合い、何分《なにぶん》
申し越されるべく候なり
（明治五年）壬申七月二十九日　美々津県庁
平田大属殿

【史料93】八代県管内肥後国求摩郡米良村管轄換伺差出につき演舌書

宮崎県文書センター所蔵「支庁来翰（2）」

八代縣管内肥後国求摩郡米良村管轄
換伺差出ニ付演舌書
別紙之通縣地より到来いたし居候處、此
節八代縣より伺書差出候由御座候間差上
候、尤参事署名ヲ以、御規則通申出候筈
候処、元来縣地遠隔ニ而、御布告未相達

（読み下し）
八代県管内肥後国求摩郡米良村管轄換《かんかつがえ》伺差し
出しにつき演舌書《えんぜつしょ》
別紙の通り県地より到来いたし居り候ところ、こ
の節八代県より伺書差し出し候由に御座候間差し
上げ候。もっとも参事《さんじ》署名を以て、御規則通り申
し出候はず候ところ、元来県地遠隔にて、御布告

内之書面相見得候間、其侭差上候也
　壬申九月二日
　　美々津縣大属　平田宗高
井上大蔵大輔殿
〔朱書〕「右租税寮江可差出との事ニ而同
　寮、上田落手也」

未だあい達せず内の書面とあい見え候間、そのまま差し上げ候なり。
（明治五年）壬申九月二日
　　美々津県大属《たいぞく》　平田宗高
井上大蔵大輔《たいふ》殿
〔朱書〕「右、租税寮《そぜいりょう》へ差し出すべしとの事にて、同寮、上田落手《らくしゅ》なり。」

（解説）壬申七月の大蔵省宛の伺書【史料91】が、美々津県東京出張所へ送られ、平田大属により国に提出された。米良村民の管轄替え願い【史料89】は八代県へ引合いのうえ、ようやく国に届いた。

【史料94】米良管轄替願認可の経緯につき申進

宮崎県文書センター所蔵「県地引合留」

本文、米良管轄替願之儀、当五月八代県江引合之處、彼縣地掛合之上可致返答との事ニ而候處、先月末、彼縣地より回報有之、

（読み下し）
本文、米良管轄替え願いの儀、当五月、八代県へ引き合いのところ、彼の県地掛け合いのうえ

彼縣九日願書差出、何も差支無之候付、伺書差出筈候段「(朱)彼縣本廰ゟ」引合有之候付「(朱)尚又熟談之上」本文之通、御縣廰添書書認差出置候處、今日太政官より本文管轄替御達ニ而、国郡とも日州江組替被仰出候、尤国郡之儀者、米良願書内、往年日陽之地たる訳相心得居候処、租税寮地理掛より此儀證跡ニ而も可有之哉之談有之候付、米良より差出置候古棟札類差出置候處「(朱)右も御評議之段ニも罷成」候哉

(以下別件につき略)

壬申九月廿三日　平田大属

美々津縣

御本廰

返答致すべくとの事にて候ところ、先月末、彼の県地より回報これあり。彼の県九日願書差し出し、何も差し支えこれなく候につき伺書差し出す筈に候段、彼の県本庁より引合いこれあり候につき、なおまた熟談のうえ、本文の通り御県庁添え書き、書き認め差し出し置き候ところ、今日太政官より本文管轄替え御達しにて、国郡とも日州へ組み替え仰せ出だされ候。もっとも、国郡の儀は、米良願書のうちに、往年日陽の地たる訳、あい心得居り候ところ、租税寮地理掛《かかり》よりこの儀証跡《しょうせき》にてもこれあるべきやの談これあり候につき、米良より差し出し置き候古棟札類、差し出し置き候ところ、右も御評議の段にも罷り成り候や

(以下略)

(明治五年)壬申九月二十三日　平田大属

美々津県御本庁

【史料95】米良山十四ヶ村日向国児湯郡へ組替美々津県管轄仰付

「太政官日誌明治五年第七十四号」

○壬申九月廿三日
御沙汰書寫

八代縣

肥後國球摩郡米良山十四ヶ村日向國児湯郡へ組替、美々津縣管轄被仰付候条、同縣へ可引渡事

○

美々津縣

肥後國球摩郡米良山十四ヶ村日向國児湯郡へ組替、其縣管轄被仰付候条、八代縣ヨリ可受取事

（読み下し）

○（明治五年）壬申九月二十三日
御沙汰書写

八代県

肥後国球摩郡米良山十四ヶ村、日向国児湯郡へ組み替え、美々津県管轄に仰せ付けられ候条、同県へ引き渡すべきこと。

○

美々津県

肥後国球摩郡米良山十四ヶ村、日向国児湯郡へ組み替え、その県管轄に仰せ付けられ候条、八代県より受け取るべきこと。

【史料96】地所受取につき八代県へ掛合（案文）

宮崎県文書センター所蔵「諸県到来同案文（2）」

其御縣管下肥後國球摩郡米良山拾四ヶ村之義、今般當縣江管轄替可被仰付候間、別帋之写之通被仰渡候間、おのつから御縣江も御沙汰為有之筈候、付而者地所受取方いたし度候間、御引渡し日限等御取究御報有之度、此段及御懸合候也

壬申十月十三日　美々津縣

八代縣

御中

本文郵便ゟ差出

（読み下し）

その御県管下肥後国球摩郡米良山十四ヶ村の義、今般当県へ管轄替え仰せ付けられるべく候間、別紙の写しの通り仰せ渡され候間、おのづから御県へも御沙汰これありたる筈に候。ついては地所受け取り方いたしたく候間、御引き渡し日限等、御取《と》り究《き》め御報《おしら》せこれありたく、この段、御懸《おか》け合《あ》いに及び候なり。

（明治五年）壬申十月十三日　美々津県

八代県御中

本文、郵便より差し出す。

【史料97】八代県より地所受取届（案文）

宮崎県文書センター所蔵「東京支庁掛合案」

肥後國球摩郡米良山十四ヶ村之儀、今般日向國児湯郡ニ組替、當縣管轄被仰付候ニ付、八代縣ヨリ地所相受取申候、此段御届申出候也

壬申

十一月

美々津縣

七等出仕　平山季雄

権参事　古澤直行

参事　福山健偉

大蔵大輔　井上　馨殿

右同案一通、正院江モ差出候事

（読み下し）

肥後国球摩郡米良山十四ヶ村の儀、今般日向国児湯郡に組み替え、当県管轄に仰せ付けられ候につき、八代県より地所あい受け取り申し候。この段御届け申し出候なり。

（明治五年）壬申

十一月

美々津県

七等出仕《しゅっし》　平山季雄

権参事《ごんのさんじ》　古澤直行

参事《さんじ》　福山健偉

大蔵大輔　井上《いのうえ》　馨《かおる》殿

右同案一通、正院《しょういん》へも差し出し候こと。

※正院　明治四年（一八七一）の官制改革で左院・右院とともに設置された明治政府の最高政治機関。明治十年（一八七七）廃止。

【史料98】米良山区分定

第四拾五區　米良山拾四箇村
右之通區分相定メ候事
壬申十一月十三日
縣廳

宮崎県文書センター所蔵「万留」

（読み下し）
第四十五区　米良山十四箇村
右の通り区分あい定め候こと
（明治五年）壬申十一月十三日
県庁（美々津県）

【史料99】明治六年米良山十四ヶ村戸数人数調

宮崎県文書センター所蔵「本庁其の他往復留」
※美々津県罫紙

日向国児湯郡米良山十四ヶ村
一、高　五百二拾二石六斗五升七合三才
一、戸數　八百二十五軒
一、人員　四千百四十八人
内　男　二千百四十二人
女　二千六人

（読み下し）
日向国児湯郡米良山十四ヶ村
一、高　五百二十二石六斗五升七合三才
一、戸数　八百二十五軒
一、人員　四千百四十八人
内　男　二千百四十二人

一、士族　三十四人　家族　百十五人
一、卒　二百八十九人　家族　千二百七十人
一、平民　五百二人　家族　千九百三十八人
一、牛　四百七拾七疋
一、馬　百八拾六疋

女　二千六人
一、士族　三十四人　家族　百十五人
一、卒《そつ》　二百八十九人　家族　千二百七十人
一、平民　五百二人　家族　千九百三十八人
一、牛　四百七十七疋
一、馬　百八十六疋

3　戸長副戸長の任命と村治・邑《むら》学校

【史料100】米良山戸長・副戸長申付（案文）

宮崎県文書センター所蔵「万留」

〔朱書〕「本文申十一月十日銘々御用申渡、」

（読み下し）

於縣廳田原権少属ゟ申渡候事」

米良山

戸長　濱砂重倫

副戸長　濱砂重雄

佐藤正元

那須宗愨

右之通申付候事

壬申十一月十日　縣廳

米良山之儀直轄申付候条、左候而諸願伺届等縣掌江相付、戸長ゟ可申出事

壬申十一月十日　縣廳

〔朱書〕「本文、田原権少属ゟ戸長濱砂重倫江即日申渡候事」

〔朱書〕「本文申《さる》の十一月十日、銘々《めいめい》へ御用申し渡す。県庁において、田原権《ごんの》少属《しょうぞく》より申し渡し候こと。」

米良山

戸長　浜砂重倫

副戸長　浜砂重雄

佐藤正元

那須宗愨

右の通り申し付け候こと。

（明治五年）壬申十一月十日　県庁（美々津県）

米良山の儀、直轄申し付け候条、左候て、諸願伺届等、県掌《けんしょう》へあい付け、戸長より申し出るべきこと。

壬申十一月十日　県庁

〔朱書〕「本文、田原権少属より、戸長浜砂重倫へ即日申し渡し候こと。」

※副戸長の那須宗愨は、明治六年には宮崎県職員となる。

【史料101】租税出納取扱につき申付

米良山拾四ヶ村租税出納之儀者戸長副戸長証印を以取扱申付候事

壬申十一月十八日　縣廳

宮崎県文書センター所蔵「万留」

（読み下し）

米良山十四ヶ村租税出納の儀は、戸長《こちょう》副戸長証印を以て取り扱い申し付け候こと。

（明治五年）壬申十一月十八日　県庁（美々津県）

宮崎県文書センター所蔵「万留」

【史料102】村治につき伺書

伺書

一、區別之事

一、縣境榜木之事

一、御高札之事

〔朱書〕「本文三ヶ條、別段申渡候」

一、旧陣屋内邑学校并戸長詰所等ニ仕不苦候哉奉伺候

（読み下し）

伺書

一、区別のこと。

一、県境榜木《ぼうぼく》のこと。

一、御高札のこと。

〔朱書〕「本文三ヶ条、別段申し渡し候。」

一、旧陣屋内は、邑《むら》学校ならびに戸長詰所等につかい苦しからず候や、伺い奉り候。

但、手届候丈人費其外者破□次第
一、願伺届等重立候事件者参上可奉伺、常例
之儀者宿次又者飛脚を以奉願度否奉伺候
〔朱書〕「本文二ヶ條、伺之通」
一、宿次或ハ時機ニより人馬継立之儀順道筋
江御詰に奉願度候
〔朱書〕「本文順道筋駅々江可申渡候」
〔朱書〕一、従前旧縣江出生死亡縁辺月々届并盗賊難
之儀者、有之候節而已宿次を以可届出筈之
御沙汰ニ御座候處、如何相心得可申哉
〔朱書〕「本文従前之通」
一、御高札上板葺替、官費人費奉伺候
〔朱書〕「本文別段申渡候」
一、旅人寄留并往来止宿之者印鑑調方之事
〔朱書〕「本文印鑑調ニ不及、寄留之者ハ

ただし、手の届き候だけ。人費そのほか
は、破□次第。
一、願・伺・届等、重立《おもだ》ち候事件は参上し伺
い奉るべし。常例《じょうれい》の儀は、宿次《やどつぎ》または飛
脚を以て願い奉りたく、否《いな》、伺い奉り候。
〔朱書〕「本文二ヶ条、伺いの通り。」
一、宿次あるいは時機《じき》により人馬《じんば》継立《つぎたて》の儀、
順道筋へ御詰めに願い奉りたく候。
〔朱書〕「本文、順道筋駅々へ申し渡すべ
く候。」
〔朱〕一、従前、旧県へ出生・死亡・縁辺《えんぺん》月々の届、
ならびに盗賊難の儀は、これあり候節のみ
宿次を以て届け出るべき筈の御沙汰に御座
候ところ、如何《いかが》あい心得申すべきや。
〔朱書〕「本文、従前の通り。」
一、御高札上板葺き替え、官費・人費伺い奉
り候。
〔朱書〕「本文、別段申し渡し候。」
一、旅人寄留《きりゅう》ならびに往来《おうらい》止宿の者の印鑑、

月末届可申出候」
一、八拾歳以上之者并孝子義僕之者、如何相
心得可申哉
〔朱書〕「本文取調一帳取仕立可申出候」
一、願書伺届出認帳雛形奉願候
〔朱書〕「本文別段申渡候」
一、邑内三社神事渡、現米三石去辛未官費遣
拂之通御座候処、如何相心得可申哉
〔朱書〕「本文従来現米渡之儀者被廢、追
而可申渡、夫迠ハ氏子中ゟ祭祀
料可取建候」
一、貢納之儀、十月ゟ翌五月迠時々之品物現
物或ハ代銭納ニ而雑穀者春夏之時分、窮民
江賣拂来候事御座候、右之通ニ而翌年八月
迠皆済上納奉願度御座候

調え方のこと。
〔朱書〕「本文、印鑑調えに及ばず。寄留
の者は、月末に届け申し出るべく
候。」
一、八十歳以上の者ならびに孝子・義僕の者、
如何あい心得申すべきや。
〔朱書〕「本文、取り調べ、一帳取り仕立
て申し出るべく候。」
一、願・伺・届出認帳、雛形願い奉り候。
〔朱書〕「本文、別段申し渡し候。」
一、邑内《むらうち》三社の神事渡し現米三石、去る辛未
の官費遣い払いの通り御座候ところ、如何
あい心得申すべきや。
〔朱書〕「本文、従来現米渡しの儀は廃さ
れ、追って申し渡すべし。それま
では、氏子中より祭祀料取り建つ
べく候。」
一、貢納《こうのう》の儀、十月より翌五月まで、時々の
品物、現物あるいは代銭納にて、雑穀は春

〔朱書〕「貢納之儀、十月十五日より同
廿五日限り申付賣拂石代之儀者
追々可相達事」
一、縣廰江御用召願伺届等往来入費、去辛未
官費遣拂之通御座候処、如何相心得可申哉
〔朱書〕「本文遠隔之訳を以、滞在中壱日
旅込料永三百文宛相渡、往来人
馬賃銭之儀者即(カ)時拂付之請取帳
面見届之上、可相渡之事」
一、戸長副給料、旧縣ニ而去辛未遣拂之通ニ
御座候処、以来隣區ニ照準候様、且心得方
等奉伺候
〔朱書〕「本文先御指図通、官費申付候条、
俸禄帳之儀者追而出納課ら可相
渡事」

夏の時分、窮民へ売り払いきたり候ことに
御座候。右の通りにて翌年八月まで皆済《かいさい》上
納願い奉りたく御座候。
〔朱書〕「貢納の儀、十月十五日より同二
十五日限り申し付け、売り払い石
代の儀は、追々あい達すべきこ
と。」
一、県庁へ御用召し、願・伺・届等の往来の
入費、去る辛未の官費遣い払いの通り御座
候ところ、如何あい心得申すべきや。
〔朱書〕「本文、遠隔の訳を以て、滞在中
一日旅込料永《えい》三百文宛あい渡す。
往来の人馬賃銭の儀は、即時払い
付けの請取帳面を見届けのうえ、
あい渡すべきのこと。」
一、戸長・副（戸長）の給料、旧県にて去る
辛未の遣い払いの通りに御座候ところ、以
来隣区に照準《しょうじゅん》候よう、かつ心得かた等伺
い奉り候。

一、邑内人民隣縣又者他縣江出向之者江印鑑
渡方如何相心得可申候哉
〔朱書〕「本文近他縣江出向候者印鑑渡方
ニ不及、氏子札所持出向候様申
付候条、其届月末可申出候」
一、往来筋橋梁掛替有之候節者、去辛未遣拂
之通ニ御座候處、以来如何相心得可申哉
〔朱書〕「本文従前官費之場所者可為官費
事」
右之件々奉伺候、如分之御沙汰被成下度奉願
候也

壬申十一月十二日
米良戸長
濱砂重倫
同副
佐藤正元

〔朱書〕「本文、まず御指図《おさしず》通り、官費申
し付け候条、俸禄帳《ほうろくちょう》の儀は、追
って出納課よりあい渡すべきこ
と。」
一、邑内人民、隣県または他県へ出向の者へ、
印鑑渡しかた、如何あい心得申すべく候や。
〔朱書〕「本文、近き他県へ出向候者、印
鑑渡しかたに及ばず、氏子札を所
持し出向き候よう申し付け候条、
その届は、月末申し出るべく候。」
一、往来筋橋梁掛け替えこれあり候節は、去
る辛未の遣い払いの通りに御座候ところ、
以来如何《いかが》あい心得申すべきや。
〔朱書〕「本文、従前官費の場所は、官費
たるべくこと。」
右の件々、伺い奉り候。何分の御沙汰成し下
されたく願い奉り候なり。
（明治五年）壬申十一月十二日
米良戸長　浜砂重倫

〔朱書〕「右銘々張紙之通申付候事
　　壬申十一月十五日　縣廳」

同副　佐藤正元

〔朱書〕「右、銘々張紙《はりがみ》の通り申し付け候こと。
壬申十一月十五口　県庁（美々津県）」

宮崎県文書センター所蔵「万留」

【史料103】乍恐奉歎願口上扣

〔朱書〕「願之通申付候事
　　壬申十一月十八日　縣廳」

乍恐奉歎願口上扣

一、弊邑内之儀者僻境深山之瘦土ニ有之、無学頑愚之凡民ニ而方今之御政體貫徹不仕儀者申迠も無之、即今之御布告等茂了解難仕処より、旧領主在住之砌深被致慨歎、邑学校創立有之、邑校商社ヲ設、兼而建被置候社倉利米ヲ以て当分教師ニ給

（読み下し）

〔朱書〕「願の通り申し付け候こと。
（明治五年）壬申十一月十八日　県庁」

恐れながら歎願奉る口上の控

一、弊邑内《へいゆうない》の儀は、僻境深山の瘦土《せきど》にこれあり、無学頑愚の凡民にて、方今《ほうこん》の御政体貫徹仕らず儀は申すまでもこれなく、即今の御布告等も了解し難きところより、旧領主在住の砌《みぎり》、深く慨歎《がいたん》致され、邑《むら》学校創立これあり、邑校商社を設け、かねて建て置かれ候社倉《しゃそう》利米を

シ、追々句讀之者江茂臣民配當之持地江有之候杉槙其余諸材木等賣拂代、及他縣別區より指入候賣人抔も些少之運上相掛、補付候賦ニ御座候処、諸材木等茂近々盡果、往々之処、書籍取入方、且纔宛ニ而食料相付候目的更ニ無御座候ニ付、自今以降臣民等銘々持地之内江諸木植立、別紙割書之通分割を以商社江振向、永年基礎之一助ニ茂仕度奉存候得共、当今取續候目的敢而無御座、此成廃校仕儀ニ御座候江者、禽獣同様之區域と相成義者眼前之事ニ而、何とも慨歎之至奉存候間、何卒格別之以御取分、右之件々御採用被成下、従前之通御免被仰付度、不顧恐懼伏而奉歎願候、誠惶〱頓首〱

以て、当分教師に給し、追々句読《くとう》の者へも臣民配当の持ち地へこれあり候杉・槙、その余の諸材木等売り払い代、および他県別区より指《さ》し入《い》り候売人などにも、些少《さしょう》の運上《うんじょう》あい掛け、補い付け候賦《つもり》に御座候ところ、諸材木等も近々尽き果て、往々《おうおう》のところ、書籍取り入れ方、かつ纔《わずか》宛にて食料あい付け候目的、さらに御座なく候につき、今より以降、臣民等銘々《めいめい》持ち地の内へ諸木植え立て、別紙割書《わりがき》の通りの分割を以て商社へ振り向け、永年の基礎の一助にも仕度《したく》存じ奉り候えども、当今取り続け候目的あえて御座なく、これ廃校に成るの仕儀《しぎ》に御座候えば、禽獣同様の区域とあい成る義は眼前のことにて、何とも慨歎《がいたん》の至りに存じ奉り候間、何卒《なにとぞ》格別の御取分を以て、右の件々御採用成し下され、従前の通り御免仰せ付けられたく、恐懼《きょうく》を顧《かえり》みず、伏して歎願奉り候。誠惶〱頓首〱

第四十五区米良

第四十五區米良

壬申十一月　戸長　濱砂重倫

佐藤正元

臣民銘々持地之山野江諸木増殖

進方分割之覺

一、杉檜

右材木賣代、四分邑校商社江振向、

残六分仕立主得分

一、槙桐

右同五分入、五分得分

一、其余自然生樹　櫓木　槻　栂　松

下駄木之類

右同七分入、三分得分

右之通相立候得者邑学校取續、諸民競立永

壬申十一月

戸長　浜砂重倫

佐藤正元

臣民銘々《めいめい》持ち地の山野へ諸木増植

の進めかた、分割の覚

一、杉・檜

右材木売り代、四分《ぶ》は邑校商社へ振り向

け、残り六分は仕立主《したてぬし》の得分《とくぶん》。

一、槙・桐

右同じく、五分入、五分の得分。

一、その余の自然ばえの樹　櫓木《ろぎ》・槻《けやき》・栂《つが》・松、

下駄木《げたぎ》の類

右同じく、七分入、三分の得分。

右の通りあい立て候えば、邑学校取り続き、諸

民は競い立ち永年の活計の道、暢《のび》立ち候一助に

もあい成り候わんと存じ奉り候。

（明治五年）壬申十一月

年活計道暢立候一助ニ茂相成候半ト奉存候
壬申十一月

【史料104】臣民銘々持地の山野へ諸木増殖分割の覚

「上米良地区区有文書」

臣民銘々持地之山野江諸木増殖分
割之覺
一、杉檜桐
右賣拂代、為學費四分邑校會社江相
納、残六分仕立主得分
一、槙
右同五分納、五分得分
一、其余諸木
右同七分納、三分得分
右者今般戸長依歎願本行之通御許可相成候

（読み下し）
臣民銘々持地の山野へ諸木増殖分割の覚
一、杉・檜・桐
右、売り払い代、学費として四分、邑校
会社へあい納め、残り六分は仕立て主の
得分《とくぶん》
一、槙
右、同じく五分納め、五分の得分
一、そのほかの諸木
右、同じく七分納め、三分の得分
右は、今般戸長の歎願により本行《ほんぎょう》の通り御許
可あい成り候間、各々その意を貫徹し、精々増

間、各其意ヲ貫徹シ、精々増殖活路心掛候
様、進方可有之候也
明治六年癸酉一月
米良邑校會社　印
上米良村
組頭中

殖活路心掛け候よう、進め方これ有るべく候なり。
明治六年癸酉一月
米良邑校会社　印
上米良村組頭中

4　宮崎県管轄と租税・負債への対応

①米良山の負債とその処理

【史料105】米良山負債の義につき申達（案文）

宮崎県文書センター所蔵「大蔵省願伺届」

米良山負債之義申達

―（読み下し）

別紙米良山之儀、先般旧美々津縣へ管轄替
被仰付候砌、従前取計来候手續等聞糺候内、
別紙之通負債有之、未御届モ不仕趣ニ付、
篤と相糾候處、邊鄙之場所、御布告等モ
一々達兼、負債届出候儀ハ是迄一切承知不
仕段申出候、右去壬申第九十四号ヲ以御布
達之旨モ有之、今更不都合之儀ニハ有之候
得共、全ク□□不仕處ヨリ右ノ次第ニ相及、
今日ニ至り進退維（カ）谷之情実、申出候通相違
無之候間、出格之御評議ヲ以、公債之儀御
採用被成下度、此段申達候也

明治六年二月十八（カ）日

宮崎縣権参事　上村行徴

宮崎縣参事　福山健偉　印

大蔵大輔　井上　馨殿

米良山負債の義申達

別紙米良山の儀、先般旧美々津県へ管轄替え仰せ付けられ候みぎり、従前取り計らい来たり候手続き等聞《き》き糺《ただ》し候うち、別紙の通り負債これあり、未だ御届も仕らず趣につき、篤《とく》とあい糾《ただ》し候ところ、辺鄙《へんぴ》の場所、御布告等も一々達しかね、負債届け出候儀はこれまで一切承知仕らず段申し出候。右は去る壬申《じんしん》第九十四号を以て御布達の旨もこれあり、今更《いまさら》不都合の儀にはこれあり候えども、全く（承知）仕らずところより右の次第にあい及び、今日に至り進退これ谷《きわ》まるの情実、申し出候通りに相違これなく候間、出格《しゅっかく》の御評議を以て公債の義、御採用成し下されたく、この段、申し達し候なり。

明治六年二月十八日

宮崎県権参事　上村行徴

宮崎県参事　福山健偉　印

大蔵大輔　井上　馨殿

(別紙)

奉願口上

旧領主菊池次郎儀、元来微力之小身、殊ニ窮迫之折柄、戊辰ノ出京自力ニ不及処ヨリ、旧鹿児島藩江依頼上京仕候處、辰巳両年ノ滞京中莫大之及入費、京摂之借財不一方處ヨリ、旧隣藩ニ歎訴シ、京摂之借財者兎哉角始末相付候得共、隣藩之借財未相済内、旧領主ニハ鹿児島縣貫属被仰付、旧臘彼地へ引越候次第ニ而必至困窮、且當所之儀ハ深山幽谷之間ニ僻在シ、田畑等至テ少ク、其上瘠土而已ニテ少シ平坦之場所ニ焼畑等仕、稗麦或ハ大小豆等ヲ播種シ、漸ク今日ノ飢餓ヲ相防候位ニテ、上下極テ空乏、迚

(別紙)

願い奉る口上《こうじょう》

旧領主菊池次郎儀、元来微力の小身、ことに窮迫の折柄、戊辰の出京自力に及ばずところより、旧鹿児島藩へ依頼、上京仕り候ところ、辰巳の両年の滞京中、莫大《ばくだい》の入費に及び、京摂《けいせつ》の借財一方《ひとかた》ならずところより、旧隣藩に歎訴し、京摂の借財は、とやかく始末あい付け候えども、隣藩の借財は未だあい済まずうち、旧領主には鹿児島県貫属《かんぞく》仰せ付けられ、旧臘《きゅうろう》(昨年十二月)彼の地へ引越し候次第にて必至と困窮、かつ当所の儀は深山幽谷の間に僻在し、田畑等至って少なく、そのうえ瘠土《せきど》のみにて、少し平坦の場所に焼畑等仕り、稗・麦あるいは大小豆等を播種し、ようやく今日の飢餓をあい防ぎ候くらいにて、上下極《きわ》めて空乏《くうぼう》、とても別紙の借財高消却の目途《めど》御座なく候につき、出格《しゅっかく》の御憐憫《ごれんびん》を以て、公債《こうさい》あい成り候よう仰せ上げられ下された

モ別紙之借財高消却之目途無御座候ニ付、
出格之御憐憫ヲ以、公債相成候様被仰上被
下度、乍恐此旨奉歎願候、以上

同副戸長　佐藤正元
浜砂重雄
米良戸長　浜砂重倫

癸酉一月
参事　福山健偉殿

覺

一、金三百八拾九両三分弐朱卜弐百四拾文
右者去ル戊辰ヨリ追々旧高鍋藩産物
座へ拝借品物入不足分
一、金千三百九拾五両
右者去ル丁卯、旧人吉藩へ旧領内救

く、恐れながらこの旨歎願奉り候。以上

同副戸長　佐藤正元
浜砂重雄
米良戸長　浜砂重倫

（明治六年）癸酉一月
参事　福山健偉殿

覚

一、金三百八十九両三分二朱と二百四十文
右は、去る戊辰より追々旧高鍋藩産物座へ拝
借、品物入れ不足分　※(1)
一、金千三百九十五両
右は去る丁卯、旧人吉藩へ旧領内救助米六百
俵拝借分　※(2)
一、同七十三両二合

助米六百俵拝借分
一、同七拾三両二合
右、元佐土原藩管下町人茶屋瀧蔵方、
旧領主代用聞通拂不足分
右之通御座候、以上
壬申十一月

旧高鍋藩へ産物元手金借用證文写、且産物
入不足残勘定書
證文
一、金三百両也
但、利壱割弐分定
右、当秋椎茸為元手金致借用候処実正御座
候、若椎茸不熟之節者正金ニ而元利とも無
滞當巳十月限可致返弁候、為後證仍而如件

右、元佐土原藩管下《かんか》町人茶屋瀧蔵方、旧領主
代用聞《ようぎき》通い払い不足分　※(3)
右の通り御座候、以上
(明治五年)壬申十一月

※(1)の詳細
旧高鍋藩へ産物元手金《もとできん》借用証文写、かつ産物入
れ不足、残り勘定書
証文
一、金三百両也
ただし、利一割二分定《さだめ》
右、当秋椎茸元手金として借用致し候ところ実《じつ》
正《しょう》に御座候。もし椎茸不熟の節は、正金《しょうきん》にて
元利とも滞りなく当巳十月限り返弁致すべく候。
後証《こうしょう》のため、よって如件《くだんのごとし》

明治二巳五月廿二日　米良勝手方
神代彦助殿
武藤東四郎殿
（勘定書）
一、金三百両　此金辻別ニ證文写有之
内弐千貫文　未三月十八日入
此金百九拾六両ト銭三百四拾七文
両拾貫弐百文
差引
百三両三朱ト銭百八拾六文
一、銭三千弐百七拾五貫弐百拾三文
但椎茸并楮代として申受金之内、差引
不足分

明治二巳五月二十二日　米良勝手方《かってがた》
神代彦助殿
武藤東四郎殿
（勘定書）
一、金三百両　この金辻《かねつじ》、別に証文写これあり。
内、二千貫文、未の三月十八日入る。
この金、百九十六両と銭三百四十七文
両拾貫二百文
差引
百三両三朱と銭百八十六文
一、銭三千二百七十五貫二百十三文
ただし、椎茸ならびに楮代として申し
受け金のうち、差し引き不足分。
この銭、右は、三百両□□分判に
て巳の七月□旬に至り不融□□あ

此銭、右者三百両□□分判ニ而
巳七月□旬ニ至不融□□相成、
追々産物座ヨリ□證文無之
一、同三百拾壱貫四拾文
内弐百五拾八貫五百四拾文　塩百俵代
五拾弐貫五百文　但駄賃
一、同五百拾六文
但ちり紙大巾廿六枚代
三口〆三千五百八拾六貫七百六拾九文
此金弐百八拾六両三分三朱ト五拾文
弐口〆三百八拾九両三分三朱ト弐百四拾文

證文
金千三百九拾五両　但無利足
此米百八拾石

い成り、追々産物座より□証
文これなし。
一、同三百十一貫四十文
内二百五十八貫五百四十文　塩百俵代
五十二貫五百文　ただし駄賃《だちん》
一、同五百十六文
ただし、ちり紙大巾二十六枚代
三口〆《しめ》て、三千五百八十六貫七百六十九文
この金、二百八十六両三分三朱と五十文
二口〆て、三百八十九両三分三朱と二百四十文

※(2)の詳細
証文
金千三百九十五両　但し無利足《むりそく》
この米百八十石

但壱石ニ付、金七両三分

右、当卯年ヨリ巳年迄三箇年居置、翌午年ヨリ将来卯年迄拾箇年程、但壱箇年百三拾九両弐分宛、毎年十月限返納之事

右者米良山中夫食乏必至と及難渋候處、主人方ニ而茂近年物入多、手元差支、救助之方便毛頭無之当惑仕候、依之近比恐多奉存候得共、御支配頭之訳ヲ以御助成被成下候儀ハ相成申間敷哉、奉歎願候處、当時御取締御年限中なから、御憐愍ヲ以、書面之米穀被貸渡被下、主人者勿論私共ニ至ル迄、深難有仕合奉存候、然ル上者、前面米代金千三百九拾五両、当卯年ヨリ三箇年居置、翌午年ヨリ将来卯年迄十箇年賦、壱ヶ年百三拾九両弐分宛、毎年十月限確無遅滞

但し壱石につき金七両三分

右、当卯年より巳年まで三箇年居置《すえおき》（据置）、翌午年より将来卯年まで十箇年程、但し一箇年百三十九両二分宛、毎年十月限り返納のこと。

右は米良山中夫食《ふじき》乏しく必至と難渋に及び候ところ、主人方にても近年物入り多く、手元差し支え、救助の方便《ほうべん》毛頭これなく当惑仕り候。これにより近頃恐れ多く存じ奉り候えども、御支配頭の訳を以て御助成成し下され候儀はあい成り申し間敷《まじ》くや、歎願奉り候ところ、当時御取締り御年限中なから、御憐愍を以て、書面の米穀貸し渡され下され、主人は勿論、私共に至るまで、深く有難く仕合せに存じ奉り候。然《しか》る上は、前面米代金千三百九十五両、当卯年より三箇年居置《すえおき》、翌午年より将来卯年まで十箇年賦《ねんぷ》、一ヶ年百三十九両二分宛、毎年十月限り確かに遅滞なく返納仕り申すべく候。もし一ヶ年にても延納に及び候節は、翌年二ヶ年分御取り立て

返納仕可申候、若壱ヶ年ニ而茂及延納候節者翌年弐ヶ年分御取立可被下候、且又、不納之節者山中産物御領内通抜之品御取揚ニ相成候共、一言之申分無御座候、為後日役人中連印證文、依而如件

米良主膳家来

慶應三丁卯年　　濵砂伊三太

五月廿八日　勝手方　那須七郎兵衛

濵砂兵衛

重役　濵砂吾八郎

米良　亘

相良遠江守様

御勘定所

旧人吉藩へ負債根帳

下さるべく候。かつまた、不納の節は、山中産物御領内通り抜けの品、御取り揚げにあい成り候とも、一言の申し分け御座なく候。後日のため、役人中連印証文、よって如件《くだんのごとし》。

米良主膳家来

慶応三丁卯年　　浜砂伊三太

五月二十八日　勝手方　那須七郎兵衛

浜砂兵衛

重役　浜砂吾八郎

米良　亘

相良遠江守様

御勘定所

旧人吉藩へ負債根帳《ねちょう》

奉願口上覺

此度御米被奉願度御座候、近年打續米良山中不作難渋仕候ニ付、年々被致助力候得共、主膳儀必至と被差迫、御時節柄奉恐候得共、不得止事奉願候、米六百俵丈拝借奉願度奉存候、御取成ヲ以御頼済(カ)被下候様奉頼上候

米良主膳家来
五月九日　濵砂吾八郎
米良　亘

筑池四郎兵衛様

米良用達江

近年山中不作ニ而一統難渋ニ付、救助之ため拝借米被願出候處、当時勢柄御武器御製造之ため法外之御取締被仰出候砌、容易難

願い奉る口上の覚

このたび御米願い奉られたく御座候。近年打ち続き米良山中不作難渋仕り候につき、年々助力致され候えども、主膳儀必至と差し迫られ、御時節柄恐れ奉り候えども、止むを得ず事と願い奉り候。米六百俵だけ拝借願い奉りたく存じ奉り候。御取り成しを以て御頼み済まし下され候様、頼み上げ奉り候。

米良主膳家来
（慶応三年）五月九日　浜砂吾八郎
米良　亘

筑池四郎兵衛様

米良用達へ

近年山中不作にて一統難渋につき、救助のため拝借米願い出られ候ところ、当時勢柄《とうじせいがら》、御武器の御製造のため法外《ほうがい》の御取締り仰せ出され候みぎり、容易に取り揚げがたき筋に候えども、御

取揚筋ニ候得共、御支配之儀其侭難被捨置訳合も有之、及言上候処、御手許ヲ始厳敷御取締之折柄者候得共、山中立行候様可取計旨御沙汰□之□ニ付、格別之以吟味、願之通米六百俵被貸渡候間、此段主膳方江可被相達候

五月

覺

米六百俵　但 壱俵三斗 壱石ニ付七百七拾五匁

此石百八拾石

代銀百三拾九貫五百目

此金千三百九拾五両也

両銀百目替

右者当卯年ヨリ巳年迄三箇年居銀、翌午年

支配の儀、そのまま捨て置かれがたき訳合《わけあい》もこれあり、言上に及び候ところ、御手許を始め厳しく御取り締まりの折柄《おりがら》には候えども、山中立ち行き候よう取り計らうべき旨御沙汰《ごさた》これ（あり候）につき、格別の吟味を以て、願いの通り米六百俵貸し渡され候間、この段主膳方へあい達せらるべく候。

（慶応三年）五月

覚

米六百俵　ただし一俵は二斗（詰め）、一石につき（銀）七百七十五匁（替え）

この石、百八十石

代銀、百三十九貫五百目《め》

この金、千三百九十五両なり

両銀百目替え

※銀百目（匁）を一両替えとして、金で千三百九十五両になるということ。

ヨリ将来卯年迄十箇年賦、但壱箇年百三拾
九両弐分宛毎年□月限返納之事
右之通御座候、以上
卯五月　　　　人吉　勘定所

手形　　　　米良主膳所
役人中

米百八拾石
右者米良山中夫食差支拝借米被願出、代銀
上納ニ而被貸渡之、上納之儀者当卯年ヨリ
巳年迄三ヶ年被居置、翌午年ヨリ将来卯年
迄拾ヶ年賦上納之筈ニ候条被相渡之、追而
御算用之節、以此手形拂方可有之候、以上
慶應三卯年六月二日
吉田郡蔵　㊞

右は、当卯年（慶応三年）より巳年（明治二年）まで三箇年居え銀、
翌午年（明治三年）より将来卯年（明治十二年）まで十箇年賦、ただし、一
箇年百三十九両二分宛毎年十（カ）月限り返納のこと。
右の通り御座候。以上
（慶応三年）卯五月　　　　人吉　勘定所

手形　　　　米良主膳所
役人中

米百八十石
右は米良山中夫食《ふじき》差し支え、拝借米を願い出られ、代銀上納にてこれを貸し渡さる。上納の儀は、当卯年より巳年まで三ヶ年居置《すえお》かれ、翌午年より将来卯年まで十ヶ年賦上納の筈に候条、これをあい渡さる。追って御算用の節、この手形を以て払方これ有るべく候。以上
慶応三卯年六月二日　吉田郡蔵　㊞
宮原兵左衛門　㊞
□□正左衛門　㊞

宮原兵左衛門　㊞
□□正左衛門　㊞
千々岩儀助　㊞
上村与一左衛門　病気無印
西　勇七　病気無印
渋谷得蔵　㊞
犬童権左衛門　㊞
田造酒蔵　㊞

湯前御蔵許

米百八拾石
代金千三百九拾五両
壱石ニ付七両三分
右者去ル卯年御領民為御救助御借用之辻、去巳年迄被居置、当午年ヨリ将来卯年迄十

千々岩儀助　㊞
上村与一左衛門　病気無印
西　勇七　病気無印
渋谷得蔵　㊞
犬童権左衛門　㊞
田造酒蔵　㊞

湯前御蔵許《おくらもと》

米百八十石
代金千三百九十五両
一石に付き七両三分
右は去る卯年（慶応三年）、御領民御救助のため御借用の辻《つじ》、去る巳年（明治二年）まで居置《すえお》かれ、当午年（明治三年）より将来卯年（明治十二年）まで十ヵ年賦御返金の御達あい成り候ところ、

ヵ年賦御返金之御達相成候處、当午御風損等ニ而御難渋ニ付、当午年ヨリ三ヶ年御用捨之儀御相談之□□成御承知、無御餘儀ニ思召候、就而者御相談通被成進度思召候得共、当午年ヨリ三ヶ年被居置候儀、御迷惑之筋も御座候間、当午年一ヶ年被居置、来未年ヨリ二十ヶ年賦御返金之義、御相談被仰進度思召□□之趣、程よく御承知被下候様、自私共宜得貴意旨被仰付候、以上

十二月十三日　杉田□郎作

□□五助

樅木貫平

菊池次郎様

覺

当午《うま》の御風損《ふうそん》等にて御難渋につき、当午年より三ヶ年御用捨《ごようしゃ》の儀、御相談の□□成御承知、御余儀なく儀に思し召し候。ついては御相談通り進ぜ成されたく思し召しに候えども、当午年より三ヶ年居置《すえお》かれ候儀、御迷惑の筋も御座候間、当午年一ヶ年居置かれ、来る未年（明治四年）より二十ヶ年賦御返金の義、御相談仰せ進ぜられたく思し召し□□の趣、程よく御承知下され候よう、私共より宜しく貴意を得る旨、仰せ付られ候。以上

（明治三年）十二月十三日　杉田□郎作

□□五助

樅木貫平

菊池次郎様

※(3)の詳細

巳十月□五日ヨリ十二月廿八日迄
一、札百三拾九貫三百文
　但シ百目金定
午年差上
一、同四百九貫九百文
未年差上
一、同百八拾四貫六百文
巳十月廿七日
一、同弐両弐歩
　右御下屋敷差上
一、同五貫八百文
　馬具代
惣〆
　八百四拾五貫六百文
内拾弐両弐分　此札五百貫文

覚
巳十月□五日より十二月二十八日まで
一、札百三十九貫三百文
　ただし百目金定め
午年差上げ
一、同四百九貫九百文
未年差上げ
一、同百八十四貫六百文
巳十月二十七日
一、同二両二歩
　右御下屋敷差上げ
一、同五貫八百文
　馬具代
惣〆《そうしめ》
　八百四十五貫六百文
内十二両二分　この札五百貫文
また二両　この札百貫文

又弐両　　　此札百貫文
午十月廿六日
又拾三両三合三勺
高鍋札弐百貫文
十五貫金相場
十月九日
又三両弐分
四口〆三拾壱両三合三勺
差引
五拾三両弐合三勺
外ニ巳十月勘定願残り
弐拾両
二口〆
七拾三両弐合
右之通勘定仕申候間、若し相違之儀も御座
候ハヽ、被仰聞可被下候、以上

午十月二十六日
また十三両三合三勺
高鍋札二百貫文
十五貫金相場
十月九日
また三両二分
四口〆三十一両三合三勺
差引
五十三両二合三勺
ほかに巳十月勘定願残り
二十両
二口〆
七十三両二合
右の通り勘定仕り申し候間、もし相違の儀も御
座候わば、仰せ聞かされ下さるべく候。以上
茶屋
瀧蔵
十月二十九日
御台所

十月廿九日　茶屋
　　　　　　瀧蔵
御臺所
御役人衆中様

御役人衆中様

②米良山租税の方法

【史料106】日向国米良山十四ヶ村壬申租税現品納の分入札払の儀伺

宮崎県文書センター所蔵「御指令綴」

日向國米良山拾四ヶ村壬申租税現品納之分入札拂之儀伺

一、米五拾九石七斗八升七合四勺

此代金百拾九圓五拾七銭四厘八毛

但米壱石ニ付金弐圓

一、小豆九拾石九斗六升八合四勺

（読み下し）

日向国米良山十四ヶ村壬申租税現品納めの分、入札払いの儀伺

一、米五十九石七斗八升七合四勺

この代金、百十九円五十七銭四厘八毛

ただし米一石につき金二円

一、小豆九十石九斗六升八合四勺

此代金百三円七拾銭四厘
但 小豆壱石ニ付 金壱圓拾四銭
一、稗六拾石七斗三升七合
此代金四拾円九拾九銭七厘五毛
但 稗壱石ニ付 金六拾七銭五厘
一、大豆拾三石五升三合
此代金弐拾六円拾銭六厘
但 大豆壱石ニ 付金弐円
一、下真綿壱貫五匁
此代金拾円五銭
但 真綿壱匁ニ 付金壱銭
一、下小半紙百五拾五束六帖四半
此代金四圓九拾八銭
但 紙壱束ニ付 金三銭弐厘
一、下生漆三拾四貫九百三拾壱匁六分四厘

この代金、百三円七十銭四厘
ただし小豆一石につき金一円十四銭
一、稗《ひえ》六十石七斗三升七合
この代金、四十円九十九銭七厘五毛
ただし稗一石につき金六十七銭五厘
一、大豆十三石五升三合
この代金、二十六円十銭六厘
ただし大豆一石につき金二円
一、下真綿一貫五匁
この代金、十円五銭
ただし真綿一匁につき金一銭
一、下小半紙百五十五束六帖四半
この代金、四円九十八銭
ただし紙一束につき金三銭二厘
一、下生漆三十四貫九百三十一匁六分四厘
この代金、二十九円十銭九厘七毛
ただし漆十二匁につき金一銭

此代金弐拾九圓拾銭九厘七毛
但漆拾弐匁ニ付金壱銭
小以金三百三拾四円五拾弐銭弐厘
是者壬申歳入ニ可相立分
一、椎茸四石壱斗四升九合
此目方三拾三貫百九拾弐匁
此代金弐拾六圓五拾五銭三厘六毛
但椎茸拾貫目ニ付金八円
一、大麦七石弐斗八升七勺
此代金五圓四拾六銭五毛
但大麦壱石ニ付金七拾□銭
一、菜種子三石壱斗弐升四合三勺
此代金六圓弐拾四銭八厘六毛
但菜種□□ニ付金□□
一、下茶三千弐百五拾三斤九合四才

小以《こい》金三百三十四円五十二銭二厘
これは壬申歳入にあい立つべき分
一、椎茸四石一斗四升九合
この目方、三十三貫百九十二匁
この代金、二十六円五十五銭三厘六毛
ただし椎茸十貫目につき金八円
一、大麦七石二斗八升七勺
この代金、五円四｜六銭五毛
ただし大麦一石につき金七十□銭
一、菜種子三石一斗二升四合三勺
この代金、六円二｜四銭八厘六毛
ただし菜種□□につき金□□
一、下茶三千二百五十三斤九合四才
この代金、百八円二銭九厘六毛
ただし茶百斤につき金□円三十二銭
小以《こい》金百四十六円二十九銭二厘三毛
これは本年の歳入にあい立つべき見込

此代金百八円弐銭九厘六毛
但茶百斤ニ付金□円三拾弐銭
小以金百四拾六圓弐拾九銭弐厘三毛
是者本年之歳入ニ可相立見込之分
合金四百八拾円八拾壱銭四厘三毛
右者当縣管内日向國児湯郡米良山拾四ヶ村壬申租税旧貫通現品納之分、山方之内小川村郷蔵江取集置、是迄望之者相糺候處、里方江者九里餘茂隔り、殊ニ嶮岨之峯越ニ付、纔五六貫目之品を持運候茂運賃金五拾銭程相掛り候ニ付、容易ニ望之者無之趣ニ而空敷打過候内、穀物者更痛、其餘之品茂損シ多ク、迚茂他ゟ買受望候者茂無之候ニ付、無餘儀入札を以村買受申渡、精々及吟味ニ候處、山内越野尾村中武良□ニ而高札ニ相当申候、右者普通

の分
合せて金四百八十円八十一銭四厘三毛
右は、当県管内日向国児湯郡米良山十四ヶ村壬申（明治五年）の租税、旧貫《きゅうかん》（慣）の通り現品納めの分、山方の内、小川村の郷蔵へ取り集め置き、これまで望みの者あい糺《ただ》し候ところ、里方へは九里余りも隔り、ことに嶮岨の峯越えにつき、わずか五六貫目の品を持ち運び候も、運賃金五十銭程あいかかり候につき、容易に望みの者これなき趣にて、空しくうち過ぎ候うち、穀物はさらに痛み、その余の品も損じ多く、とても他より買受けを望み候者もこれなく候につき、余儀なく入札を以て村買い受け申し渡し、精々吟味に及び候ところ、山内の越野尾《こしのお》村中武良□にて高札にあい当て

之價ニ比較候而者格外低下ニ候得共、其土地其品ニ取候而者此上吟味之致し方茂無之、時日を移し候ニ随、價位者倍下り候ニ付、右直段を以御拂取計申候、尤椎茸以下四種者別紙を□□伺候通之次第ニ付、右代金者本年之歳入ニ相立申度、此段相伺候也

明治六年六月九日

宮崎縣権参事　上村行徴　印

宮崎縣参事　福山健偉

租税頭陸奥宗光殿

申し候。右は、普通の価に比較候ては格外《かくがい》低下に候えども、その土地その品に取り候ては、このうえ吟味の致し方もこれなく、時日《じじつ》を移し候により価位は倍《ますます》下《さが》り候につき、右直段《ねだん》を以て御払い取り計らい申し候。もっとも椎茸以下四種は、別紙を□□伺い候通りの次第につき、右代金は、本年の歳入にあい立て申したく、この段あい伺い候なり。

明治六年六月九日

宮崎県権参事　上村行徴　印

宮崎県参事　福山健偉

租税頭《そぜいのかみ》　陸奥宗光《むつむねみつ》殿

【史料107】米良山十四ヶ村壬申租税現品納の分入札払の儀聞届

宮崎県文書センター所蔵「御指令綴」

割印

書面米良山拾四ヶ村壬申租税現品納之分入札拂之儀者申立之通聞届候條、椎茸以

（読み下し）

書面、米良山十四ヶ村壬申《じんしん》租税現品納めの分、

下四種、本年ノ歳入ニ組替候儀者方今取調中ニ付、不日可及差図事
租税頭陸奥宗光代理
明治六年八月五日　租税権頭　松方正義　印

（読み下し）

入札払いの儀は、申し立ての通り聞き届け候条、椎茸以下四種、本年の歳入に組み替え候儀は、方今《ほうこん》取り調べ中につき、不日《ふじつ》差し図に及ぶべきこと。
租税頭　陸奥宗光代理
明治六年八月五日　租税権頭　松方正義　印

宮崎県文書センター所蔵「御指令綴」

【史料108】日向国児湯郡米良山十四箇村租税方法の儀につき伺

日向國児湯郡米良山拾四箇村租税
方法之儀ニ付伺
當縣管下日向國児湯郡米良山拾四箇村之儀者、舊幕旗下菊池次郎上知ニ而、元肥後國球摩郡ニ属シ、旧人吉縣管轄ニ候處、昨壬申九月中児湯郡江組替、舊美々津縣管轄被仰付、其後同縣ヨリ受取、租税方法取調候処左之通

（読み下し）

日向国児湯郡米良山十四箇村租税
方法の儀につき伺
当県管下日向国児湯郡米良山十四箇村の儀は、旧幕旗下《はたもと》菊池次郎の上知《あげち》にて、元肥後国球摩郡に属し、旧人吉県管轄に候ところ、昨壬申《じんしん》九月中児湯郡へ組み替え、旧美々津県管轄仰せ付けられ、その後、同県より受け取り、租税方法取り調べ候ところ左の通り。

無年季定免
一、反別百三拾貳町四反壹畝歩　　日向國兒湯郡
拾四箇村
此高五百貳拾貳石六斗五升七合三才
内
田反別拾九町九畝貳拾貳歩
但皆新田
此高百七拾九石三斗六升三勺壹才
此貢米五拾九石七斗八升七合四勺
但壹反ニ付
米三斗壱升三□
畑反別百拾三町三反壹畝八歩
但山畑
焼畑
此高二百四拾三石貳斗九升六合□□
此貢豆九拾石九斗六升八合四勺
稗　六拾石九斗三升七合
但壹反ニ付小豆八升貳勺餘
稗　五升三合六勺　餘
是ハ深山幽谷ニ而田方ハ壹反米三斗五升

無年季定免《じょうめん》
一、反別《たんべつ》百三十二町四反一畝歩　　日向国児湯郡
十四箇村
この高五百二十二石六斗五升七合三才
内
田反別十九町九畝二十二歩
ただし、皆新田
この高百七十九石三斗六升三勺一才
この貢米《こうまい》五十九石七斗八升七合四勺
ただし、反につき米
二斗壱升三□
畑反別百十三町三反一畝八歩
ただし、山畑
焼畑
この高二百四十三石二斗九升六合□□
この貢豆九十石九斗六升八合四勺
稗六十石九斗三升七合
ただし、反につき小豆八升二
勺余、稗五升三合六勺余
これは深山幽谷にて、田方は一反米三斗
五升より二斗迄□□にこれあり、畑方は
山野谷間□一箇所を五十□この唱えの原由
知らず。一ヶ所

ヨリ貳斗迄□□ニ有之、畑方ハ山野谷間□壹箇所ヲ五十□（此唱原由不知、壹ヶ所ト称シ候地、場所ニ依リ廣狭不同アリ、地ノ價ヨリ呼習ハシ候儀モ可有之趣、土人之推考ナリ）ト唱、半ヶ所四半ヶ所等之称有之、壹箇所小豆稗七升八合三勺ヲ納、一公二民之仕来ニ有之候

一、大豆拾三石五□三合　小物成

是ハ百姓一戸ニ付貳升壹升、或ハ五合三合宛納来候

一、金一圓八銭九厘九毛　藁代

是ハ米相納候戸別ニ掛、藁貳百拾七貫九百八拾匁貳分六厘、一貫目ニ付金五厘之割合ヲ以相納候

一、金六拾五銭　渋代

是ハ百姓一戸ニ五合三合宛、都合六斗三升□ニ付、金壹銭之割合ヲ以

（と称し候地、場所により広狭不同あり。地の価より呼び習わし候儀もこれ有るべき趣、土人の推考なり）と唱え、半ヶ所四半ヶ所等の称これあり、一箇所に小豆稗七升八合三勺を納め、一公二民の仕来《しきた》りにこれあり候。

一、大豆十三石五□三合　小物成《こものなり》

これは百姓一戸につき二升一升、あるいは五合三合宛納め来たり候。

一、金一円八銭九厘九毛　藁《わら》代

これは米あい納め候戸別に掛け、藁二百十七貫九百八十匁二分六厘、一貫目につき金五厘の割合をもってあい納め候。

一、金六十五銭　渋《しぶ》代

これは百姓一戸に五合三合宛、都合《つごう》六斗三升□につき、金一銭の割合を以てあい納候。もっとも□以下同《どう》断《だん》。

相納候、尤□以下同断
一、金拾圓七拾八銭　莚代
是ハ百姓一戸ニ付一枚宛、都合五百三拾九枚、一枚ニ付金弐銭之割合ヲ以相納候
一、金弐圓弐拾四銭　火縄代
是ハ百姓一戸ニ付一曲宛、都合三百弐拾曲、一曲ニ付金七厘之割合ヲ以相納候
一、金壹円四拾□銭四厘　柎子代
是ハ百姓一戸ニ付一升或ハ五合三合宛、都合七斗三升弐合、壹升ニ付金弐銭之割合ヲ以相納候
真綿壹貫五匁
一、紙百五拾五束六帖四半　小物成

一、金十円七十八銭　莚代《むしろ》
これは百姓一戸につき一枚宛、都合五百三十九枚、一枚につき金二銭の割合をもってあい納め候。
一、金二円二十四銭　火縄代
これは百姓一戸につき一曲宛、都合三百二十曲、一曲につき金七厘の割合をもってあい納め候。
一、金一円四十□銭四厘　柎子《きぶし》代
これは百姓一戸につき一升あるいは五合三合宛、都合七斗三升二合、一升につき金二銭の割合をもってあい納め候。

真綿一貫五匁
一、紙百五十五束六帖四半　小物成
漆三十四貫九百三十一匁六分四厘
これは戸別に真綿は三四匁宛、紙は二三帖あるいは一帖半帖四半宛、漆は村々に依り異同これあり、□宛納め来たり候。□その年十一月下旬迄に

漆三拾四貫九百三拾壹匁六分四厘
是ハ戸別ニ真綿ハ三四匁宛、紙ハ弐三帖或ハ壹帖半帖四半宛、漆ハ村々ニ依り異同有之、□宛納来候
□其年十一月下旬迄ニ納来候
椎茸□(カ)石壹斗四升九合
一、大麦七石弐斗八升七勺　小物成
菜種三石壹斗弐升四合三勺
茶三千弐百三拾三斤九合四才
是ハ百姓一戸ニ付椎茸麦菜種ハ壹升或ハ五合三合宛、茶ハ弐三斤宛納来候
右椎茸以下四種ハ翌年三月五月両度ニ納来、辛未年之納分ハ□壬申年中旧人吉縣ニ而収入相□候、然ル処、本年分之雑税ヲ翌年収入致シ候□諸帳簿編立ニモ

納め来たり候。
椎茸□石一斗四升九合
一、大麦七石二斗八升七勺　小物成
菜種三石一斗二升四合三勺
茶三千二百三十三斤九合四才
これは百姓一戸につき椎茸麦菜種は一升あるいは五合三合宛、茶は二三斤宛納め来たり候。
右椎茸以下四種は、翌年三月五月両度に納め来たり。辛未(明治四年)の年の納め分は□壬申年中旧人吉県にて収入あい□候。然《しか》るところ、本年分の雑税を翌年収入に致し候□諸帳簿編立にも差し支え候につき、先般御指令あい成り候旧飫肥県管内村々夏成《なつなり》麦の振合《ふりあい》に准じ、壬申(明治五年)の歳入はあい除き、本年の歳入にあい立て候よう致したく候。
一、金二円八十一銭三厘八毛　垣普請并川役銭
これは垣普請《かきふしん》銭は旧地頭屋敷の垣普請

差支候ニ付、先般御指令相成候舊飫肥縣管内村々夏成麦之振合ニ准シ、壬申歳入者相除、本年之歳入ニ相立候様致シ度候

一、金貳圓八拾壹銭三厘八毛　垣普請并川役銭

是ハ垣普請銭ハ舊地頭屋敷之垣普請夫役、川役ハ川ニ付候雑税ニモ可有之候得共、差向原□分、且何程ハ垣普請、何程ハ川役□□區別モ相分り不申候

右ハ原由不相分候得共、猥ニ可相廢筋ニモ無之候間、縣廳限従前之通収入致シ、米良山内道路橋梁等之修繕費ニ充候様仕度候

右現品納之分、昨壬申年ハ入札拂之儀、別紙ヲ以相伺申候、今年以来之義可成丈代納之積

の夫役《ふえき》、川役は川につき候雑役《ざつえき》にもこれあるべく候えども、差し向き（原由《げんゆう》あい分からず）、かつ何程《いかほど》は垣普請、何程は川役□□区別もあい分り申さず候。

右は原由あい分らず候えども、猥《みだり》にあい廃すべき筋にもこれなく候間、県庁に限り従前の通り収入致し、米良山内道路橋梁等の修繕費に充て候よう仕度《したく》候。

右現品納めの分、昨壬申年は入札払いの儀、別紙を以てあい伺い申し候。今年以来の義、なるべくだけ代納の積りに取り計らうべく候えども、米良山は四方を山に鎖《とざし》、したがって金銭融通も少なく候につき、悉皆《しっかい》代納申し渡し候ては事実納方差し支え候につき、余儀なく現品納め致し候分は時日《じじつ》を移さず入札払いの上、その段申し出候よう致すべく、この段あい伺い候なり。

可取計候得共、米良山四方山鎖、随而金銭融通モ少ク候ニ付、悉皆代納申渡候而者事實納方差支候ニ付、無餘儀現品納致シ候分ハ時日ヲ不移入札拂之上、其段申出候様可致、此段相伺候也

明治六年六月九日

宮崎縣権参事　上村行徴　印

宮崎縣参事　福山健偉

租税頭陸奥宗光殿

明治六年六月九日

宮崎県権参事　上村行徴　印

宮崎県参事　福山健偉

租税頭《そぜいのかみ》陸奥宗光殿

【史料109】米良山十四箇村租税方法につき回答

宮崎県文書センター所蔵「御指令綴」

割印

書面九ヶ條椎茸以下之分、壬申勘定差除候儀者聞届候條、舊飫肥縣夏成麦之儀ニ付指令之通可相心得事

（読み下し）

書面九ヶ条、椎茸以下の分、壬申(明治五年)の勘定差し除き候儀は聞き届け候条、旧飫肥県夏成麦の

十ヶ条垣普請并川役銭之儀、差向區別不相分、川役銭者原由茂判然不致趣ニ候處、垣普請銭者舊地頭屋敷之垣普請夫役之代銭ニ候上者免除相当之品、川役銭者川ニ附候雑税ト見込候ハヽ、壬申年者旧貫ニ依リ収入致シ、本年實況取調之上至當収税之見込可相立品ト相見候ニ付、區別不相立候而者不都合候條、村々古書類今一應篤ト取調、區別相立見込之趣、猶可申出事

一、末文、現品納入札拂之儀、其情実無余儀相聞候ニ付、申出之通聞届候條、開札三番札迄相添、其度ニ届出候儀と可相心得事

明治六年八月三十一日

儀に付き、指令の通りあい心得るべきこと。

十ヶ条、垣普請ならびに川役銭の儀、差し向き区別あい分らず、川役銭は原由《げんゆう》も判然致さず趣に候ところ、垣普請銭は旧地頭屋敷の垣普請夫役《ふえき》の代銭に候うえは、免除相当の品、川役銭は川に附き候雑税と見込み候わば、壬申の年は旧貫《きゅうかん》（慣）に依り収入致し、本年実況取り調べのうえ、至当《しとう》の収税の見込みあい立つべく品とあい見え候につき、区別あい立てず候ては不都合に候条、村々古書類を今一応篤《とく》と取り調べ、区別あい立つ見込みの趣、なお申し出るべきこと。

一、末文、現品納め入札払いの儀、その情実余儀なくあい聞こえ候につき、申し出の通り聞き届け候条、開札の三番札まであい添え、その度《たび》に届け出候儀とあい心得るべきこと。

明治六年八月三十一日

租税頭　陸奥宗光代理

租税権頭　松方正義　印

租税頭陸奥宗光代理
租税権頭松方正義　印

附編

附1　米良主膳則重墓誌銘（高山院殿墓誌銘）

米良主膳則重墓誌銘

日陽墨士存心斉□□

則重氏菊池姓夫其先案如何処人曾伝大織冠鎌足公苗裔有右京地則隆後三条院延久二年詔知肥之後刕而卜居於菊池故世遂以命氏也其後有次郎武時元弘三年三月十日承天王命赴豊刕囲英時城城堅不抜於是令嫡子武重属士卒帰郷武時闘死于城上年四十有二而後武重陣紫陽九刕之間挑戦自元弘至建武十有余年戦功于処々矣當武重十

（読み下し）

米良《めら》主膳《しゅぜん》則重《のりしげ》の墓誌銘《ぼしめい》　日陽墨士存心斉

則重の氏は菊池の姓なり。それ、その先（祖）はいずこの人かを案《あん》ずるに、すなわち大織冠《たいしょくかん》鎌足公の苗裔《びょうえい》と伝える。右京の地に則隆《のりたか》あり。後三条院の延久《えんきゅう》二年の詔《みことのり》に知る。肥《ひ》の後《しり》の州《くに》の菊池に卜居《ぼくきょ》して、故に世は遂《すす》み、もって氏《うじ》の命（名）とすなり。その後《あと》に次郎武時《たけとき》あり。元弘三年三月十日、天王（皇）の命を承《う》け、豊州に赴き、英時城《ひでときのしろ》を囲む。城は堅（固）にして抜《ぬ》けず。ここにおいて、嫡子武重に士卒を属《つ》けて帰郷せしむ。武時は城上にて闘い死す。年四十有二。しかして後、武重は紫陽《しよう》九州の間に陣し、戦いを挑《いど》む。元弘より建武にいたる十有余年、処々にて戦功あり。当《まさに》武重の十一世の孫石見《いわみ》重次の時、国家《くに》は、また大いに乱れる。重

一世之孫石見重次時国家又大乱重次兵費勢微不克防、潜遁来邑米良山居焉自爾来以米良為氏也主水重隆重次四世之孫也恨久埋没名於山中歟聞家康公為有事摂城館属於其軍発兵水遠山長歴途数十日未至城降□隆至伏陽城謁□康公公欣甚則領米良山以為列国附庸重隆有三男二女一曰重直二曰秀精三曰季隆二女各有配偶重直老無男秀精病足不克行故季隆得重隆之譲以為後季隆生則隆則隆漸老男幼幸以秀精男則重長請大樹家綱公為猶子号主膳也寛永十九年十一月二十三日生承応二年六月十五日随従父兄弟則隆至江府見家綱公時服賜矣已而朝観江

次は兵を費《ついや》し勢は微《おとろ》え防ぐあたわず。潜《ひそ》かに遁《のが》れて米良山に来邑して居す。自爾来《これよりのち》、米良をもって氏となすなり。主水重隆《もんどしげたか》は重次の四世の孫なり。恨《うら》むらくは、久しく名を山中に埋没す。聞くならく、家康公は有事のため摂津の城館にその軍を属《つ》かす。（重隆は）兵を発す。水は遠く山は長し。途《みち》を歴《へ》ること数十日、いまだに城は降《くだ》るに至らず。重隆は伏陽城に至り家康公に謁す。公はよろこぶこと甚《はなはだ》し。すなわち米良山を領《おさめ》せしめて列国附庸の地となす。

重隆に三男二女あり。一に曰《いわ》く重直、二に曰く秀精、三に曰く季隆、二女には各々配偶あり。重直は老いても男《息子》（子）なく、秀精は足の病にて行く（歩）ことあたわず。故に季隆が重隆の譲をえて、もって後《あと》をなす。季隆に則隆生まれる。則隆はしだいに老ゆるも男（子）は幼く、幸いに秀精の男（子）則重が長ずるをもって、大樹《たいじゅ》家綱公に請いて猶子《ゆうし》となし、主膳と号す。（則重は）寛永十九年十一月二十三日生まれ、承応二年六月十五日、従父兄弟の則隆に随い江府《こうふ》に至り、家綱公に見《まみ》え時服を賜る。しかして江府に朝観すること六回。ここに年

府六回于是年四十有一天和二年十二月十五日罹病卒于家過三日葬邑南一里謚曰高山院松齢仙壽大居士嗚呼居士少好閱子房孫子昼長習孔明季靖術弓矢干戈備以無不備騎士軽卒煉以無不煉敬畏神祀宗廟而聴其風者無不浩歎親族皆書於紳生三男二女一則信二則家一男二女既死則家父没時尚在繈褓孤而随慈母為人於戯年光易流矣宝永三年十二月十五日已二十有五年不曾記亡父之容皃（貌）不存其語音昼思夜想懇々切々焉於是新断石請銘於日陽墨士存心斉慎往

其銘曰

有文以為本　有武以為神　恭以任其

は四十有一、天和二年十二月十五日病に罹《かか》り卒す。家に過すこと三日、邑《むら》の南一里に葬る。謚《おくりな》に曰く、高山院松齢仙壽大居士。嗚呼《ああ》、居士は（幼）少より子房孫子を閲《しらべる》を好む。昼長《ひなが》孔明《こうめい》を習い、季靖《りせい》の弓矢干戈《かんか》の備えを術《す》べ、もって備えざるはなし。騎士軽卒を煉《きた》え、もって煉《きた》えざるはなし。神を敬畏《うやま》い、宗廟を祀《まつ》り、その風を聴《き》くに浩歎《こうたん》せざるはなし。親族はみな紳《しん》に書す。（則重には）三男二女が生《あ》り、一に則信、二に則家、一男二女はすでに死す。則家は父が没する時、なお繈褓《むつき》にありて、ひとり慈母に随いて人となる。戯年《きねん》の光は流れやすく、宝永三年十二月十五日、すでに二十有五年。（則家は）かって亡父の容貌を記さず。その語音《ことば》は存らず。昼に思い夜に想い懇々切々とす。ここに新たに石を断《き》り銘を請《う》くる。日陽における墨士存心斉が慎しんで往《お》くる。

その銘に曰く、「文ありてもって本《もと》となし、武ありてもって神となす、かたじけなくも、もってその職に任じ、その任もってその身を委《まか》す。家は栄え舞いことほぎ、命なるかな此人。」

職任以委其身　家栄舞寿　命哉此
人

孝子　米良隼人則家
施主　則重室正蓮院

寶永三年酉戌十二月十五日建立

孝子　米良隼人則家
施主　則重室正蓮院

宝永三年酉戌十二月十五日建立

（用語解説）

①大織冠《たいしょくかん》　大化の改新後定められた官位制で最高の官位。実際には藤原鎌足が授けられただけで、鎌足の称として使われる。
②後三条院　後三条天皇　一〇六八〜一〇七二
③肥《ひ》の後《しり》の州《くに》　肥後国のこと
④卜居《ぼくきょ》　住居を定めること
⑤英時城　博多の鎮西探題《ちんぜいたんだい》、北条英時《ひでとき》の城
⑥紫陽　筑紫のこと
⑦摂津の城館　大阪城のこと
⑧伏陽城　伏見城のこと
⑨大樹《たいじゅ》　将軍のこと
⑩猶子《ゆうし》　養子におなじ

⑪江府《こうふ》　江戸のこと
⑫子房孫子　自分の血脈、系譜
⑬孔明《こうめい》　中国蜀の名相
⑭李靖《りせい》　中国唐の兵法家
⑮干戈《かんか》　たてと、ほこ。武器のこと
⑯浩歎《こうたん》　ひどく嘆くこと
⑰紳《しん》に書す　忘れないように書いておくこと
⑱戯年《きねん》の光　たわむれ遊ぶ年。幼児の時は早く流れること
⑲日陽　日向国のこと

「米良主膳則重墓誌銘」について

この墓碑は、宮崎県児湯郡西米良村小川沢水《そうず》の菊池家墓地に現存する。東の城址に向きあう。その墓石の規模は、およそ次のようなものである。

高さ　総高一四三センチ　台上（墓柱）高さ　九六　センチ
台座蓮台　高　二七　センチ
径　七二　センチ
基台　高　二〇　センチ
径　九四×九一センチ

碑銘部分の高さ九〇センチ　幅　三九　センチ
厚さ　二七　センチ

碑文は背裏面にあり、その字数はおよそ六五〇字余の長文の碑文で、撰文と書は、日向国の「存心斉」（実名その他不詳）である。宝永三年（一七〇六）十二月十五日、「高山院松齢仙寿大居士」則重の子則家と則重の室正蓮院（施主）によって建立された。

建立の動機は、直接には夫及び父の二十五回忌にあたり米良山領主としての功績と人となりを偲んで建立されたものであるが、とくに則重が終生心にかけていた米良主膳家の家譜を、二十五回忌にあたって新たに墓石を建て碑文に刻し、永く主膳家の安穏を念じたものである。

またその背景には、米良主膳家系図（熊本県立図書館蔵など）にみられる江戸初期の複雑な米良山支配の中で、幕府と人吉藩の権力を背景にしながら、銀鏡《しろみ》や村所《むらしょ》村から離れて、その中間にある小川村を拠点として、米良山の安定的な全山統治を図ろうとしたことが考えられる。しかし、現実には米良山全山を安定的に支配統治するには多難であった。

碑文はすでに長年の星霜風雨による磨滅存亡がはげしく、判読不能の部分が少なくないが、過去の調査記録や今回の手拓による拓本資料、現地調査をもとに撰文に検討を加えた。

また、この墓石に向って左側に正蓮院雪山梅香大姉（正徳四年一月二十三日没）、右側に智明院殿勇徳厳信大居士（米良隼人則家、寛保三年没）の墓石が建つが、正蓮院の墓石には左右側面に隼人則家の手になると思われる長文の墓誌銘があり、これら三つの墓石、さらには主膳家全体の墓石について調査検討を加えると、則重、正蓮院、則信、則家の時代がさらに明らかにされる期待がもたれる。

附2　故主膳則重室墓誌銘

（右面）　故主膳則重室墓誌銘
□人吉之産犬藤《（童）》氏喜兵衛尉
重頼者也　大祖主水重隆入道了夢老
先生養為子故号米良氏以同姓惣兵衛
尉重弘女妻之□生一女子三年而重頼
卒　則重公娶其女為配　則重公有五
子夭死者三遺唯則信公与吾在焉吾三
歳冬則重公卒　雖無孔庭鯉趨訓深懐
孟母三遷志撫吾育吾教吾太昫労不可
枚挙及漸長思林外鳥報想氷下魚羹雖
然質懦慮短　是以不克尽其力徒止懊

（読み下し）
故主膳則重《のりしげ》の室の墓誌銘
（則重の妻の父は）人吉のうまれで犬藤《（童）》氏喜兵衛尉《じょう》重
頼と（称す）者なり。（米良主膳家の）大祖主水《もんど》重隆入
道了夢《りょうむ》老先生が子として養う。ゆえに米良氏と号す。
同姓《（米良）》の惣兵衛尉重弘の女《むすめ》をもって妻とする。（その妻は）
一女を生む。その子《（生まれた娘）》三年《（歳）》にして（父）重頼は卒《（死去）》す。則
重公はその女《むすめ》を娶り、つれあいとする。則重公に五
子あり。夭《（幼くして）》にして死す者は三（人）、遺《のこ》るは唯《ただ》則信公
と吾《われ》あるのみ。吾《われ》三歳の冬に則重公は卒す。「孔庭鯉《こうていり》
趨《すう》の訓《おしえ》」はなきといえども、（母は）深く「孟母三遷《もうぼさんせん》の
志」を懐《いだ》き、吾《われ》をいつくしみ吾《われ》を育て吾《われ》を教ゆる。大
いなる昫労《くろう》は枚挙に及ぶべからず。（吾《われ》は）ようやくに
して長じ、「林外の鳥報」を思い、「水下の魚羹《ぎょこう》」を想

塞定省而已于時正徳四甲午正月
（左面）　享年六十四
罹悪疾吾侍湯薬□雖祈神祇尽医
療無敢效同二月廿三日之夜俄然易簀
嗚呼哀哉會　則重公卒則信公幼　母
公代聴政国中俗麗閫内礼厳而后闢地
於城西北穹居於亀井田処于茲十有七
霜刀没矣手彫四尺墳恭致一寸志者也
孝子　米良隼人則家九拝書
銘曰　温柔婦徳正　茲克起家風
孫子幾千歳　仰望更莫窮
時惟　正徳五乙未二月廿三日
建之

う。しかりといえども（わが）質《（性質）》は懦《よわ》くして慮短《りょたん》、これをもってその力を尽しえず、徒《いたずら》に燠塞《おくかん》に定省《ていせい》するに止《とど》まるのみ。時に正徳四甲午正月、（母は）悪疾《あくしつ》に罹《かか》り、吾は湯薬を（持ち）侍《はべ》る。神祇に祈り、医療を尽すといえども敢《あえ》て效《ききめ》なし。同二月廿三日の夜、にわかに易《えき》簀《さく》す。「享年六十四」。嗚呼《ああ》哀れなるかな。かって則重公が卒せしとき則信公は幼く、母公《ははぎみ》が代りて聴政《ちょうせい》し、国中の俗を麗しくして、閫内《こんない》に礼を厳しくす。しかして后《のち》、城の西北に地を闢《ひら》き、亀井田という処に穹居《きゅうきょ》する。ここに十有七（年）、霜刀を没す。手彫して四尺の墳《はか》にうやうやしく一寸の志を致すものなり。孝子、米良隼人則家が九拝《きゅうはい》して書す。銘《めい》に曰く「温柔の婦は徳を正し、ここに克《よ》く家風を起こす。孫子は幾千の歳《とし》　仰ぎて望む。さらに窮《きわま》りなきことを。」
時にこれ正徳五乙未二月廿三日　これを建つ。

（用語解説）　①孔庭《こうてい》鯉《り》趨《すう》　孔鯉（孔子の子）が走って庭を過ぎようとすると、孔子に呼び止められて

詩と礼の大切さを教えられた故事

②孟母三遷《もうぼさんせん》　孟子の母が、環境が及ぼす感化を恐れて、孟子の教育のために、三たび住居を移した故事

③氷下の魚羹《ぎょこう》　氷の下の魚（鯉）の羹《あつもの》。中国の二十四孝の一人である晋の王祥が、生魚を欲する継母のために、氷上に裸身を臥したところ、氷がとけて鯉がおどり出たという故事に由来する。

④質は懦《よわ》くして慮短《りょたん》　性質が弱く短気なこと

⑤燠塞《おくかん》　寒暑

⑥定省《ていせい》　親に仕えて朝夕の世話をすること

⑦易簀《えきさく》　学徳の高い人の死のこと

⑧聴政《ちょうせい》　政務をおこなうこと

⑨閫内《こんない》　境界内

「故米良主膳則重室墓誌銘」について

この墓碑は、宮崎県児湯郡西米良村小川沢水《そうず》の菊池家墓地に現存する。主膳則重の墓に並び、向かって左（南）側に位置する。その墓石の規模は、およそ次のようなものである。

高さ　総高一四三センチ　台上（墓柱）高さ　九七　センチ
　　　　　　　　　　　　幅　三八　センチ
　　　　　　　　　　　　厚さ　二四・五センチ

台座蓮台　高　二六　センチ
　　　　　径　六三　センチ
基台　　　高　二〇　センチ
　　　　　径　方九二　センチ

碑銘部分の高さ七〇センチ

碑文は両側面にあり、今判読できる文字は、おおよそ右側一六〇余字、左側一三八字で、三〇〇字弱の字数であるが、建立当時は三〇〇字を越える撰文であったと思われる。

正徳五年（一七一五）二月二十三日に主膳室正蓮院の子（三男）米良隼人則家が建立したもので、建立の動機は、直接には正徳四年二月二十三日に六十四歳で死去した母正蓮院の一年忌にあたり、三歳で父主膳を失って以来の厚恩を偲んで建立したものである。

しかし、その内容では、まず正蓮院にかかわる新しい記述がみられることである。その第一は、正蓮院の系譜についてである。正蓮院は、犬童（米良）喜兵衛尉重頼と米良惣兵衛尉重弘の娘との間に生まれたこと、父の喜兵衛は米良主水重隆の養《やしな》い子で、米良姓を名のるようになったことである。

さらに注目すべきことは、「則重公卒、則信公幼、母公代聴政国中」とみえ、則重の死後、あとをついだ則信が幼かった（十七歳）ために「母公」が「聴政国中」と述べていることである。そして、そののち（元禄十一年頃）「於城西北、穹居於亀井田処」にて十七年を過ごして没したと見える。

これらのことは、米良山の歴史の中でも、かって語られたことのない記述であろう。当領主則信と則家の関係が兄弟であること以外、明らかでないために、安易な推測はできないが、則信家督当初において、正蓮院の影響が大きかった時代があったのではないかと考えられる。
そのような点では、正蓮院は則家にとって賢母であったのみならず、米良山の歴史でも異色の時代で、この碑文は一石を投ずるものではなかろうか。

附

○主膳則重とその室正蓮院の墓石の大きさが、ほぼ同じであるというのはどういう意味を持つか。建立者は同じ息子則家である。

○正蓮院の墓碑銘の中に「母公」とあるのみで、正蓮院及び実名がまったくない。「則重公」「則信公」の「公」と同じ意味か。

○天和二年（一六八二）則重没後、則信が十七歳で家督を継いだあと元禄十年（一六九七）ごろまで正蓮院が「聴政国中」したとすると、その間に、貞享元年（一六八四）には、参府途中の銀鏡で饗応を受けた家老の急死事件と、元禄七年（一六九四）の尾八重住民の穂北逃散事件がある。この前後には、則信は、元禄十六年に人吉藩主となる分家出身の相良頼福《よりとみ》の妹於辰（〜享保十七年）と結婚したとみられ、強力な相良氏という後ろ盾を得、さらには老中奉書による幕府からの支配申付（貞享二年）によって、主膳家が米良山に不動の地位を確立したものとみられる。
また、「毒かひ」が真実であるかどうかは不明にしても、領主主膳側からみれば、米良山一円に分散し、戦国時代以降もその勢力が引き継がれている各地頭の離反反抗の不安は絶えずあり、以後の逃散事件についても、それを機に一掃したい勢力であったことは確かであろう。

附3 西米良村所蔵史料目録

No.	分類	枝番	年代	形態	数量	件名	署名・差出人・宛名	内容	備考
1	1	1	大正9年5月		2	拝借図書目録及び書状	菊池文庫から菊池男爵宛		
2	1	2	大正10年5月25日		1	書状	鹿児島市西千石町住有村十太郎から菊池武夫宛	先祖の詩集について	
3	1	3	大正11年7月22日	長巻	1	書状	菊池武夫から押川正太郎宛	山林贈呈状に対する感謝状	虫損
4	1	4	昭和2年3月1日	一紙	2	書状	黒木安蔵から菊池武夫宛	出土兜について 預証（帝室博物館）	
5	1	5	昭和5年12月13日	継紙	1	書状	間野岩太郎から菊池武夫宛	写し系図御一覧下されたく云々	
6	1	6	昭和6年9月29日	一紙	1	書籍寄贈礼状	東京帝国大学文学部史料編纂所長辻善之助から菊池武夫宛		
7	1	7	昭和6年2月22日	切紙	1	書状	菊池武夫から菊池直衛宛	米良直徳へ贈位申請の件	封筒入り
8	1	8	昭和8年	写真	2	写真2葉		菊池別邸、菊池武夫	
9	1	9	昭和10年6月1日	切紙	2	書状及び返信案	石田一幸から菊池武夫宛		
10	1	10	昭和10年9月9日	冊子		書状	菊池貞衛から菊池武夫宛	菊池武夫経歴書同封	
11	1	11	昭和10年9月	一紙	1	書状	菊池貞衛から菊池武夫宛	献上願 椎茸秋子500匁の同封	
12	1	12	昭和10年9月6日		1	書状	菊池貞衛から菊池武夫宛	当家経歴 菊池武夫	
13	1	13	昭和10年11月21日	一紙	1	書状	宮内大臣湯浅倉平から菊池武夫宛	陸軍大演習の際、椎茸500匁献上につき	
14	1	14	昭和11年4月		1	書状	西米良村役場から菊池武英宛	戸籍抄本（1葉）及び領収書	封書
15	1	15	昭和11年5月29日		1	書状	福岡県八女郡大渕村福嶋静雲から菊池武夫宛	先哲（南朝）行跡所見など	封書
16	1	16	昭和11年7月27日	用箋	1	書状	瀬之口伝九郎から菊池武夫宛	銅鏡について	
17	1	17	昭和11年10月23日	用箋	1	書状	菊池貞衛から菊池武夫宛	銀鏡神社明細帳の件	

18	1	18	昭和12年8月15日	継紙	1	書状	宇都宮辰治から菊池武夫宛	村社御神体の件	
19	1	19	昭和13年10月21日		1	書状	平泉澄から菊池男爵閣下宛	収納の延元4年の短刀の出所は伊予西条の平家ということ	
20	1	20	昭和14年3月1日		1	書状	西米良村長児玉金元から豊島区巣鴨町5丁目菊池武夫宛	願文	封書
21	1	21	昭和15年12月27日	封緘葉書	1	書状	浜砂正衛から菊池武夫宛	御墳墓発掘中の出十品報告	
22	1	22	昭和16年5月27日		1	書状（軍事郵便）	上村幸盛から菊池武夫宛	「宮崎碑文志」編さんに関するもの	
23	1	23	昭和16年6月1日		1	書状	菊池宗雄から豊島区巣鴨町5丁目菊池武夫宛	西米良別邸の近況報告　墓碑銘写入ル	封書
24	1	24	昭和16年6月18日		1	書状	菊池宗雄から豊島区巣鴨町5丁目菊池武夫宛	御礼と近況	封書
25	1	25	昭和16年9月～11月		4	書状	中武安正から菊池武夫宛		
26	1	26	昭和17年8月16日	用箋		書状	生田目経徳から菊池武夫宛	鈴木真年に関する問合せの件	
27	1	27	昭和17年8月27日	用箋	1	書状	浜砂正衛から菊池武夫宛	米良養元なる人物につき問合せの件	
28	1	28	昭和17年9月10日	用箋	1	書状	島津家家僕から菊池武夫宛	栗原柳庵の著書につき	
29	1	29	昭和20年12月12日～21年2月17日	帳面	1	日誌　第一号（巣鴨日記）	菊池武夫		鉛筆とペン書き
30	1	30	昭和21年2月18日～7月20日	帳面	1	日誌　第二号（巣鴨日記）	菊池武夫	武則写真、塩谷温博士筆漢詩あり	鉛筆とペン書き
31	1	31	昭和21年5月3日～11月23日	帳面	1	日誌　第三号（巣鴨日記）	菊池武夫		鉛筆とペン書き
32	1	32	昭和27年2月2日	綴り	1	追放解除申請書	菊池武夫	附元陸軍中将菊池武夫軍歴	
33	1	33	昭和27年4月25日	一紙	1	（公訴審第14号）覚書該当者として指定の解除通知	内閣総理大臣から菊池武夫宛		封筒入り
34	1	34	昭和29年12月	一式	1	嫡孫武則ノ為ニ中庸ヲ解説ス	菊池武夫		原稿用紙

No.	分類	枝番	年代	形態	数量	件名	署名・差出人・宛名	内容	備考
35	1	35	昭和29年3月5日	継紙	1	書状	柿原政一郎から菊池武夫宛	澤木興道老師九州巡錫の節、引合せのこと　別便で「菊池家願文集」「大智禅師法語」送付のこと	封書
36	1	36	昭和29年8月20日		1	電報	柿原政一郎から菊池武夫宛	澤木興道老師講演日程通知	
37	1	37	昭和30年1月27日	継紙	1	書（頼山陽の詩）	菊池武夫宛	宮崎県民生労働部世話課長高橋忠道書	
38	1	38	昭和30年5月20日		1	勧銀頭取宛手紙　控			
39	1	39	昭和30年6月〜7月		26	書状	神戸市須磨区石崎長八郎（勧銀頭取）から菊池武夫宛		封書
40	1	40	昭和30年6月〜7月		12	書状	神戸市須磨区石崎長八郎（勧銀頭取）から菊池武夫宛		封書
41	1	41	昭和30年6月30日		1	書状	佐藤賢治から菊池武夫宛		封書
42	1	42	昭和30年7月8日		1	書状	東灘区御影嘉納安樹から菊池武夫宛		封書
43	1	43	昭和31年1月18日	一紙	1	武夫公病原解剖所見書			封筒入り
44	1	44	昭和31年1月29日	冊子	1	香奠帳		武夫村葬時のもの	
45	1	45	（昭和）2月3日	用箋	1	書状	河野国雄から菊池武夫宛	武時公の新聞記事を送る	
46	1	46	（昭和）3月7日		1	書状	東米良村銀鏡義秋から都城局区菊池武夫宛	先祖調査依頼　戊辰の役の上京人名、鹿児島藩との関係など	封書
47	1	47	（昭和）3月8日	継紙	1	書状	藤曲政吉から菊池武夫宛		
48	1	48	（昭和）6月30日		1	書状	北郷区駒込麹池三吉から菊池氏勤皇顕彰会宛	領収書	封書
49	1	49	8月4日	切紙	1	書状	羽倉信一郎から菊池男爵宛	系図拝呈	
50	1	50	8月21日	一紙	1	書状	菊池武夫から菊池記念館長黒木次男宛		
51	1	51	（昭和）9月2日	継紙	1	書状	中武安正から菊池武夫宛	墳墓の件云々	
52	1	52	（昭和）11月4日			書状	平泉澄から菊池武夫宛		
53	1	53	12月26日	継紙	1	書状	佐藤範雄から菊池武夫執事宛	系図送付礼状	

54	1	54	昭和		13	卒業証書・叙位・辞令	菊池武夫・菊池武臣・菊池武親	菊池武夫陸軍幼年学校、同士官学校、同大学校等卒業証書ほか	
55	1	55	昭和	冊子	1	菊池武夫伝	直筆　亜細亜大学梶村昇（保管）		
56	1	56	不詳	冊子	1	菊池武夫公遺品台帳抜粋			コピー
57	1	57	不詳	一式	1	草稿	菊池武夫	・第22回国会衆議院予算分科第4分科会議録第2号を読んで所感を述ふ・青少年諸君の心懸けを促す・吉田益三氏に答ふ・米良の前途を想ひ敢て村民各位に訴ふほか	原稿用紙
58	1	58	不詳	一式	1	日本史話草稿	菊池武夫		原稿用紙
59	1	59	不詳	一紙	2	漢詩	菊池武夫	・風雲捲起亜州天…　・一敗人心乱若麻…	原稿用紙
60	1	60	不詳	一紙	1	佩用心得（追加）	賞勲局		
61	2	1	享和2年2月	冊子	1	御法名御墓取覚		米良石見守重次～	
62	2	2	明治13年6月27日・7月19日	綴り	2	系譜取調につき問合せ	鹿児島県庶務課から菊池忠宛	附　地理局長より県令宛照会（M13・4・30）管轄沿革表中問合せ	
63	2	3	明治16年10月15日	長帳	1	御親類御続合取調	林田童平から菊池武臣宛	相良家、黒木家、東家ほか	
64	2	4	明治17年6月	冊子	1	履歴（菊池武干）			
65	2	5	明治21年7月11日	冊子	1	履歴書（菊池武臣）			
66	2	6	明治	写真	1	皇院系譜六	中田憲信稿本（帝国図書館所蔵）		
67	2	7	明治	写真	1	諸系譜	鈴木真年稿本（帝国図書館所蔵）		
68	2	8	明治	冊子	1	南朝後胤伊藤宮下濃系譜			
69	2	9	昭和5年12月18日	継紙	1	藤原姓菊池系図　写	菊池武夫	天保7年に於ける当家の系図が如何なるものなりしか推定し得るべき筋あり…	
70	2	10	昭和10年9月6日	用箋	1	当家経歴書	菊池武夫		
71	2	11	昭和18年5月2日	用箋	1	書状	菊池恭造から松本親敏宛	系図内容について	
72	2	12	昭和26年夏稿昭和30夏改訂	冊子	1	我家の歴史　為子孫誌所見	菊池武夫	系図、銀鏡神社に祭れる御鏡の事ほか	

No.	分類	枝番	年代	形態	数量	件名	署名・差出人・宛名	内容	備考
73	2	13	10月	長帳	1	菊池武臣続永之事	井田□平から菊池□宛		
74	2	14	4月	冊子	1	由緒	米良主膳則忠		
75	2	15	昭和	冊子		（改選諸家系譜続編から）米良氏系譜写　他2点			
76	2	16	昭和		2	菊池忠公写真			
77	2	17	不詳	冊子	1	菊池系譜		4代則隆より15代武時の男まで	
78	2	18	不詳		1	書状	小河重任から菊池武夫宛	菊池の家系に対する問合せの件	
79	2	19	不詳	冊子	1	肥後菊池氏由緒			
80	2	20	不詳	冊子	1	代々霊宝記　写		長徳元年道隆神儀～元禄9年月桂院霜雲妙清大姉	
81	2	21	不詳	綴り	1	書状	菊池武成から正観寺方丈宛	菊池家系図について	
82	2	22	不詳	冊子	1	米良家御代々霊宝記		米良石見守重次～桂院霜雲妙清大姉（則家公室）	
83	2	23	不詳	冊子	1	太宰権帥隆家系譜		隆家より正三位権大納言まで	
84	2	24	不詳	冊子	1	菊池家略履歴			コピー
85	2	25	不詳	長巻	1	藤原姓系図			
86	2	26	不詳	冊子	1	履歴書	男爵菊池武臣		コピー
87	2	27	不詳	一紙	1	親戚名簿	鹿児島県士族菊池武臣		一紙2枚
88	2	28	不詳	一紙	1	菊池氏系図			原稿用紙2枚に鉛筆書き
89	2	29	不詳	冊子	1	菊池家支流末岡家系図	（末岡武足）		
90	2	30	不詳			系図写真			
91	2	31	不詳			系図断簡一括			
92	2	32	不詳	冊子	1	古文書写		菊池・米良氏にかかわる南北朝以降の古文書集	

93	2	33	不詳	冊子	1	藤原姓菊池米良氏略系図写		交代寄合之家格には御座候得共無高外様云々	
94	2	34	不詳	冊子	1	藤原隆家経略　写（仮題）			
95	2	35	不詳	冊子	1	菊池武時経略　写（仮題）			
96	2	36	不詳	冊子	1	菊池武房事跡　写		竹崎季長絵詞、八幡愚童記など引用	
97	2	37	不詳	冊子	1	菊池累代諸記録　写		送高良山竜城一封請和睦状ほか	
98	2	38	不詳	切紙	1	略系図		道隆から武臣まで	
99	2	39	不詳	継紙	1	系図		道隆より	
100	2	40	不詳	継紙	1	系図略写			
101	2	41	不詳	継紙	1	藤原姓天氏系図			
102	2	42	不詳	一紙	1	藤原姓菊池家系図		道長まで	
103	2	43	不詳		1	藤原姓天氏系図			
104	2	44	不詳		1	藤原姓天氏米良氏重矩系図			
105	2	45	不詳		1	藤原姓系図一巻			
106	2	46	不詳		1	春日大明神御子藤原姓菊池系図			
107	2	47	不詳	継紙	1	藤原姓系図（米良系図）	元禄7年戊閏5月12日米良又次郎天氏秀恒写之判　米良十郎左衛門天氏則内殿		
108	2	48	不詳	冊子	1	御維新直前に於ける当家略歴（原稿）			
109	2	49	不詳	長巻	1	菊池武臣殿続合取調扣	林田童平から菊池忠宛		
110	3	1	弘和4年7月	冊子	1	菊池武朝申状写		菊池右京権大夫申代々家業之事	
111	3	2	弘和4年7月	長巻	1	武朝申状写			
112	3	3	寛文4年7月18日	長帳	1	覚	米良十太輔重僚	所領のこと	コピー
113	3	4	正徳3年8月26日	継紙	1	家来証文	米良隼人から米良藤右衛門宛		

No.	分類	枝番	年代	形態	数量	件名	署名・差出人・宛名	内容	備考
114	3	5	元文元年8月25日	切紙	1	拝領の鑓極書	則信	家康公へ始て御出の節大坂において拝領の鑓	
115	3	6	不詳	切紙	1	家康公より鑓御拝領書付		米良主水重隆　拝領	
116	3	7	（宝暦5年正月8日）	冊子	1	覚書　写	清田新太郎藤原武季謹識		
117	3	8	天明8年7月25日	折紙	1	老中奉書　写	老中4名連署相良壱岐守宛	米良山之儀如前々鷹巣山被仰付之	
118	3	9	文化4年5月11日		1	参熊肝調法及び効用		佐土原壱岐正安より伝来	
119	3	10	嘉永2年己酉3月以降	冊子	1	嘉永二年御用日帳			
120	3	11	（嘉永2か）2月9日	折紙	1	米良主膳跡相続免許	相良志摩守長福から米良広次郎宛	幕府（戸田山城守）より相続免許を伝えられたので広次郎へ相達す	
121	3	12	安政4年4月	小横帳	1	安政四丁巳三月朔日より正観寺出開帳の一巻	中島三郎平直親書		
122	3	13	（文久3）6月	一紙	1	米良亀之助学問武芸修行につき教導方申付　写			一紙2枚
123	3	14	慶応3年5月29日	継紙	1	桂右衛門殿より被相渡候御書付之写		米良亀之助、米良歓一郎遊学費用の件	
124	3	15	江戸期	継紙	1	小河源家代々法名記前世略之			
125	3	16	正月2日	継紙	1	書状	米良主膳（則信）から米良藤右衛門宛	男子出生御祝及び帰宿待	虫損
126	3	17	1月27日	継紙	1	書状	児玉から菊池宛	米良亀之助則元から桂大公宛書状写送付の件	
127	3	18	7月19日	継紙	1	書状	細川越中守内山又助から相良遠江守様御留守居中様宛	肥後国一円石高取調資料提出	
128	3	19	10月16日	継紙	1	書状	米良主膳から米良藤右衛門宛	同姓隼人のこと	
129	3	20	12月	切紙	1	御目見覚	万江長右衛門・菊池源左衛門・米良半右衛門宛	秀吉公　米良主水正	焼け焦げあり
130	3	21	不詳	継紙	1	法名書留			
131	3	22	不詳	切紙	1	覚書（断簡）	小河小藤太か	諸上納のこと外	

132	3	23	不詳	切紙	1	御暇之節手続			
133	3	24	不詳	冊子	1	寛永四年公家衆法度等写			
134	3	25	不詳	横帳	1	島津一門高帳		島津周防、島津内匠ほか	
135	3	26	不詳	折紙	5	書状	菊池内記から赤星文平・直七郎宛		
136	3	27	昭和	一紙	1	米良藩ニ関スル沿革			
137	4	1	（慶応4年）辰5月	継紙	1	奉願口上　控	米良主膳から修理太夫宛	御出陣の内へ召しひかえられ候よう朝廷へ御執奏嘆願	
138	4	2	慶応4年5月	一紙	1	本領安堵　写	無高米良主膳		
139	4	3	慶応4年5月	切紙	1	本領安堵　写	無高米良主膳		
140	4	4	慶応4年5月16日	折紙	1	本領安堵御請誓文　控	米良主膳則忠		
141	4	5	（慶応4年）	継紙	1	御誓約案文	中大夫米良主膳		
142	4	6	慶応4年5月16日	一紙	1	本領安堵御請誓文　写	米良主膳則忠		
143	4	7	（慶応4年）正月8日・6月22日・7月14日	切紙	3	御用状	弁事役所から米良主膳宛	出頭指令	
144	4	8	7月14日	切紙	1	米良主膳出頭状　写	弁事役所		
145	4	9	（慶応4年）6月22日	切紙	1	出頭指令請書案	米良主膳から弁事役所宛		
146	4	10	（慶応4年）7月9日	継紙	1	嫡子亀之助帰邑願　控	米良主膳から弁事御役所宛		
147	4	11	（慶応4年）7月13日・8月4日	継紙	2	旧号菊池への改姓願書	元交代寄合席米良主膳から弁事役所宛	付札にて系譜古文書差出のこと↓古文書は火災により消失に付き系譜だけ差出	付札あり
148	4	12	（慶応4年）9月14日	切紙	1	天機奉伺	中大夫菊池主膳から弁事役所		付紙あり
149	4	13	（慶応4年）10月5日	継紙	1	書状	近藤兵庫介内安川守禮から菊池主膳公用人中宛	参朝安堵中大夫席仰付の知らせ	

No.	分類	枝番	年代	形態	数量	件名	署名・差出人・宛名	内容	備考
150	4	14	(明治元年)11月7日	継紙	1	書状	高木達三郎内平塚篤太郎から菊池主膳様内御用人中宛	達三郎当月二日弁事より御用召、同四日参朝、本領安堵の知らせ	
151	4	15	(明治2年)12月	継紙	1	歎願書 写	菊池主膳	五年に一度の出京奉公歎願	
152	4	16	(明治初)	継紙	一括	米良氏と新政府関係手控証一括	菊池喜之助から浜砂兵衛ほか宛	第1号～第10号証、御用済にて送達ほか御用状	
153	4	17	正月	継紙	1	島津中将久光公宇内御布告文 写			継ぎハズレ
154	4	18	慶応4年	冊子	1	諸写		東北諸侯人数筒所并に幟印之次第 脱走浪士檄文之写 牧野遠江守上書之写	
155	4	19	(明治2年)正月4日	継紙	1	東京定府御免嘆願書	中大夫畠山侍従触下菊池主膳から弁事御役所宛		農商務省明治34年6月14日第6298号検閲印
156	4	20	(明治3年)1月8日	切紙	1	改名伺	菊池主膳から留守官御伝達所宛	菊池主膳から次郎へ改名	聞届の付札あり
157	4	21	(明治3年か)正月22日	継紙	1	菊池主膳嘆願の件に付執奏	鹿児島藩公用人田中清之進から弁官役所宛		農商務省明治34年6月14日第6298号検閲印
158	4	22	(明治3年か)正月	継紙	1	書状 写	鹿児島藩公用人田中清之進から弁官御伝達所宛	御廟議願意御許容被成下候様…	
159	4	23	(明治3年か)正月27日	切紙	1	書状	田中清之進から知政所宛	菊池主膳嘆願一条	
160	4	24	正月27日		1	書状	田中清之進から知政所宛	嘆願書に添付系図疎略に付き代々の系図3通相添え送付	
161	4	25	(明治2年)2月	切紙	1	書状	相良遠江守赤坂双六から菊池主膳公用人中	東京定府より京都移住仰付	
162	4	26	(明治2年2月)	切紙	1	京都移住聞届 写			

163	4	27	(明治2年)3月4日	切紙	1	嘆願書	菊池主膳から弁事御役所宛	五ヵ年に一度の出京奉公嘆願　昨年四月以来滞京云々	
164	4	28	(明治2年)巳5月	継紙	1	内願之覚	菊池主膳	京都移住願の件	
165	4	29	(明治2年)巳5月	継紙	1	於京都御願書　控	菊池主膳	拝借銀願書	
166	4	30	(明治初)6月27日		1	伺書　写	相良遠江守内西伴輔から弁事役所宛	米良氏の願伺等については、以後相良氏より別段差出すに及ばずか ↓付札「差出ニ不及事」	付札あり
167	4	31	(明治初)9月	継紙	1	書状	小河小藤太から尊兄様、一類御中様宛	御布告ハ勿論天下之形勢世上之風説等御届のこと	虫損
168	4	32	10月	冊子	1	御取調ニ付御請書　案文	中大夫松平与次郎触下菊池主膳家来小河小藤太		
169	4	33	(明治2年)己巳11月	冊子	1	御布令及公和廻章留写　明治二己巳年従三月廿五日至七月仲旬	菊池公用人銀鏡権兵衛代薩藩菊池喜之介助勤中小河小藤太写ス		
170	4	34	(明治2年)己巳11月～	冊子	1	御布令并廻章　扣	京公用方小河小藤太		
171	4	35	(明治2年)巳11月	綴り	1	書状　写		菊池主膳、一先帰邑のうえ上京の願いほか	切紙とじ
172	4	36	(明治2年)	冊子	1	禄制　写			
173	4	37	(明治2年)己巳12月	小横帳	1	御布令并廻章　扣	京詰小河小藤太	太政官達、禄制など	
174	4	38	(明治2年)己巳12月	小横帳	1	御布告等　写		禄制ほか	
175	4	39	明治3年正月	小横帳	1	御布告及廻章録　三冊之内	菊池家公用人　小河小藤太		
176	4	40	明治3年2月	小横帳	1	御布告及廻章録	公用方　菊池次郎家来小河小藤太		
177	4	41	(明治3年)2月14日		1	書状	伊集院助六・菊池藤右衛門から浜砂兵衛・浜砂伊三駄・佐藤升一郎宛	吟味のため系図　由緒など書付差出のこと	

No.	分類	枝番	年代	形態	数量	件名	署名・差出人・宛名	内容	備考
178	4	42	（明治3年）2月15日	継紙	1	書状	小河小藤太から菊池助右衛門・伊集院助六・菊池藤右衛門宛	京都府よりの御達につき問合い	
179	4	43	（明治3年）2月15日	切紙	1	嘆願書	小河小藤太から京都御府宛	菊池次郎五ヵ年一度の出府奉公嘆願	割印あり
180	4	44	（明治3年）2月15日	巻子	1	書状	小河小藤太から菊池助右衛門・伊集院助六・菊池藤右衛門宛	京都府への御届一件につき報告	
181	4	45	（明治初）2月15日	継紙	1	小河小藤太書状　控			
182	4	46	（明治3年）2月16日	継紙	1	書状	小河小藤太から浜砂兵衛・浜砂伊三太・佐藤升一郎・那須民三宛	京都府よりの御取調の儀	
183	4	47	（明治3年）2月16日	継紙	1	書状	小河小藤太から菊池助右衛門・伊集院助六・菊池藤右衛門宛	東京内田仲之助様へも念のため形行別紙の通り申上げ越に付云々	
184	4	48	（明治3年）2月16日	巻子	1	書状案文	小河小藤太	明治2年12月（禄制）、3年正月及び2月（京都府貫属の達および取調）の御布令写　東京（鹿児島藩）内田仲之助宛京都府への届出一件につき差出案文	
185	4	49	（明治3年2月）19日		1	書状	喜之助から兵衛宛	系図、由緒、今日伝事東郷源左衛門へ取次差出候処云々	
186	4	50	（明治3年）2月21日	巻子	1	書状	小河小藤太から浜砂兵衛・浜砂伊三太・佐藤升一郎・那須民三宛	京都での歎願手配の件	
187	4	51	（明治3年）3月1日	継紙	1	書状	内田仲之助から小河小藤太宛		
188	4	52	（明治3年）3月15日ほか		一括	書状4通包一括	内田仲之助から小河小藤太宛　小河小藤太から浜砂兵衛宛	御代々御家譜取調の件、上様鹿児島藩へ御越の問合ほか	
189	4	53	（明治3年）3月15日	巻子	1	書状	浜砂兵衛から小川知事局宛	下地書、系図調方の件　東京へ歎願の件	
190	4	54	（明治3年）3月15日	切紙	1	書状	小河小藤太から菊池助右衛門ほか宛	御布告并廻状留、在所役人への取次願	包紙
191	4	55	3月21日	切紙	1	書状	小河小藤太から菊池助右衛門ほか宛		

192	4	56	明治3年3月19日	継紙	1	書状	菊池助右衛門から次郎様宛	御願意一条の件	包紙（菊池藤右衛門から菊池主膳宛）
193	4	57			1	包紙	菊池助右衛門から次郎様宛		No.192の包紙か
194	4	58	（明治初）4月2日	継紙	1	書状	小河小藤太から浜砂兵衛ほか宛	京より消息、御布告之写指し送りのこと	
195	4	59	（明治3年）庚午5月	切紙	1	廻状　写		柏村権大属達せられ候廻状早々順達云々	
196	4	60	（明治3年）庚午6月12日	切紙	1	地所取締民部省達　写	民部省から人吉藩宛	米良主膳の地所請取村高など巨細取調差出す事	包紙
197	4	61	（明治3年）7月16日	継紙	1	書状	菊池助左衛門・菊池喜之助から次郎様参人々御中	鹿児島藩へ管轄一条、知政所伝事方へ願立の件	継ぎハズレ
198	4	62	（明治3年）庚午8月17日	切紙	1	鹿児島藩貫属願	菊池次郎から京都御府宛		付紙ハズレか
199	4	63	（明治3年）庚午9月4日	切紙	1	菊池次郎鹿児島藩貫属聞届　写	京都府から鹿児島藩		
200	4	64	明治3年9月24日	巻子	1	書状	小河小藤太から浜砂小五郎・浜砂猪三太宛	鹿児島管轄願済の御付紙差し下しのこと　明治2年3月からの所要金のこと	
201	4	65	明治3年閏10月24日	綴り	1	菊池次郎貫属仰付御礼登城之次第			一紙3枚
202	4	66	（明治3年）閏10月	切紙	1	菊池次郎仮屋敷仰付願及び認可状（附）	菊池次郎	天神馬場高野吉次郎屋敷、弐百四拾五坪	
203	4	67	（明治4年）辛未1月9日	一紙	1	通達	京都府から鹿児島藩当所詰宛	宮内省仕人小川重任義京都府華族触頭局書記申付	
204	4	68	（明治4年）4月	綴り	1	旧領地居住願之者管轄之府県取調関係綴	菊池次郎家来小河小藤太　鹿児島藩小野半左衛門から京都府宛		
205	4	69	（明治4年）未5月16日	継紙	1	菊池次郎知行高齟齬に付照会	東京詰上原藤十郎から知政所	辰年会計官への差出分は百石余、天保五年差出分とのくい違いに付いて	

No.	分類	枝番	年代	形態	数量	件名	署名・差出人・宛名	内容	備考
206	4	70	(明治4年)辛未6月	継紙	1	知行高齟齬の件に付御答控	菊池次郎	辰年会計官へ差し出しの御届けと齟齬につき新高取調届	
207	4	71	(明治4)辛未6月	継紙	1	石高調	菊池次郎		
208	4	72	明治4年	継紙	1	甲子より辛未に至る現石高調		年平均105石3斗9升4合、2475貫553文、247両2歩と永553文	
209	4	73	(明治4年)8月18日	巻子	1	書状	小河小藤太重任から則忠公則之公宛	歎願手配のこと　公の御書送付御願のこと	
210	4	74	明治4年8月28日	巻子	1	書状	小河小藤太重任から則忠公則之公御側中	両公の御事で奔走のこと	
211	4	75	明治4年8月 明治5年2月 明治5年7月	巻子	1	書状	大蔵省から鹿児島県宛ほか	菊池次郎廩米下賜の件	
212	4	76	(明治4年)辛未8月	一紙	1	布達　写	大蔵省から鹿児島県宛	菊池次郎旧採地高四百弐拾壱石余上地、家禄下賜	
213	4	77	(明治4年)未8月29日	継紙	1	書状	庶務方から鹿児島県宛	菊池次郎家禄渡方につき	
214	4	78	(明治4)辛未7月・9月	綴り	1	菊池次郎元知行所人吉県管轄一件	民部省から人吉県宛、人吉県庁から菊池次郎宛		一紙6枚
215	4	79	(明治4年)辛未12月9日	切紙	1	引渡書類請書	東充・高橋主敬から菊池次郎・鹿児島県民事奉行大河平勝宛	村高、御立山并田反別帳、戸籍人別帳、邑内絵図、元陣屋絵図、職制ほか	
216	4	80	(明治4年)12月15日		1	会計懸り目通り懸合	東充から次郎様御随従中		包紙
217	4	81	(明治4年)辛未12月			歎願書　控	菊池次郎から元人吉県宛	去午年租税上納之儀御免除被成下候様云々	
218	4	82	明治5年正月	切紙	3	鹿児島県士籍召入及び家族書　控	石原正兵衛から菊池次郎宛	鹿児島藩二番方限七番徇達	包紙
219	4	83	(明治5年)申5月9日	継紙	1	口上覚	菊池次郎から鹿児島県宛	柳田常次郎、家来下人より従者の願(家来下人の名称廃止)	鹿児島県庶務課印
220	4	84	(明治5年)申5月10日	継紙	1	口上覚	菊池次郎から鹿児島県宛	小牟田武右衛門、家来下人より従者の願(家来下人の名称廃止)	鹿児島県庶務課印

221	4	85	（明治5年）壬申8月5日	切紙	1	口上（一名届）	菊池次郎から鹿児島県	忠（スナホ）、武臣（タケシゲ）、武干（タケユキ）、武（タケマロ）	鹿児島県庶務課印
222	4	86	（明治5年）壬申10月	冊子	1	歎願書	小河小藤太重任から太政官史家御中	旧主菊池次郎儀ニ付乍恐奉歎願候	
223	4	87	明治6年5月25日	切紙	2	雑掌菊池忠出頭指令及び免本官	宮内省から菊池忠宛		
224	4	88	明治7年10月22日	冊子	1	御届書	第一大区小六区士族菊池忠ほか行		7帖
225	4	89	正月～3月	小横帳	1	太政官達公用人廻章　写			
226	4	90	2月6日	継紙	1	書状	鎌田五左右衛門から菊池次郎・菊池七郎宛		包紙　セロテープ留めあり
227	4	91	3月8日	切紙	1	書状	菊池清蔵から伊集院助六宛		
228	4	92	3月19日	切紙	1	書状	菊池助右衛門から浜砂兵衛宛		
229	4	93	3月27日	継紙	1	書状		口添え依頼	
230	4	94	3月29日	切紙	1	書状	京都小河小藤太から浜砂兵衛ほか宛	京より消息、別紙二通御布告につき送付のこと	包紙
231	4	95	4月14日	一紙	1	出頭通知	白川県出張所から菊池忠宛		
232	4	96	5月11日	切紙	1	書状	丹羽正庸から菊池忠宛		頭欠
233	4	97	5月26日	綴り	1	近況報告	小河小藤太から浜砂兵衛宛	当春椎茸の扱いの事、公用方給金の事、上様御愛妾の事など	包紙　虫損
234	4	98	6月4日	切紙	1	書状	伊集院助六から十郎宛	東京よりの指示、写2通を持参させる云々	
235	4	99	6月13日		1	御用状	式部寮から鹿児島県宛	菊池次郎出頭の件	
236	4	100	6月25日	切紙	1	書状	伊集院助六から小五郎宛	菊池次郎の「領知高」を「知行高」とよぶ事	
237	4	101	7月13日	巻子	1	書状	久我家家従から小河小藤太宛	中元参賀の布告につき照会	
238	4	102	8月6日	巻子	1	書状	久我家家従から小河小藤太宛	稟米請取帳印形のこと	
239	4	103	申8月9日	切紙	1	書状	戸長石原正衛から菊池忠宛	此方鹿児島士族被仰付候年鑑并月日云々	

No.	分類	枝番	年代	形態	数量	件名	署名・差出人・宛名	内容	備考
240	4	104	8月	継紙	1	民事局滝川様面会覚	佐藤□一郎扣	先般那須民三差出され候処、今一度願意申出るべくとの御沙汰云々	
241	4	105	9月6日	継紙	1	書状	菊池助右衛門から米良主膳宛		包紙
242	4	106	9月18日	切紙	1	書状	西郷直次郎・竹内才記から菊池次郎宛	柴帳御取調の上、中武良吉殿をもって差出に付き請取の件	包紙
243	4	107	9月23日	継紙	1	書状	京都小河小藤太から菊池次郎・菊池亀之助宛	両公御内情の儀、久我押小路両卿へ依頼云々	
244	4	108	戌9月	一紙	1	口上覚	菊池武臣から鹿児島県宛	菊池忠事東京府大舎人拝命在京につき母ほかの上京許可願 戸長石原正兵衛取次	
245	4	109	10月15日	継紙	1	書状	新田侍従山口勝太郎から小河何人宛	御機嫌伺御定日の件	
246	4	110	10月20日	切紙	1	廻状壱通慥に落手	土井から小川宛		
247	4	111	11月8日	切紙	1	御用状	大井市助から小河何人宛		
248	4	112	11月23日	切紙	1	書状	伊集院助六・菊池藤右衛門から主膳様御近習衆宛		
249	4	113	11月23日		1	書状	菊池藤右衛門則常から主膳様御近習衆中宛	文箱御飛脚へ相渡申候	
250	4	114	11月27日	継紙	1	書状	新田侍従山口勝太郎から小河何人宛	御参朝不苦…	
251	4	115	11月29日	巻子	1	書状	小河重任	負債支払いのこと 諸氏任官などの動向につき照会 ※「旧君公之義」との表現有り	
252	4	116	13日	切紙	1	書状	喜之助から藤衛宛		
253	4	117	明治	切紙	1	人吉県官員名か			
254	4	118	明治		1	田畑平殿より被相渡候書付 写	赤井直之進、小野半左衛門から知政所宛	小河小藤太留守史生につき	
255	4	119	不詳	折紙	1	諸御達 写			
256	4	120	不詳		一括	名刺（大山格之助ほか）	小河小藤太から浜砂小五郎宛		

257	4	121	不詳	継紙	1	書状　写	東京新橋三条家邸内丹羽正庸から牛込赤城明神下町菊池忠宛		
258	4	122	不詳	切紙	1	謹奉願口上覚		上京申付の願い	
259	4	123	不詳	継紙	1	民部省より掛合の件につき指令			
260	4	124	不詳	一紙	1	覚		五か条御尋問申上候様主人申付云々	
261	4	125	不詳	冊子	1	故従五位菊池忠事蹟			
262	4	126	不詳	冊子	一括	故従五位菊池忠事蹟			
263	5	1	明治13年1月～7月	冊子	1	明治十三年一月以来願伺届留	児湯郡村所村外三ヶ村戸長役場		
264	5	2	明治13年ほか	綴り	1	公布類綴		官林保護ノ議、昨十四年本県甲第百六十八号布達衛生費金貯蓄及使用方法之議、郵便税并人夫賃ノ議ほか	
265	5	3	明治14年		1	明治十四年畑山畑作概算	日向国児湯郡小川村越野尾村横野村寒川村		
266	5	4	明治14年5月10日	綴り	1	槻材木売渡約定書　控	寒川村惣代中村実衛ほか	浜砂重倫朱書あり	
267	5	5	明治14年9月20日	綴り	1	児湯郡小川の学区学務委員定員開申の件	戸長浜砂重倫から鹿児島県令渡辺千秋宛		
268	5	6	明治14年11月17日	綴り	1	癩病者診察の件通知申入	児湯郡役所衛生係から児湯郡小川村外各戸長宛	小川村外三ヶ村戸長役場朱書あり	
269	5	7	明治15年4月	一紙	1	試掘願	小川村浜砂重倫外から鹿児島県令渡辺千秋宛		
270	5	8	明治16年6月22日ほか	綴り	1	諸願等雑綴	県令渡辺千秋宛	農具料并種穀料御給与願ほか　児湯郡長朱書あり	欠損
271	5	9	明治16年1月～7月	冊子	1	明治十六年一月県庁郡役所諸願伺届綴	児湯郡小川村外六ヶ村戸長役場		虫損
272	5	10	明治16年～19年	冊子	1	明治十六年七月起及十九年　県令訓示等綴	児湯郡小川村外三ヶ村戸長役場		

No.	分類	枝番	年代	形態	数量	件名	署名・差出人・宛名	内容	備考
273	5	11	明治16年7月17日	一紙	1	部内人口調		二千百二十五人	セロテープ留めあり
274	5	12	明治16年7月20日	綴り	1	自一月至六月衛生出納表進達　控	小川村外六ヶ村戸長佐藤正元から郡長近藤千賀良宛		欠損
275	5	13	明治22年～23年	冊子	1	諸願伺届上申綴		内務統計材料進達案、戸籍表訂正進達案、学校調（学事報告）ほか	
276	5	14	明治24年～25年	冊子	1	明治二十五年町村制に関する監督官庁令達書類	西米良村役場第一課		
277	5	15	（明治27年～明治31年）	切紙	1	下知案文	菊池忠から宮崎県知事千田貞暁宛	山林下げ戻しの件、如何	
278	5	16	明治29年4月10日		1	書状	田原謙輔から菊池忠宛	山林下戻願につき追伸	
279	5	17	明治30年～		8	万代日暦簿	児湯郡西米良村字小川村　耕雲堂菊池武揚		
280	5	18	明治31年	冊子	1	明治三十一年度土地関係書類	西米良村役場第二課		
281	5	19	明治34年3月23日	冊子	1	復籍ノ件	貴族院議長近衛篤麿から内閣総理大臣宛	旧米良領下菊池重明外２１８名の士族編入の件	
282	5	20	（明治）5月23日	綴り	1	補充兵のうち予備軍へ編入に付割符返納の件ほか控	児湯郡横野村戸長佐藤正元から郡長近藤千賀良宛		欠損
283	5	21	（明治）7月18日	一紙	1	児湯郡役所再置願の件控	連合村会会頭那須宗翰・戸長佐藤正元から県令田辺輝実宛		欠損
284	5	22	（明治）7月20日	綴り	1	郡長宛報告　控	小川村外六ヶ村戸長佐藤正元から郡長近藤千賀良宛	役場破損に付小川村佐藤宅借家の件、牛馬販売頭数等調の件ほか	欠損
285	5	23	明治	綴り	1	小川村臨時村会議案		戸数割、学資金、村中共有山の件ほか	
286	5	24	昭和38年8月	一紙	1	書状（礼状）	籾木寛武・信子	村民加入願	
287	5	25	不詳	一紙	1	西米良村絵図		彩色	
288	5	26	不詳	切紙	1	支那事変米良出身将士戦没者村葬関係文書			封筒入り

289	6	1	寛政6年	冊子	1	菊池風土記　写		序、巻の一（旧跡）巻の二（山河・里程・郡村）、巻の三（神社）巻の四（寺院・廃寺）巻の五（城墟）巻の六（世系）巻の七（雑録・品物・正誤・評説・古墳）巻の八（旧記）	虫損→裏打　分冊
290	6	2	大正11年	冊子	1	菊池氏と吾郷土史	西米良村		内容14頁
291	6	3	不詳	冊子	1	菊池懐古詩集　全			
292	6	4	不詳	冊子	1	菊池家戦功小伝	渋江公寧著	武時公小伝以下	
293	6	5	不詳	冊子	1	菊池五山内袈裟尾ノ山北福寺由緒略記			
294	6	6	不詳	冊子	1	菊池懐古集			
295	6	7	不詳	冊子	1	日本人名字書中ヨリ抜		藤原隆家は云々	
296	6	8	不詳	冊子	1	肥後国史抜			
297	6	9	不詳	冊子	1	菊池家戦功小伝　写		菊池隆直小伝ほか	
298	6	10	不詳	冊子	1	菊池寂阿戦死の事		各小伝等史料をまとめたもの	
299	6	11	不詳		一括	菊池家戦功小伝ほか　断簡			
300	7	1	（明治）2月17日	継紙	1	書状	（池田）章政から菊池君宛		
301	7	2	（明治）4月8日	切紙	1	書状	池田章政から菊池君宛	仏国婦人ビワノー上手云々お目にかけ…	
302	7	3	（明治）4月27日	切紙	1	書状	（池田）章政から菊池殿宛	ポーカに御出で下されたく	
303	7	4	（明治）7月13日	切紙	1	書状	琢堂老人（池田章政）から菊池殿宛	何よりの御品御恵投につき返礼	
304	7	5	（明治）11月22日	切紙	1	書状	琢堂老人（池田章政）から菊池殿宛	綿輝館外国婦人奇術見物への誘い	
305	7	6	（明治20年代）2月1日	継紙	1	書状	（池田）章政から菊池君宛	議事に銀行問題日程にのぼり候事かと…	

No.	分類	枝番	年代	形態	数量	件名	署名・差出人・宛名	内容	備考
306	7	7	（明治20年代）2月16日	継紙	1	書状	（池田）章政から菊池武臣宛	貯蓄銀行条例改正法案特別委員議長撰定されるも欠席につき委員中へ御頼置のこと	
307	7	8	明治36年4月1日	継紙	1	書状	池田章政から菊池武臣宛	賜勲二等瑞宝章につき吹聴	
308	7	9	明治39年12月26日	継紙	1	書状	池田詮政から菊池武夫宛	日露戦役奏功、大学御卒業、御鮮料贈呈	
309	7	10	応安7年4月27日	一紙	1	送高良山竜城一封請和睦状写	細川頼之・山名師氏から		
310	7	11	享保10年10月	継紙	1	年代暦扣	那須重氏		
311	7	12	安政3年4月	長帳	1	能運公開帳算用帳	菊池 梅田竹蔵店（書画骨董）		
312	7	13	明治13年2月29日	冊子	1	菊池神社 城内絵図面写	菊池武臣		
313	7	14	明治16年8月6日	継紙	1	菊池武時贈従三位祭文案文			
314	7	15	明治20年2月25日	一紙	1	証	菊池武臣から菊池忠宛	米良人民に貸渡の社倉米、相良頼紹より頂戴の件	
315	7	16	明治24年2月24日	一紙	2	祝詞		菊池武臣貴族院議員を祝す	
316	7	17	明治24年7月	一紙	1	所感	菊池武臣		
317	7	18	明治28年4月15日		1	吊故児玉伝次君	相良行政		
318	7	19	明治31年9月	冊子	1	（清水）兼義小伝	清水市太郎	略系図	
319	7	20	明治35年11月3日	一紙	1	招待状	宮内省から菊池神社宮司菊池忠宛		封筒入り
320	7	21	明治35年11月12日	一紙	1	祝詞 藤原（菊池）武時贈従一位授賜			奉書紙
321	7	22	明治37年	一紙	1	明治三十五年陸地測量部地図（村所）			5万分の1
322	7	23	明治	冊子	1	華族類別	菊池武臣所持		
323	7	24	明治己亥3月	一紙	1	奉寿以詩	鹿瀬島明八		

324	7	25	大正4年8月26日	綴り	1	書状	東京市西久保三木敬正から熊本県菊池郡菊池家執事宛		
325	7	26	大正8年	綴り	1	書状綴	浜砂重寿・重言から菊池武臣宛		
326	7	27	大正		一括	那須智勇関係書類一括		法華祈祷講、神道水天宮教会免許等	
327	7	28	大正13年3月17日	一紙	1	贈菊池武吉従三位祝詞（祭文）			
328	7	29	昭和10年	一紙	3	昭和十年陸軍時別大演習地図（南九州）			
329	7	30	昭和58年8月3日	一紙	1	書状（礼状）	西米良村教育委員会佐伯正道から菊池武英宛	史料借用礼状	
330	7	31	正月22日	切紙	1	嘆願書	菊池主膳から弁事御役所宛	銀鏡大明神を正一位西宮大神と称号下賜云々	
331	7	32	昭和		3	神名帳　米良銀鏡村鎮座西之宮社			
332	7	33	昭和	一紙	1	稲荷神社西宮神社遷座修繕費寄附御許可願			
333	7	34	不詳	一紙	1	児湯郡米良銀村鏡村鎮座西之宮祭神等調			
334	7	35	昭和	長帳	1	赤星家系図　内題赤星実久年譜			
335	7	36	昭和		一括	米良氏・籾木米良氏史研究資料	籾木直	米良氏年表　刀銘　ほか研究評論	
336	7	37	昭和	一紙	1	大河内政道所有地			
337	7	38	壬申3月	継紙	1	口上覚	菊池十郎	十郎及び弟敬一郎両人に対する知事公の御憐愍に対する報謝	
338	7	39	5月1日		2	書状案文	菊池から田原宛		
339	7	40	不詳		1	菊池家発掘品入御重箱見積書			封書
340	7	41	不詳	冊子	1	浜砂五郎左衛門系図ノ内三四ヶ所書抜き			

No.	分類	枝番	年代	形態	数量	件名	署名・差出人・宛名	内容	備考
341	7	42	不詳	冊子	1	名刺　旧米良藩	西米良村	菊池忠死去の節旧臣中より送付の金高附	
342	7	43	不詳	小横帳	1	武朝申状　写			
343	7	44	不詳	長帳	1	御鎮守祭文			
344	7	45	不詳	継紙	1	書状			
345	7	46	不詳		2	刀剣拓本			
346	7	47	不詳	切紙	1	詠草（稿）	菊池忠		
347	7	48	不詳	一紙	1	楠公碑名図　木板	湊海元佶誌		包紙
348	7	49	不詳	冊子	1	菊池唱歌		増訂唱歌及び義解	
349	7	50	不詳			写真13葉			
350	7	51	不詳		一括	文書写真一括		広福寺文書　人物集合写真あり	
351	7	52	不詳	綴り	1	書状	赤星武男から菊池武臣執事宛	来歴と城家伝	
352	7	53	不詳	一紙	1	菊池武朝申状　写			
353	7	54	不詳	一式	1	中国文字箋			紙ばさみ入り
354	7	55	不詳	一紙	1	みや様葬儀許可書			封筒入り
355	7	56	不詳	一紙	2	書状		銀鏡茶工場の九電補償に依る配当金の件	
356	7	57	不詳	継紙	1	定山公注進状言櫛木野城有寇事　写			
357	7	58	不詳	冊子	11	城名付（仮題）ほか　写			
358	7	59	不詳	一紙	1	北宮社由緒			
359	7	60	不詳	継紙	1	征西将軍官軍麾扇歌	高山蘭痴		
360	7	61	不詳	冊子	1	口説か　写			
追録1	2		明治23年7月まで記載	冊子	1	男爵菊池武臣履歴書			

追録2	2		不詳	冊子	1	菊池家畧履歴			
追録3	3		寛文4年7月18日	長巻	1	米良勝兵衛覚書	米良十大輔重僚	米良山支配のこと	
追録4	3		不詳	折紙	1	高書上			
追録5	4		(元治元年10月)	巻子	1	米良要人沙汰書		無届他出のうえ長州にて脱走の堂上方に目通りのこと	
追録6	4		(元治元年)10月	巻子	1	故甲斐豊前沙汰書			
追録7	4		(元治元年)10月	巻子	1	米良秀一郎沙汰書			
追録8	4		(慶応3年)6月	巻子	1	書状	(米良)助右衛門	京師の形勢 兵庫開港の是非	
追録9	4		(慶応3年)	色紙	1	書状(断簡)	米良助右衛門か	新将軍と諸藩の形勢、戦切迫の世情	
追録10	4		(慶応4年)1月19日	色紙	1	嘆願書	米良亀之助則之から桂右衛門宛	天朝に忠節を尽したく、出兵の際には加えてほしい	
追録11	4		(慶応4年)1月20日	巻子	1	書状	米良助右衛門から主膳宛	追々関東征伐のこと	
追録12	4		(慶応4年)2月14日	巻子	1	書状	米良助右衛門から主膳宛	京師の形勢、総裁・議定・参与の決定、七卿の復位(慶応3年卯12月12日付書状の写)	
追録13	4		(慶応4年)2月14日	巻子	1	書状	米良助右衛門から主膳宛	亀之助様図書殿といっしょに上京のこと	
追録14	4		(慶応4年)2月24日	巻子	1	書状	米良助右衛門から主膳宛	三那丸にて上京算段と人吉への対応のこと、手元不如意のこと	
追録15	4		(慶応4年)2月26日	巻子	1	書状	米良助右衛門から主膳宛	御用金到着のこと、主膳上京算段	
追録16	4		(明治元年)辰12月16日	色紙	1	書状	菊池藤右衛門・伊集院助六、島津織部取次	亀之助馬2疋持ち込みのこと	
追録17	4		(明治2年)1月4日	巻子	1	嘆願書	菊池主膳から弁事役所宛	人吉藩から鹿児島藩への米良所領替願	
追録18	4		(明治2年)11月	色紙	1	御届 控	中大夫から弁事役所宛	陣屋を小川に置くこと	

No.	分類	枝番	年代	形態	数量	件名	署名・差出人・宛名	内容	備考
追録19	4		(明治3年) 6月8日	巻子	1	書状	菊池助右衛門から主膳宛	漆仕立方のこと、観一郎様養子入りのこと、亀之助様縁組のこと	
追録20	4		明治4年11月	一紙	1	米良山絵図　写	米良士族浜砂重倫・佐藤元正		

註1　カッコ内に記載した年代は、史料には記載がなく推定によるものである。

註2　史料の分類は以下によった。

1. 菊池武夫関係文書（日記、書状、研究書ほか）
2. 菊池系図及び系図研究参考資料（古文書、写真等を含む）
3. 近世米良山と領主関係文書（御目見、参勤、家臣書状、家臣系図など）
4. 米良山の明治維新関係文書（西南戦争まで）
5. 明治10年以降西米良村関係文書（戸長役場、学校ほか）
6. 図書（刊行本、写本など）
7. その他

あとがきにかえて

西米良村には、菊池精神、菊池の心といわれる精神文化が脈々と受け継がれてきている。菊池精神とは、「質素倹約、礼節を重んじ、郷土を愛し、現実を直視し、問題解決に臨む」というものである。また、菊池の心を小中学校では、「礼節の心、粘る心、励む心、尽くす心」として、学校の教育活動に位置づけ、実践している。この目に見えない思想、文化が村民の心の支えとなり誇り高く、凛とした生き方を貫いているように感じる。

この度、菊池記念館に残されている資料を整理しながら、改めて西米良村民の精神的支柱について、思いを深くしている。

次の文章は、明治二十九年九月に発行された宮崎県内の小学校の地理の教科書の記述である。

甲斐右膳ハ、西米良村小春（児原）稲荷ノ社人ニシテ、夙に勤王ノ志アリ。嘉永六年、米艦浦賀ニ来タリ、朝野騒然タルニアタリ、嫡子大藏トハカリ、京師ニ往来シテ、勤王ノ士ヲ訪ヒ、大ニ為ス所アラントス。遂ニ幕府ノ忌ム所トナリ、トラエラレテ、共ニ獄中ニ死ス。明治二十四年、朝廷、父子ノ忠節ヲ追賞シ、靖国神社ニ合祭セラレタル。

これは、西米良の地勢の紹介欄に記述してある内容である。佐幕派であった相良藩に断りなく尊王討幕運動に加担していく中での悲劇である。領主の命により、京に上り、討幕運動に加担した咎で父子は、捕縛され、獄死したのである。このとき、菊池家の領主則忠公も相良藩に捕縛され、三条卿から下しおかれた密書を探索されるが、あらかじめそのことを想定し、密書を密かに妻に託し、難を逃れている。

この事例からも、現実をしっかり見据え、未来を展望し、命を賭して、国家社会のため、人民のために尽くすという菊池精神が垣間見える。西米良という山間僻地から京に家臣を派遣し、情報収集し、天下の動静を的確に見据え、進むべき道を定めていく先見性の鋭さも感じる。

また、明治三十三年六月十九日付で、当時菊池神社の宮司であった菊池忠の署名で、農商務大臣に宛てた山林の下げ戻しを願う申請書の写しが残されている。明治三十二年四月に「国有土地森林原野下戻法」が公布され、江戸時代からの権益の事実があれば下げ戻しの申請ができるようになったことを受けての申請である。その申請書によると、東西米良村内の百五十三町歩余の山林下げ戻しを願い出ている。菊池氏は、純然たる権益地である証拠として、慶応四年五月の太政官からの書状と米良山入山以来自費で開墾し、山林樹木や産物をもって家計を営んできた実情を述べている。この請願の行方は定かではないが、現在の国有林の比率が低い状況からして、おそらく願いがかなったものと考える。

このように、わが領地への愛着、自主、独立の気風は幕藩時代から厳然と引き継がれており、平成の合併の際に、自立・自走の道を選択したことと通じるものがある。

さらに、貴族院、衆議院に二百十九名の士族への復族願いを請願している資料が村史に記録されている。これは、明治二年の版籍奉還の際に、領主菊池次郎（則忠）公は、中大夫から士族に編入され、家臣は、平民に編入されていることによるものである。平民に編入された家臣は、その処遇に不満はあったが、領主と同じ身分になることを憚り、甘んじてその処置を受けたことが述べられている。しかし、明治十六年に旧領主の嫡男武臣公が男爵を授けられたことを理由に、祖先より継襲してきた士族に復族願いを請願しているのである。

このことは、領主と家臣の関係、絆の強さを感じさせる。平民に編入された家臣は、政府の処遇に、おそらく憤りを感じたと思うが、領主と同じ身分になっては、との思いで自重していることがつづられている。領主と家臣の関係を重んじる、いわゆる礼節の心を大切にする米良人の気風が感じられるエピソードである。

こうしてみてくると、あくまでも気高く、誇り高く、西米良を愛し、現実をしっかり見据え、平成の桃源郷づくりに邁進している西米良村民に、菊池精神が脈々と受け継がれていることを再確認しているところである。高齢化・人口減少と課題は山積しているが、西米良村は菊池精神、菊池の心をバックボーンにたくましく、しなやかに未来を切り拓いていくことを改めて確信している。

なお、平成二十六年から本村の古文書の整理、そして、この「幕末・維新期の米良菊池氏」の発刊に至るまで、古文書の解読、編集に精力的にかかわっていただいた宮崎県文書センターの永井哲雄先生、清水正恵氏に深甚なる謝意を表し、むすびの言葉とする。

平成二十九年二月

西米良村　教育長　古川　信夫

幕末・維新期の米良菊池氏
――史料にみる米良山の動き――

二〇一七年二月　七　日　初版印刷
二〇一七年二月二十八日　初版発行

企画
発行　西米良村教育委員会 ©

解読
編集　永井哲雄・清水正恵

発行所　鉱　脈　社
〒八八〇－八五五一
宮崎市田代町二六三番地
電話　〇九八五－二五－一七五八

印刷　有限会社　鉱　脈　社
製本　日宝綜合製本株式会社

印刷・製本には万全の注意をしておりますが、万一落丁・乱丁本がありましたら、お買い上げの書店もしくは出版社にてお取り替えいたします。（送料は小社負担）